U0508710

编 写 组

组　长：刘军川

副组长：王明鉴　彭庆恩　任　勉

成　员（按姓氏笔画排序）：

吴雅铭　陈立谦　陈海舟　季　平

徐博东　席　麟

中共台湾英烈

本书编写组

人民出版社

九州出版社

JIUZHOU PRESS

责任编辑：余　平　吴广庆

装帧设计：石笑梦

责任校对：白　玥

图书在版编目（CIP）数据

血沃宝岛：中共台湾英烈 /《血沃宝岛》编写组　著 . —北京：人民出版社，
　　九州出版社，2022.4

ISBN 978 − 7 − 01 − 024739 − 7

I. ①血… 　II. ①血… 　III. ①革命烈士 − 先进事迹 − 台湾　 IV. ① K820.858

中国版本图书馆 CIP 数据核字（2022）第 067688 号

血沃宝岛

XUEWO BAODAO

——中共台湾英烈

本书编写组

人民出版社
九州出版社　出版发行

（100706　北京市东城区隆福寺街 99 号）

北京新华印刷有限公司印刷　新华书店经销

2022 年 4 月第 1 版　2022 年 4 月北京第 1 次印刷
开本：710 毫米 × 1000 毫米 1/16　印张：23.5
字数：242 千字

ISBN 978 − 7 − 01 − 024739 − 7　定价：86.00 元

邮购地址 100706　北京市东城区隆福寺街 99 号
人民东方图书销售中心　电话（010）65250042　65289539

版权所有·侵权必究
凡购买本社图书，如有印制质量问题，我社负责调换。
服务电话：（010）65250042

CONTENTS
目　录

血沃宝岛 中共台湾英烈

引　言

党的十九届六中全会通过的《中共中央关于党的百年奋斗重大成就和历史经验的决议》指出，中国共产党自1921年成立以来，始终把为中国人民谋幸福、为中华民族谋复兴作为自己的初心使命，始终坚持共产主义理想和社会主义信念，团结带领全国各族人民为争取民族独立、人民解放和实现国家富强、人民幸福而不懈奋斗，已经走过一百年光辉历程。

回顾风云激荡的百年历史，无论是反抗日本殖民统治、实现台湾光复，还是反抗国民党独裁统治、争取人民解放，中国共产党始终与台湾同胞战斗在一起。在台湾岛内的革命斗争中，中国共产党人和革命群众付出了巨大的流血牺牲，一大批共产党人和革命志士惨遭杀害。他们殷红的鲜血洒在祖国宝岛台湾，彰显了台湾同胞的爱国主义传统，凝聚了中国共产党与台湾同胞的血肉联系，展现了中国共产党人的初心使命和中华民族的精神意志！

台湾岛内的革命斗争是中国现代史和中共党史的重要组成部分。由于两岸长期隔绝，特别是当年地下斗争的残酷性、特殊性、复杂性，中国共产党人和革命群众在台湾英勇斗争的革命历史，革命先辈的英雄事迹、高尚情操和牺牲精神，一直鲜为人知。为还原历史真相，缅怀为追求人民解放而在台湾英勇牺牲的革命先辈，弘扬台湾同胞的爱国主义传统，在有关部门大力支持下，中共中央台湾工作办公室组织编写了本书，披露那一段尘封的历史，呈现中国共产党团结带领台湾同胞为争取解放而浴血奋战的光辉历史，展现革命先辈为实现初心使命而勇于牺牲、英勇奋斗的英雄事迹，揭示革命先辈的坚守与忠诚、苦难与斗争、奉献与牺牲。这对于弘扬伟大建党精神、丰富中国共产党人的精神谱系、传承红色基因、激励两岸同胞为推动两岸关系和平发展和促进祖国统一进程继续奋斗具有重要意义。

习近平总书记指出，"一个有希望的民族不能没有英雄，一个有前途的国家不能没有先锋"，"全党全社会要崇尚英雄、学习英雄、关爱英雄，大力弘扬英雄精神，汇聚实现中华民族伟大复兴的磅礴力量"。我们深切缅怀在台湾牺牲的革命先辈，纪念为祖国统一大业献身的英雄人物，就是要弘扬他们坚守初心、爱祖国爱台湾爱人民和为实现中华民族伟大复兴而英勇奋斗的崇高精神。这是时代的召唤、历史的需要、人民的期盼。

我们应当以英雄为榜样，坚定信念，忠诚于党。理想信念是中国共产党人的精神支柱和政治灵魂。英雄们人生经历不同，经过现实的磨难、人生的思考，最终都选择了马克思主义、共产主义，选择了中国共产党，义无反顾走上革命道路，并在艰苦条件下和残酷斗争中勇毅前行。他们将坚持理想信念与对党忠贞不渝统一起来，最后都选择了为党牺牲、为党奉献，以实际行动彰显了理想信念的无比坚定。在新时代新征程上，我们要向他们学习，坚定马克思主义信仰，树立共产主义远大理想，追求中国特色社会主义共同理想，铁心跟党走、九死而不悔。

我们应当以英雄为榜样，牢记使命，实干担当。英雄们身处孤岛，在白色恐怖中与祖国大陆音讯断绝、远离组织，但他们从不消极懈怠，而是前赴后继、干事担事，冒着生命危险为祖国统一大业奋斗不息，直至被捕牺牲——这是何等的崇高精神和坚定意志！为中国人民谋幸福，为中华民族谋复兴，这一激励中国共产党人百年奋斗的初心使命，将进一步成为夺取新时代中国特色社会主义伟大胜利、实现中华民族伟大复兴中国梦的精神支柱和不竭动力，激励我们循着英雄的足迹，事不避难、义不逃责，真抓实干、担当作为，为早日实现祖国统一埋头苦干，作出新的更大贡献。

我们应当以英雄为榜样，敢于斗争，英勇顽强。在孤立无援、重重围困的处境下，英雄们与国民党反动当局拼死斗争，宁肯站着倒下，绝不跪着苟活，赢得了无数人的敬仰和追思。当前，世界百年未有之大变局加速演进，台海形势更趋严峻复杂，我们面临的风险挑战明显增多，必须丢掉幻想，学习英雄敢于斗争、善于斗争、向死而生的精神，以前所未有的意志品质捍卫国家主权和领土完整，战胜风险，赢得挑战。

我们应当以英雄为榜样，严以律己，甘于奉献。英雄们投身党的地下工作，一不为名，二不为利，默默无闻，严守纪律，舍

生忘死，为的是大公，守的是大义，求的是大我。我们要不负习近平总书记期许，以英雄为榜样，"正心明道、怀德自重，始终把党和人民放在心中最高位置，做一个一心为公、一身正气、一尘不染的人"，牢记职责使命，强化责任担当，努力为祖国统一奋斗，为两岸同胞造福。

"天地英雄气，千秋尚凛然。"本书展现的只是成千上万革命英雄中的一部分，还有许多血沃宝岛的仁人志士无声长眠于历史长河。我们永远不会忘记这个英雄的群体，永远不会忘记英雄们闪光的名字，他们为之奋斗、为之流血牺牲的崇高事业后继有人。让我们铭记历史、缅怀英烈，崇尚英雄、争做先锋，全面贯彻新时代党解决台湾问题的总体方略和党中央对台工作决策部署，推进两岸关系和平发展、融合发展和祖国统一进程，为实现第二个百年奋斗目标、实现中华民族伟大复兴的中国梦而不懈奋斗！

刘结一

二〇二二年一月

翁泽生

　　翁泽生（1903—1939），曾用名翁振华、翁定川、翁廷川、翁国生、李国梁、陈祥麟、张青春、张平凡、龚聪贤等，台湾台北人，祖籍福建同安。1925年在上海加入中国共产党。1928年参与创建台湾共产党。1933年3月在上海被捕，转监到台湾后，被关押折磨长达6年。因严重刑伤和长期非人囚禁致染沉疴不治，1939年3月19日在台北病逝。

寻求反抗日本殖民统治革命道路

1903 年 10 月 14 日，翁泽生出生于台北市永乐町二丁目。父亲翁瑟士是爱国进步人士，反对日本殖民统治，认为台湾命运系于祖国的革命和强盛，主张光复台湾、实现国家统一，潜移默化将爱祖国、爱民族的种子深植在翁泽生幼小的心灵。翁泽生刚上中学，就积极参加人民团体台湾文化协会的反日活动，抵制日本殖民当局推行日语教学等奴化教育，引起日本特务注意。因不满日本殖民文化教育，也为确保孩子人身安全，1921 年翁瑟士将翁泽生送到福建厦门就读集美中学。

集美中学是爱国华侨领袖陈嘉庚针对祖国内忧外患，立志兴学报国在厦门创办的新式学校。随着五四新文化运动的深入发展，《新青年》《向导》《社会主义讨论集》等宣传马克思主义的书刊经由学校图书馆公开出借并广为流传，寻找革命道路、追求革命真理在学校师生中蔚然成风。自幼爱祖国、爱民族的翁泽生深受先进思想和中华文化滋润，表现出强烈的革命精神。寒暑假在台湾期间，翁泽生四处进行新文化新思想宣传，并参与组织反日反封建青年团体。1922 年暑假，翁泽生回到台湾，组织反抗日本殖民统治的台北青年会。虽然成立之日即被日本警察署解散，但不久他又改换方式，组织了台北青年体育会，以此为纽带推动岛内劳动青年和知识青年融通结合。他还在集美中学组织

闽南台湾学生联合会，团结台湾青年进行反日反封建宣传。1923年寒假，翁泽生在台湾发起组织台北无产青年，利用台湾文化协会的办公场地，举办"打破陋习讲演会"，公开宣传新文化新思想，能容纳300人左右的会场，场场座无虚席。参加台北太平公学校友会活动时，翁泽生不顾日本殖民当局禁令，坚持用汉语演讲，在台北引起轰动。1924年6月，翁泽生考入陈嘉庚创办的厦门大学，积极参加中国共产党在厦门大学组织的各种革命活动。1925年1月寒假期间，他回到台北继续以台北无产青年组织的"打破陋习讲演会"为阵地，发表演讲，宣传反日反封建主张，遭到日本警察无理干涉和强力驱散，现场群众强烈不满、奋起抗暴。翁泽生等五名青年被日本殖民当局以言辞过激为由拘禁三个月。

1925年4月，翁泽生出狱后，毅然中断在厦门大学的学业，转到中国共产党和国民党左派合作创办的上海大学学习，就读于社会学系。由中国共产党主导的上海大学于1922年10月创办，孙中山先生担任名誉校董，于右任为校长，中国共产党员邓中夏为校务长。陈独秀、李大钊、瞿秋白、蔡和森、任弼时、彭湃、张太雷、萧楚女、恽代英等中共早期领导人曾在上海大学任教，尤其是社会学系以传播马克思主义理论为主要课程，师生以共产党员和共青团员居多。瞿秋白、任弼时等中共领导人富有远见，非常注意招收台湾进步青年学生，让他们在上海大学接受革命理论熏陶，并在中国社会革命实践中锤炼成长为坚定的共产主义者，成为反抗日本殖民统治、致力台湾回归祖国的革命战士。

　　1924 年至 1926 年间，上海大学培养了谢雪红、许乃昌、翁泽生、林木顺、蔡孝乾、潘钦信、刘守鸿、洪朝宗、陈其昌、林日高、庄泗川、李晓芳、林仲梓、林仲枫及陈水等 20 多名台湾青年。在上海大学，翁泽生系统学习了社会哲学理论、唯物史观、现代民族问题等十几门马克思主义理论课程，研读了《共产党宣言》《资本论》等经典著作，形成了马克思主义世界观。其间，翁泽生还踊跃参加校内外各种革命活动。中共中央负责人瞿秋白在教学和革命实践中注意到了翁泽生，对他善于斗争又善于团结等才干给予好评，对他在集美中学组织闽南台湾学生联合会、在台湾团结进步青年举行反日反封建讲演等活动予以肯定。由于翁泽生在台湾青年中有较强的号召力和亲和力，瞿秋白交给他一项特殊使命，要他组织团结在沪台湾青年学生，引导他们学习革命理论，参加革命实践，为在台湾建立党的组织和开展革命活动准备人才。根据中共党组织指示，翁泽生组织在沪台湾青年成立了上海台湾学生联合会等团体，并与广州、厦门等地的台湾青年团体和革命青年建立了密切联系，联合举行悼念孙中山等活动，共同投入反帝反军阀的爱国运动潮流。

在五卅运动洪流中加入中国共产党

　　1925 年 5 月 15 日，上海内外棉七厂日本资本家枪杀了带领工人冲进工厂要求复工的中共党员、工人运动领袖顾正红。根据

中共中央指示和上海党组织部署，翁泽生带领在上海学习的台湾青年，参加了中共上海地委组织的日本人残杀同胞雪耻会；组织同乡学友抄写上海大学学生会关于支持纱厂工人罢工斗争的宣言和反日传单标语，并上街张贴散发；参加组织上海大学学生会上街募捐支援纱厂罢工工人活动。翁泽生和台湾省籍同学洪朝宗等组织上海大学的台湾青年到公共租界游行，抗议日本帝国主义杀害工人的罪行，冲到了反帝爱国运动的第一线。5月28日，中共中央和上海党组织召开紧急会议，决定发动学生和工人举行大规模反帝游行示威活动。在5月30日的游行示威活动中，翁泽生冲在上海大学师生与纱厂工人及其他高校学生游行队伍的最前列。在公共租界演讲时，翁泽生遭到印度籍巡捕抓捕，后被抗议示威群众救出。英国巡捕向密集的抗议示威群众射击，打死学生、工人13人，伤者数十人，史称五卅惨案。五卅惨案激起了全中国人民愤慨。翁泽生作为五卅运动的参与者，目睹了帝国主义在中国领土上为所欲为、血腥屠杀的滔天罪行，看到了工人阶级坚定的革命意志和伟大的斗争精神，认识到中国共产党是反抗帝国主义最坚强的力量和先锋，只有无产阶级（经过中国共产党）才能领导中华民族最终获得独立和解放，进而萌生并坚定了加入中国共产党的决心。

根据中共中央关于尽快把五卅运动斗争推向全国、争取各界群众支持的指示，全国学联和上海学联组织了八个宣传募捐小分队分赴全国各地，向社会各界介绍五卅惨案经过，募集继续开展斗争所需经费。翁泽生主动请缨回台湾进行宣传，得到瞿秋白的支持。翁泽生和洪朝宗返回台北后，向台湾青年学生介绍了五卅运动情况，并通过他们发动台北工人、学生声援上海人民的反帝斗争。翁泽生和洪朝宗依托台北青年读书会和台湾文化协会，到台湾各地巡回讲演，宣扬五卅运动是中华民族反帝斗争运动史上最光辉的一页，帝国主义是中华民族的凶恶敌人，祖国大陆同胞十分关注台湾人民的反日斗争运动，台湾人民必须与祖国人民同生死共患难，携手团结，共同斗争，才能取得反帝斗争的胜利。翁泽生还在《台湾民报》上发表文章，宣传五卅运动是中华民族革命运动的一面旗帜，上海大学学生是五卅运动的先锋，号召台湾青年行动起来反对日本帝国主义。这些活动对台湾岛内的反日爱国斗争产生了积极影响，日本殖民当局非常恐慌，以"宣传共产主义"的罪名对翁泽生进行通缉。

经过血与火的考验，翁泽生从一个革命的追求者成长为一个坚定的革命实践者。1925 年 7 月底，翁泽生回到上海，经瞿秋白介绍，在上海大学党支部见证下，宣誓加入中国共产党。翁泽生在上海大学的台湾省籍同学谢雪红、林木顺、林日高、刘守鸿、李晓芳、陈其昌、洪朝宗、潘钦信、庄泗川、蔡孝乾等不少人，在大革命的浪潮中，也加入了中国共产党。

1926 年秋，翁泽生收到台湾文化协会来信，邀约其回台协助改组左、右立场严重对立的文化协会。因遭到日本殖民当局警察署通缉，翁泽生制定了支持台湾文化协会左派的计划，他与上海大学同学、中共党员庄泗川同台湾文化协会中的左派连温卿、王敏川等相互协力，推动台湾文化协会改组。台湾文化协会的改

组和转向，是中国共产党在大革命时期指导台湾人民革命运动的一次尝试，为推动台湾人民反抗日本殖民统治的革命运动，为台湾共产党的创立，奠定了一定的群众基础和干部基础。

这一年，勇敢冲破封建包办婚姻枷锁，从台湾逃到上海就读于中华艺专的新女性谢玉叶（原名叶绿云），在翁泽生的启蒙和介绍下，加入了中国共产党。同年，他们在上海结婚，谢玉叶改名为谢志坚。

参加创建台湾共产党

1926 年 7 月，国共两党合作开始进行北伐战争。中国共产党为取得北伐战争的胜利，在发动工农群众方面做了大量卓有成效的工作，推动工农群众运动不断发展，北伐战争取得节节胜利。为配合北伐军入闽，中共中央决定加强福建革命工作，派遣翁泽生、谢志坚、李晓芳、庄泗川等台湾籍、福建籍上海大学学生党员赴闽南开展革命活动。1926 年 11 月，翁泽生等到达厦门，与当地党组织接上关系后，随即在漳州组织开展青年和学生运动。翁泽生与国民党左派、汀漳龙监察署政治监察员（专员）陈卓凡取得联系，在其运作下担任了汀漳龙监察署指导员和北伐军驻漳州陆军炮兵学校政治教官，并以此公开身份开展党的工作。同时，翁泽生在漳州与福建省立第二师范学校教员季永绥等协同合作，以第二师范学校为中心开展群众运动，组织了青年学术研究会，团结进步师生，发展党团员，建立党团组织，牵头成立了漳州第一个中共党支部并担任支部书记。1927 年 1 月，在漳州召开的中共闽南特委成立会议上，翁泽生当选特委委员并担任宣传部长。2 月，翁泽生担任漳州工农运动讲习所教务主任并亲自授课。他在教学中注重理论联系实际，很受学员欢迎。

1927 年 4 月 12 日，蒋介石在上海发动反革命政变，血腥屠杀中国共产党人。4 月下旬，根据中共中央和闽南特委决定，翁泽生和谢志坚回到上海从事地下工作，并负责联系、团结、组织在沪台湾青年，指导上海台湾学生联合会等青年团体活动，未雨绸缪地为开展台湾革命运动储备干部资源。此时，在上海的台湾学生人数增至 200 多人，翁泽生在他们当中有很强的号召力。在国民党白色恐怖统治下，翁泽生依托上海台湾学生联合会，联络团结了一批在沪台湾省籍学生，指导他们学习马列主义，传播革命思想，并培养了一批革命积极分子。不久，翁泽生和谢志坚的长子出生，起名为黎光，意为"黎明的曙光"，寓意革命事业光明在前、胜利可期。

1927 年 11 月中旬，翁泽生的上海大学校友、台湾省籍中共党员谢雪红和林木顺从莫斯科东方大学学成回国，在上海向中共中央汇报了共产国际关于组建台湾共产党的指示。中共中央决定，由谢雪红、林木顺和翁泽生共商台湾共产党的组织筹建工作。

为加强反对帝国主义斗争和推进无产阶级革命，共产国际深入总结被压迫民族解放运动与实现无产阶级专政的关系，制定了共产党在民族民主革命中的纲领和策略。1927 年 4 月至 7 月，共产国际执行委员会专门讨论了日本殖民地台湾的革命问题，发出了建立台湾共产党的指示，强调台共的组织工作由日共中央负责指导和协助，台共成立后暂时作为日本共产党台湾民族支部，台共建党的基层人员可找一些中共和日共的台湾省籍党员作为骨干。由于日本国内军国主义蔓延，日共要全力投入国内斗争，于是紧急决定筹备台共创建工作请中国共产党负责领导。中国共产党此前已为在台湾开展工作作了充分准备，并安排了一些中共党员赴台进行革命活动，于是全力承担了创建台湾共产党的组织领导工作。

1927 年 11 月底，为加强干部培养，翁泽生与谢雪红、林木顺组建上海台湾青年读书会，精心挑选了一批台湾青年积极分子，进行建党组织准备工作。翁泽生随后创办上海台湾青年读书会机关报《屋内刊》，广泛向在沪台湾青年学生宣传共产主义思想。翁泽生与台湾左翼力量和台湾省籍中共党员较熟悉且联系密切，向谢雪红介绍了在台湾的洪朝宗、林日高、庄春火、蔡孝乾、李晓芳、庄泗川，在厦门的潘钦信，在广州的王万得等台湾省籍中共党员相关情况，并经中共中央和相关地方党组织同意及安排，积极联络他们前来上海参加台湾共产党筹建工作。

1928 年初，潘钦信经厦门到达上海。2 月，台湾岛内共产党员推举的代表林日高到达上海。厦门、广州、台湾和日本东京的各地台湾省籍共产党员代表齐聚上海后，在中国共产党领导下，成立了台湾共产党筹备委员会，谢雪红、林木顺、翁泽生、谢志坚、潘钦信、林日高、陈来旺，以及上海台湾青年读书会的张茂良、刘守鸿、杨金泉等 10 人为成员。在中共中央代表彭荣（中共中央高层领导同志的化名）直接领导下，1928 年 4 月 13 日，在上海法租界拉斐德路翁泽生住所召开了台湾共产党成立大会的预备会台湾共产主义者积极分子大会。与会人员认真学习了中共中央提供的学习材料，讨论修改了政治纲领、组织纲领等文件，确定了台湾共产党成立大会召开时间和参会代表。

1928 年 4 月 15 日，经过认真筹备，台湾共产党（日本共产党台湾民族支部）第一次代表大会在上海法租界霞飞路 831 号金神父照相馆二楼召开，宣告台湾共产党正式成立。林木顺、谢雪红、翁泽生、陈来旺、林日高、潘钦信、张茂良七人作为正式代表出席大会。中共中央代表彭荣在大会上发表讲话，肯定了建立台湾共产党的意义，指明了台湾共产党的主要使命和任务，介绍了五四运动以来中国无产阶级革命运动和中国共产党成立以来的发展情况，总结了国共两党从合作到破裂的历史教训，强调了中国共产党在无产阶级革命中的先锋领导作用。根据彭荣的意见，在选举台湾共产党中央委员时，翁泽生建议台湾共产党中央委员名额应该留给能回台湾领导党的工作的党员，得到与会代表的一致认同。据此，准备返回台湾的林木顺、林日高和身在台湾未能出席会议的蔡孝乾、洪朝宗、庄春火五人当选为台湾共产党中央委员，准备驻日本东京的谢雪红和留在上海的翁泽生当选为中央候补委员。4 月 18 日，台共中央在翁泽生住所召开第一次会议，林木顺、林日高、谢雪红和翁泽生出席，确定了工作分工，林木

顺担任中央书记长。会议结束后，林日高等携带台湾共产党代表大会通过的文件返回台湾开展革命活动。

新生的台湾共产党，以政治纲领和组织纲领为核心，鲜明地表达了团结带领台湾人民开展反日反封建斗争，使台湾从日本殖民统治和封建压迫下解放出来的政治主张，制定了台湾工农运动的具体革命策略。尽管此时按照共产国际的要求，台湾共产党作为日本共产党的一个民族支部，但台湾共产党成立之初及之后，在思想上、政治上更多的是接受中国共产党的领导，与中国共产党的关系更为密切。台湾共产党成立后，中国共产党对台湾共产党进行的反日斗争更是发挥了实质性的领导作用，台湾共产党也始终、完全接受中国共产党的政治领导和组织领导。

积极指导台湾岛内抗日斗争

台湾共产党成立前后，上海台湾青年读书会遭到搜捕。1928年3月1日，台湾共产党筹委会成员张茂良在上海参加旅沪朝鲜人举行的反抗日本殖民统治的集会，代表上海台湾青年读书会发表讲演，上海公共租界日本警察由此侦知林木顺等台湾青年频繁聚会、秘密组织反日团体，于是开展了对上海台湾青年读书会的侦察搜捕。3月12日，上海公共租界日本警察对上海台湾青年读书会场所及翁泽生住所进行搜查，逮捕了一些读书会成员，翁泽生由于及时搬家而得以脱险。4月25日，日本警察再次对上海台湾青年读书会进行搜捕，包围了谢雪红等人住所，谢雪红、张茂良等被捕，林木顺逃脱。由于台湾共产党有关文件被搜获，台湾共产党组织暴露，刚刚成立10天的台湾共产党遭受重创。搜捕事件发生后，林木顺与翁泽生紧急向中共中央和共产国际报告了上海台湾青年读书会和台湾共产党组织遭到破坏的有关情况。

1928年5月14日，谢雪红等五人被遣送回台湾受审。由于证据不足，6月2日，日本殖民当局被迫释放了谢雪红等人。6月4日，林日高与谢雪红取得联系。得悉上海台湾青年读书会遭到搜捕，台湾岛内一些共产党员在工作方式方法上产生了分歧。面对错综复杂的局面，翁泽生以强烈的使命感和责任感挺身而出，在中共中央和共产国际领导下，在上海通过各种方式联络岛内台湾共产党党员，指导他们开展工作，并耐心协调各方面意见，消弭分歧。与此同时，翁泽生与林木顺在祖国大陆继续发展台湾共产党组织，吸收了一批台湾进步青年加入台湾共产党，并派遣谢志坚、潘钦信和王万得返回台湾，联系岛内共产党员，开展革命活动。

根据林木顺与翁泽生的意见，谢雪红、林日高和庄春火分别于1928年9月、10月、11月举行了三次台湾共产党中央会议，讨论反日斗争策略，研究党的组织发展工作。随后，台湾共产党发展吸收了一批党员。台湾共产党在积极组织、推动建立反日民族统一战线的同时，还与台湾农民组合、台湾文化协会等岛内进步团体建立密切联系，大力团结并改造台湾农民组合，积极开展

反日农民运动；指导台湾文化协会开展活动，将其改造为主要团结小市民和一般城市劳苦群众及其他反日爱国人士的文化团体，大力开展反日思想宣传活动。在台湾共产党领导下，岛内反日工人运动也迅速发展。

为镇压台湾人民的反日斗争，1929 年 2 月 12 日，日本殖民当局在全岛进行大搜捕，台湾农民组合、台湾文化协会及台共中央领导人谢雪红在台北为掩护身份开办的国际书局的一些共产党员和大批人员被捕，台湾反日革命运动遭受严重损失，史称二一二事件。但台湾共产党仍然坚持斗争。3 月 18 日，台湾文化协会、基隆工会和基隆青年读书会 30 多人举行纪念巴黎公社活动，发表檄文，宣传反日爱国斗争的伟大意义。6 月，台湾共产党领导各革命团体在台北组织了反对日本殖民统治"六一七始政纪念日"（1895 年 4 月 17 日，日本侵略者逼迫清政府签订了《马关条约》，5 月 8 日换约生效。《马关条约》第五款设定，"台湾一省应于本约批准互换后两个月内交接清楚"，即应于 1895 年 7 月 8 日完成交接。但日本侵略者急不可耐，把签约后的两个月即 1895 年 6 月 17 日定为"始政纪念日"，台湾同胞认为这是"耻政纪念日"）的反日爱国活动，王万得等在集会上发表演讲，喊出了"拥护中国工农革命"等口号。这些反抗运动和斗争，展现了台湾共产党和岛内反日团体面对搜捕和镇压而英勇不屈的战斗意志。

由于 1928 年至 1929 年日本法西斯在日本国内对日本共产党组织连续实施大搜捕，日共领导人和大批党员被捕，台湾共产党与日本共产党的联系基本上完全中断。中共中央为加强对台湾共产党的指导,继续输送干部,推动岛内革命运动。1930 年,岛内台共党组织多次派遣林日高、潘钦信、陈德兴等分别前往上海与翁泽生联系,向中共中央汇报台湾革命形势和台湾共产党组织工作情况,请求中共中央加强对台湾共产党的领导。中共中央通过翁泽生并派员传达中共关于台湾革命的意见。10 月底,中共中央负责人瞿秋白在上海召集翁泽生和从台湾前来上海汇报工作的潘钦信、陈德兴,对台湾共产党及其领导的反日斗争作出指示,指导台湾共产党调整政治路线和反日革命策略,提请召开台湾共产党第二次代表大会解决面临的各种问题,并要求台湾共产党每月向中共中央汇报一次工作。陈德兴携带中共中央指示返台后,分别向谢雪红和王万得、苏新等作了汇报。针对岛内台湾共产党员之间的分歧,翁泽生指示已在厦门从事地下活动的潘钦信立即返回台湾指导开展工作。

在中共中央领导下,作为台湾共产党领导人同时又是中国共产党的重要干部,翁泽生与林木顺等团结带领在祖国大陆的台湾同胞,坚持开展反日斗争。1929 年 6 月 17 日,根据中共中央指示和中共江苏省委部署,翁泽生与林木顺组织领导在沪台湾青年学生举行了反对日本对台湾殖民统治的"六一七始政纪念日"抗议集会。集会上,翁泽生发表演说指出:"30 多年前的今天,台湾沦为日本的殖民地,而后台湾人在社会上的一切权利都被剥夺,变成只尽义务的奴隶。"他号召台湾人民与祖国大陆人民团结起来,"向日本帝国主义斗争"。翁泽生与林木顺还组织成立

了上海青年反帝同盟和上海台湾青年团，参与组建了东方被压迫民族反帝同盟，团结带领台湾青年在祖国大陆积极参加反帝爱国运动，并大力为台湾共产党在岛内的革命活动培养输送人才。

为扩大台湾青年团的组织工作，1929年底，翁泽生派上海台湾青年团团员侯朝宗、郑连捷到厦门、漳州，调查了解当地台湾学生情况，组织台湾学生抗日团体开展斗争。翁泽生还安排郑连捷与在漳州开展革命活动的蔡孝乾、张克敏及他们组织的台湾解放运动牺牲者救援会进行联络协调，积极开展营救被捕的台湾省籍中共党员蒋文来的活动。1930年二三月间，在翁泽生和上海台湾青年团支持下，漳州的台湾解放运动牺牲者救援会举行游园会，发表抗日宣言书，援助被捕抗日志士及其家属，呼吁台湾同胞与祖国大陆同胞团结抗日。台共党员潘钦信等参加了活动，上海台湾青年团机关报《青年战士》报道了这次活动。在翁泽生领导下，潘钦信在厦门重建了闽南台湾学生联合会，团结了一大批台湾青年，其中不少台湾青年如王灯财（后改名王碧光）、张志忠等加入了中国共产党。翁泽生和潘钦信还安排詹以昌担任厦门地下党交通员，后让詹以昌和王溪森回台湾工作并加入台湾共产党。

1930年6月，翁泽生领导上海台湾青年团举行了反对"六一七始政纪念日"反日爱国活动。10月27日，台湾南投县雾社少数民族同胞不堪忍受日本帝国主义残暴殖民统治，奋起举行武装起义，被残酷镇压，人口仅2100多人的雾社少数民族同胞，被杀害的就有670多人。11月初，翁泽生闻知台湾雾社少数民族同胞起义被残酷镇压，立即向中共中央报告了有关情况。中共中央迅速组织了声援雾社起义的斗争，发表了《致全世界无产阶级与所有被压迫民族》的公开信，呼吁全世界无产阶级与被压迫人民支持台湾雾社起义。中共中央机关报《红旗日报》刊登了翁泽生的文章，指出雾社起义是台湾人民反抗日本殖民统治的正义行动，号召台湾青年支持、声援雾社起义。

在中共中央及各地党组织的领导下，上海等地革命团体纷纷举行声援台湾雾社起义的抗议活动。在翁泽生领导下，上海台湾青年团发布了潘钦信起草的声援雾社起义宣言书，刊发于上海各报刊。翁泽生也草拟了宣言书，作为上海台湾青年团机关报《青年战士》的特刊，由上海反帝大同盟向各革命团体散发。1930年11月7日，在纪念十月革命活动中，上海台湾青年团散发传单、张贴标语，呼吁祖国大陆人民支持台湾雾社起义，反对日本帝国主义屠杀台湾少数民族同胞。在中共江苏省委组织下，革命互济会、上海反帝大同盟、中华全国总工会、左翼作家联盟、社会科学联盟、美术家联盟、文化总同盟、上海台湾青年团等团体，召开慰问台湾革命运动上海各团体联席会议，要求加强与台湾抗日团体的联系，号召祖国大陆人民给予台湾同胞武装抗日斗争以最大援助。

1931年4月，在翁泽生主导下，上海台湾青年团更名为上海台湾反帝同盟，并再次组织了雾社事件斗争、"六一七始政纪念日"反日斗争、六一三沙基惨案斗争等革命活动。5月，日本帝国主义在我国东北制造了万宝山事件。6月22日，翁泽生指

导上海台湾反帝同盟举办万宝山事件后援会集会游行示威，遭到日本警察阻止。日本警察认定以翁泽生为中心的上海台湾反帝同盟是中国共产党领导下的上海反帝大同盟下属组织，确认翁泽生等四人与中国共产党有着极为密切的关系。根据台湾"总督府"警务局要求，日本驻上海领事馆将逮捕的台湾学生押往台湾受审。随后，日本殖民统治当局加强了对岛内台共党员的搜捕和迫害。

翁泽生还多方协调派遣上海台湾青年团和有关地方党组织干部参加岛内抗日斗争。1931年3月，上海台湾青年团团员李清奇奉翁泽生之命，携带共产国际《致台湾共产主义者书》指示信回到台湾，并加入了台湾共产党。上海共青团组织也推荐曾参加厦门学生运动的台湾青年彭水洋、黄群雄加入台湾岛内抗日队伍行列。

1931年5月31日至6月2日，台湾共产党第二次代表大会在台北淡水观音山麓举行。会议总结了过去的工作，确立了新的政治路线，选举产生了新的台湾共产党中央领导机构。经过努力，台湾共产党组织逐渐在岛内群众中生了根，有了影响，工作局面逐步打开。

然而，1931年3月，台湾共产党员、台湾农民组合领导人赵港、陈德兴被日本警察逮捕，台湾共产党组织机密文件遭泄露，日本殖民当局"顺藤摸瓜"，大肆搜捕台共中央领导成员和党员干部。6月至9月间，日本殖民当局对台湾共产党组织进行全岛大搜捕，谢雪红、王万得等台共领导人和党员干部相继被捕，台湾共产党遭到重大破坏。台湾共产党领导的台湾赤色救援会、台湾农民组合和台湾文化协会等团体组织也相继被破获而解散。

惊悉台湾岛内绝大部分共产党员被捕的消息后，翁泽生迅即报告了中共中央和共产国际远东局，强调台湾共产党组织的安全保密工作尤其重要，建议派遣党员干部到台湾，充实岛内党的工作，领导岛内反日力量。1931年夏，翁泽生受中共中央委派，巡视、指导两广地区党的地下组织工作。其间，翁泽生奔波于上海、厦门，在厦门地下党组织的配合下，保持与岛内台湾共产党组织的联系，了解情况，寻求对策，致力于开展台湾共产党重建工作。翁泽生还选定了台湾省籍中共党员张志忠，与他促膝长谈后，安排他回台湾参加台湾共产党的重建工作。

台湾共产党凝聚了岛内外的革命力量，在严酷的日本殖民统治时期，英勇顽强地开展反抗日本殖民统治的爱国斗争，促进了共产主义思想在岛内的传播，沉重打击了日本帝国主义，有力配合了祖国大陆人民反抗国民党反动统治的土地革命斗争。作为台湾共产党的主要创建者和领导者之一，翁泽生鞠躬尽瘁，居功至伟。

革命信仰气贯长虹

1932年7月，翁泽生调任中华全国总工会党团秘书长，协

助中共中央临时政治局委员、全总党团书记陈云工作。在陈云直接领导下，翁泽生与廖承志、杨尚昆、林育英等一起，协调全总党团各部门工作，表现出色。其间，翁泽生与第二任妻子、广西桂林共产党员易荣芳生育的女儿翁曼黎（后改名翁曼莉）出生。为毫无后顾之忧地从事党的地下工作，他们忍痛割舍亲情，将刚满月的爱女送到福建漳州亲戚家照料。孰料命运不测，父女一别竟成永诀，七年后更是天人永隔。

1933年3月4日，由于叛徒出卖，国民党特务在上海公共租界设伏企图逮捕翁泽生，他在反抗中惊动租界巡捕而被捕。3月6日，翁泽生被移交国民党江苏省高等法院审理。已有两次被捕经历的翁泽生，庭审时坚称自己是"台湾人"，大闹法庭，坚决反对移提国民党上海市警察局，以期通过媒体记者的新闻报道给中共党组织通风报信。3月7日，上海《申报》等报刊纷纷报道了此案。中共党组织由此知悉翁泽生被捕，立即采取了应急措施，安排相关人员安全分散转移。此时与翁泽生在一起工作的廖承志后来回忆："翁泽生是知道我的住址的，他被捕已三天，我们才从报纸上知道，而我却没有发生事情，全总机关也都完整，没遭破坏。从这一点可以看到，翁泽生被捕后很坚强。"

国民党江苏省高等法院将翁泽生移交日本驻上海领事馆。1933年3月中旬，翁泽生被日本警察押至台湾，之后长期关押在台北监狱一间仅四平方米潮湿黑暗的单人牢房里。翁泽生是日本殖民当局最后抓捕的最重要的台湾共产党领导人。在台北监狱，日本警察安排翁泽生与谢雪红、潘钦信、王万得等人见面并予以监控，企图掌握台湾共产党组织的重要情况，继而逼迫翁泽生"转向"。翁泽生严词拒绝："我从小在祖国接受教育，你们可以判我刑，要我转向是绝对不可能的。刑满出狱后，我还要回祖国，继续参加革命。"诱降失败的日本特务恼羞成怒，对翁泽生施以吊打火烙、灌辣椒水、辗膝盖骨、竹签扎指甲缝等酷刑。翁泽生在这里经受了最野蛮的法西斯暴行，精疲力竭的敌人想不通，这个身体单薄、看来不堪一击的年轻人，居然能挺得住种种常人难以忍受的酷刑！

解放战争时期在台湾开展地下工作的吴克泰后来回忆，中共台湾省工委领导人张志忠曾经对他说，"老台共里面最优秀、最坚强的是翁泽生"。

革命者的铁骨柔情

身陷囹圄，翁泽生宁死不屈、视死如归，展现了革命气节高于天的铮铮铁骨。同时，他也展现了亲情淬火分外珍的绵绵柔情，倾情于亲人，勉力尽孝于父母。

入狱不久，翁泽生唯恐年迈的父母生活无计，写信告知："万一有时家计困难，可向厦门安安堂药店先行拨借，他日若获重归厦地，儿当负责奉还。"他拜托兄妹："多买些鲜鱼青菜及葡萄番茄等容易消化富于滋养之物，孝敬病弱慈母，以期早日康复。"殊不知，父亲在翁泽生被捕几个月后得知消息，即伤心过

度撒手人寰，母亲也一病不起，两年后过世。消息传至狱中，翁泽生心痛如绞，在家书中倾诉了自己既已许国、再难许家的忠孝不能两全的凄怆："回忆双亲一生爱我的情形及临终不见我在身边的情况，等等，真使我心痛万分……"

1936 年 9 月，谢志坚带着在台北上小学的翁黎光，到监狱探视已被判刑 13 年的翁泽生。隔着两道铁门，小黎光平生第一次也是最后一次喊了声："爸爸！"翁泽生强忍泪水，努力表现出高兴的样子，询问爱子的学业。小黎光回答：上小学三年级，读的是日文。翁泽生当即交代谢志坚，"应该把阿黎送到厦门同安大姑母那边去读书"。翁黎光回忆说："我理解父亲这样交代的目的，要我永远不要忘记自己是中国人。"

翁泽生对二妹翁阿冬期许甚重，尽管不便在须经狱方审查的家书中指点革命道路，还是透过"我身体无恙""多读书，多研究""节哀自爱，放大心怀""注意健康、保重身体、以期它日重逢"等寄语，激励她走好未来的人生道路。翁泽生家书的字里行间，传扬着中国共产党人矢志不渝的革命信念和乐观主义的革命精神。

狠毒的酷刑折磨，长期的非人禁锢，严重摧残了原本患有肺病的翁泽生。为免于翁泽生猝死狱中，日本狱方又上演伪善的人道戏码，匆忙办理"保外就医"手续，企图欺骗舆论逃脱罪责。1939 年 3 月 1 日，奄奄一息的翁泽生被堂兄翁新英接出牢笼，送回台北翁家老宅调养。翁泽生自知不起，却强撑病体谈笑风生，宽慰亲人。10 多天后，翁泽生病情急剧恶化，未及送到医院抢救，就魂归生于斯、长于斯的翁家祖屋，生命时钟定格在1939 年 3 月 19 日。

在翁泽生引领下参加革命的亲人们化悲痛为力量，坚定不移听党话、跟党走。漂泊南洋的翁阿冬回到祖国后奔赴延安。惊悉噩耗后，翁阿冬特意改名为"翁志坚"以表心志。翁阿冬被选送到延安中国女子大学学习，开学典礼上，陈云向毛泽东介绍："她是翁定川的妹妹。"新中国成立后，谢志坚在上海人民广播电台从事日语广播，并加入台湾民主自治同盟，担任台盟上海分部妇女委员会委员。易荣芳被党组织保送到医学院深造，毕业后在广西壮族自治区柳州市人民医院从事医务工作，多次受到表彰，并当选市人大代表。翁泽生的一双儿女翁黎光（后改名林江，台盟盟员）、翁曼莉继承父亲遗志，在 1949 年前读书期间就义无反顾踏着父亲的足迹，投身于父亲未竟的革命事业，加入中国共产党，以"革命自有后来人"的抉择告慰父亲的在天之灵。

1975 年，陈云、廖承志与台湾省籍中共中央委员林丽韫，向党中央呈报《关于追认翁泽生同志为烈士的建议》，充分肯定翁泽生"共产党员战斗的一生"，高度评价翁泽生"到死还坚持着共产党员的高尚气节"。中央有关部门审查后，确认翁泽生为革命烈士。作为反帝反封建的台湾同胞代表、台湾共产党的光辉旗帜、中国共产党的优秀党员，翁泽生功垂史册，光耀千秋！

方 弢　张奕明

　　方弢（1911—1950），原名方泽豪，广东惠来人。1935年参加
一二·九运动，加入中国共产主义青年团。1937年加入中国共产党。
1945年11月改名方弢，赴台湾从事地下工作。1949年9月被捕。1950
年11月3日在台北马场町英勇就义。

　　张奕明（1918—1949），原名张瑞芝，广东普宁人。1936年4月加
入中国共产主义青年团。1937年8月加入中国共产党。1938年10月与
方弢结为夫妻。1945年11月与方弢一起赴台湾从事地下工作。1949年
9月被捕，12月10日在台北马场町英勇就义。

方 弢　张奕明

夫妻双双投身抗日斗争

方泽豪在中学时代就积极参加进步学生运动。20 世纪 20 年代，在国共合作的大背景下，国民革命思想在全国范围内广泛传播。1925 年，正在广东汕头金山中学读书的方泽豪，与同学们一起热烈欢迎国民革命军两次东征，积极参加驱逐军阀派任校长的学生运动。

1935 年，正在北平中国大学国学系读书的方泽豪，目睹了日本帝国主义对中国的侵略。10 月，继逼迫中国军队撤离察哈尔后，日本关东军又要求"华北自治"，实行"特殊化"，整个华北危在旦夕。华北事变激起北平学生的强烈愤慨，他们悲愤地喊出："华北之大，已经安放不得一张平静的书桌了！"在中共北平临时工作委员会领导下，12 月 9 日，北平学生高喊"反对日本帝国主义""停止内战，一致对外"等口号，举行抗日示威游行，遭到国民党军警镇压。由此开始的一二·九运动迅速波及全国。各地爆发了大规模学生爱国运动，工人愤而罢工，学生愤然罢课，抗日救亡斗争发展成为全国规模的群众抗日爱国运动。北平学生组织宣讲团，踏上同工农群众相结合的道路。方泽豪积极参加了这场声势浩大的运动。他在斗争中表现勇敢，经受了考验，光荣地加入了中国共产主义青年团。

1936 年初，方泽豪返乡参加工农运动。他决意筹建广东普

宁县共青团组织，并负责宣传工作。3月，他在普宁县泥沟村兴办了群众学校并担任校长，聘请了一批进步教师到校任教，积极开展抗日救亡斗争。他还在泥沟群众学校建立了普宁县第一个共青团支部，发展了张声籍、张珂友、张瑞芝等进步学生加入团组织。1937年夏，方泽豪加入中国共产党，先后担任中共普宁县特别支部宣传委员、普宁县工委宣传部长。在方泽豪领导下，泥沟群众学校开展了丰富多彩的抗战宣传活动，教育团结广大群众投入抗日救亡斗争。8月，年仅19岁的张瑞芝也光荣地加入了中国共产党。

1937年11月，方泽豪参与创办普宁青年抗日救亡同志会，宣传抗日救亡思想，积极拓展抗日组织。1938年初，由于党的工作需要，方泽豪被调到普宁县涂洋义方学校担任校长，开辟新的革命据点。到校后，他迅速建立党支部，领导师生和青年农民积极参加抗日救亡斗争。义方学校成为中共普宁县委重要活动据点，一些党员干部以教职员身份为掩护住在学校，组织开展革命斗争。10月，方泽豪和张瑞芝结婚，翌年生下儿子张珂理。

1939年初，方泽豪被党组织调到普宁县流沙中学担任训导教育主任。流沙中学是抗战时期的一所红色学校，许多教师都是共产党员，普宁县委一些领导成员都以教师身份到学校兼课任教，流沙中学成为党组织培育人才的学校。同时，方泽豪还担任普宁青年抗日救亡同志会主办的刊物《青报》主笔，经常发表文章，鼓动全县人民积极开展抗日斗争。

1939年12月，普宁县国民党顽固派不顾抗日救亡大局，妄图强行解散青年抗日救亡同志会等群众团体。根据中共普宁中心县委指示，方泽豪、王致远、林英杰等共产党员，以普宁青年抗日救亡同志会干事的公开身份领导了反抗国民党顽固派破坏抗战的斗争，取得了胜利。

1940年3月初，由于抵制"左"倾错误，方泽豪被开除党籍，但他坚守信仰，坚持为党工作。1941年，普宁青年抗日救亡同志会等群众团体被国民党顽固派强行解散。方泽豪、张瑞芝夫妇忍痛把幼小的儿子张珂理送到泥沟村母舅家照料抚养。他们先是转往梅县南口中学，后来离开广东前往广西兴安小学、博白中学、兴业学校、贵县第二中学任教。

携手赴台开展地下斗争

1945年8月15日，日本宣布无条件投降。10月25日，同盟国中国战区台湾省受降仪式在台北举行，台湾及澎湖列岛正式重入中国版图，台湾同胞欢天喜地，庆祝回到祖国怀抱。11月，方泽豪改名为方弢，张瑞芝改名为张奕明，从广西经广东汕头来到台湾。1946年8月，经在广东梅县南口中学任教时的同事、中共地下党员钟国辉（又名钟桂琪）介绍，基隆中学校长、中共地下党员钟浩东把方弢、张奕明夫妇安排到基隆中学工作，方弢担任教务主任，张奕明在教务处任职员。

此时的基隆中学，是中共台湾省工委的一个重要工作据点，

钟浩东是党的重要干部，许多党员干部都汇聚在这里从事革命工作。方骏虽然已不在党，但他努力协助地下党组织开展工作，是党可靠的朋友，只要党组织交代的事情，他都尽力去做。在担任基隆中学教务主任期间，方骏对工作积极认真，对地下党组织持"亲近、掩护和帮助的政治立场"。

到基隆中学不久，同是从潮汕来台的老战友、中共地下党员林英杰为张奕明办理了重新入党手续。张奕明在地下党组织里主要承担两项工作：一是联系进步教师，并通过他们做学生工作；二是负责刻印分发《光明报》。《光明报》是中共台湾省工委机关报，台湾省工委委员林英杰为主编兼主笔，1948年开始在台湾岛内秘密发行，起初在台北编印，后来转移至基隆中学刊印。张奕明坚毅沉着，冷静谨慎，工作非常认真。她在基隆中学后山的一个小山洞里用刻写好的蜡纸版印刷《光明报》，并独自将印好的报纸送到台北，交由地下党组织另一个秘密联络点分发。

方骏与中共地下党员林英杰、王致远（王森泉）、方乔然（方绮华）等是普宁抗战时期的战友。林英杰和台湾省林业实验所莲花池分所科员张伯哲（秘密身份为中共台中地区工委书记）来到基隆中学时，方骏都热情接待。张伯哲与张奕明也很熟悉，见面时总是亲切地称她为"瑞芝姑"。每当借用他们夫妇那间平房宿舍开会时，方骏总是主动地离开，让林英杰、张伯哲等秘密商谈工作。1947年11月中旬，由于林英杰在台南受到国民党特务追捕，其妻陈绿漪带着幼小的儿子林国琪准备撤回祖国大陆，路过基隆中学时，方骏和张奕明掩护他们在家中隐蔽，其后由基隆中学地下党员陈少麟护送陈绿漪母子到基隆港，乘船平安回到汕头，转入游击区。对于张奕明在地下党组织内的工作，方弢虽然略知一二，但他严格遵守党的纪律，从不过问。1949年4月，方弢还应邀为钟浩东利用台湾统战对象公开发行的《新生代》杂志撰写《论时局发展趋势》等时评文章。

坚守信仰英勇牺牲

1949年6月，中共台湾省工委发动对国民党的宣传攻势，《光明报》发表《纪念中国共产党诞辰28周年》社论，号召台湾人民英勇斗争、迎接解放。一时间，岛内很多地方都出现了《光明报》和革命传单、标语。国民党统治集团对此极为恐惧，严令限时破案。8月下旬，国民党保密局侦知《光明报》在基隆中学印刷，钟浩东和妻子蒋碧玉等人先后被捕。林英杰得到消息后，迅速采取紧急应对措施，安排中共地下党员疏散隐蔽，并委托方弢到台北找王致远，转请台湾省籍爱国将领李友邦出面设法营救。王致远后来回忆说：这年8月底的一天早上，我刚上班，忽然在基隆中学任教的方弢来找我，告诉我"昨晚钟浩东夫妇在学校里被捕了"！因为钟浩东出任基隆中学校长，是由台湾抗日志士丘念台和李友邦介绍的，而此时丘念台在祖国大陆，因此他希望请李友邦设法营救。9月9日，大批国民党宪警再次到基隆中学搜捕中共地下党员，尚未及时撤离的张奕明、钟国员、罗卓才

等教职员被捕，被押往台北青岛东路的台湾省"保安司令部"军法处监狱。9月24日，方殁在基隆中学被捕。

张奕明在狱中备受酷刑，但她坚贞不屈。1949年12月10日，张奕明、钟国员、罗卓才、谈开诚四名中共地下党员被国民党杀害。12月11日，台湾省"保安司令部"布告称："本省共党组织，自去年底起即秘密油印反动刊物《光明报》，散发各地。至本年8月，已发行至28期……经治安机关严密侦查，侦悉在基隆中学印刷，经于9月间破案，捕获印刷《光明报》主犯张奕明（女，31岁，广东汕头人，基隆中学干事，系老共产党员，负责印刷及发行《光明报》），钟国员（28岁，广东兴宁人，基隆中学干事，负责缮写《光明报》钢板），及基隆市委书记钟浩东（35岁，高雄人，基隆中学校长），党员罗卓才（27岁，广东兴宁人，基隆中学教员），谈开诚（25岁，江苏镇江人，宜兰中学教员）等22名……张奕明、钟国员、罗卓才、谈开诚等四名罪大恶极……判处死刑。并于昨（十）日执行枪决。"

与张奕明关押在同一间牢房的蒋碧玉后来回忆张奕明从容赴义时的情形说：那天吃早饭时，牢房的窗户都被放了下来，一些关押较久的难友说，早上一定有枪毙。不久，吉普车的声音在牢房外响起来，我们于是把棉被垫高，从牢房小窗口往外看，我看到吉普车上面坐着几名持枪的宪兵。然后，牢房的门突然开了，宪兵大声点名：张奕明，开庭！我看到她一路微笑着，从容走出牢房，临上车时还坚定呼喊着"共产党万岁"等口号。我于是唱着她之前教我的一首歌《惜别》，给她送行……在歌声中，我知道，过不了多久，19 岁就入党的张奕明，就要在马场町刑场早晨的枪声中仆倒了。

张奕明牺牲时年仅 31 岁。1982 年 3 月，她的亲属收到了革命烈士证书。

方弢被捕后被审问很久。1950 年 8 月，原本经台湾省"保安司令部"军事法庭初审，方弢等四人被判处 10 年至 12 年徒刑。初审上报后，9 月 15 日，国民党"国防部"呈报"总统府"，10 月 19 日"总统府"核示："……卷判均悉，本案方弢、林天河四名均处死刑。"11 月 3 日，方弢被国民党杀害，年仅 39 岁。

1950 年 11 月 4 日，国民党《中央日报》报道："残余匪犯五人，昨日执行枪决……重要匪犯蔡尧山、方弢、庄阿开、游英、林天河五人，均被判处死刑，并被核准，于昨（三）日清晨六时，提监验明正身，发交宪兵团，绑赴刑场，执行枪决。"报道还特别指明："方匪是一名老共产党员，远在二十六年（1937 年）就已经加入匪党……任教基隆中学，与钟匪浩东取得联系（钟匪已处决），进行学运与社运等叛乱活动。"由此可见，方弢是以老共产党员从事学运和社运的"罪名"，被国民党军事法庭从有期徒刑改判死刑而杀害的。

方弢牺牲后，由于两岸长期隔绝，他在台湾从事地下工作及在狱中的有关情况难以查明，祖国大陆有关部门和潮汕地区许多老战友都以为他是被捕后在狱中病故的。1987 年底，台湾当局解除"戒严"，陆续解密中共台湾地下党组织有关历史档案后，陈仲豪通过台湾友人的帮助，查到了 1950 年 11 月 4 日国民

党《中央日报》的有关报道，找到了台湾省"保安司令部"军事法庭的讯问笔录和审判笔录，以及改判方弢等人死刑的公文和台湾白色恐怖死难者家属互助会录制的方弢被杀害前后的照片等历史资料，才还原了方弢的英勇事迹。

张奕明被捕后，方弢情急之下将年仅三岁的女儿阿妮托付给基隆中学一位蔡姓职员照料。后来，阿妮被一位祖籍潮汕的张姓乡亲收养，改名张亮，大学毕业后在台湾邮电部门工作。通过多方努力，陈仲豪联系上阿妮的养父，把她的出身和家庭真实情况告诉了她。1991年，阿妮从台湾绕道泰国曼谷回到潮汕家乡，见到了唯一的亲哥哥张珂理，兄妹相见，百感交集。

方弢、张奕明夫妇是潮汕地区中共党组织的优秀干部。20世纪中期，他们到台湾后在白色恐怖的严峻环境中，忠诚党的事业，展现了共产党人坚贞不屈、前仆后继的大无畏牺牲精神。他们的英勇事迹，令人敬仰！他们播种的红色基因，必将代代相传！

林正亨

　　林正亨（1915—1950），字克忍，台湾台中人。1937年考入南京国民党中央陆军军官学校，1939年赴前线参加对日作战。1946年加入中国共产党，返回台湾从事地下工作。1947年参加二二八起义，之后加入台湾民主自治同盟。1949年8月在台北被捕，1950年1月30日在台北马场町英勇就义。

出身台湾爱国世家

台中雾峰林家，是台湾知名望族，自 1746 年林家渡台始祖林石从福建只身赴台开荒拓土，历经 100 多年发展，门庭显赫，富甲一方，成为台湾很有影响力的家族。

林正亨是雾峰林家第八代传人，1915 年 8 月出生于福建厦门鼓浪屿。曾祖父林文察，是清代著名台湾将领，官至福建陆路提督兼水师提督，去世后被清政府追封为太子太保。祖父林朝栋，是台湾地方团练"栋军"首领，1885 年中法战争时期曾在台湾巡抚刘铭传指挥下率部英勇抵抗入侵台湾的法国军队，因战功卓著钦加二品顶戴，赐穿黄马褂，统领全台营务。祖母杨水萍也因率 6000 乡丁助夫击败入侵大屯山区的法军被封一品夫人。林朝栋在甲午战争时率领义军抗击日本侵略者。1895 年台湾被割让给日本，林朝栋极为愤懑，举家内迁厦门。父亲林祖密，在《马关条约》签订后，置台湾家产而不顾，主动要求恢复中国国籍。辛亥革命后，林祖密追随孙中山继续从事革命活动，捐出大部分家产支持护法战争，曾担任闽南军司令和孙中山大元帅府参军。堂叔祖林献堂，坚守中华文化传统，倡导台湾人民反日民族运动，是台湾反抗日本殖民统治的著名人士。

林正亨生长在这样的爱国世家，自幼受到祖辈爱国情怀的熏陶，养成了果敢刚毅、一身正气的品格。他秉承雾峰林家"先有

国，后有家，国比家大"的家风家训，立志为台湾回归祖国而奋斗。1925 年，父亲林祖密被反动军阀杀害时，林正亨年仅 10 岁。由于父亲生前将大部分财产捐给孙中山领导的国民革命运动，全家生活陷入困境。面对生活困难，母亲不得不将林正亨寄养在福州朋友家里读书。后来，为缴纳学费，母亲省吃俭用，供林正亨在厦门艺术专科学校读书。1934 年，林正亨回到台湾，因不堪忍受日本殖民统治的屈辱，不久便离开台湾回到祖国大陆。由于林正亨从小酷爱美术，母亲便多方筹钱，支持他到南京美术专科学校继续学习。

勇敢奔赴抗日战场

1937 年 7 月，卢沟桥事变爆发，日本发动全面侵华战争，抗日烽火迅速燃遍祖国大地。林正亨毅然放弃了钟爱的美术学业，投笔从戎，考进南京国民党中央陆军军官学校。1939 年毕业后，他被派往国民党军第 36 军担任见习官。1940 年 1 月，随军赴广西作战，担任 96 师参谋处少尉参谋。在惨烈的昆仑关大战中，96 师参谋处被日军重重包围，林正亨临危不惧，带领情报排 30 名战士与日军苦战四天四夜，全排损失过半，最终突围，但他身负重伤。昆仑关战役后，林正亨晋升为中尉连长，随 96 师转战华南、华中。1941 年 11 月，部队休整期间，林正亨与相恋已久、情投意合的印尼富商之女沈保珠在重庆结婚。

1944 年初，国民政府组织中国远征军赴缅甸参加对日作战，救国心切的林正亨满怀豪情报名参加。此时，林正亨夫妇已育有一子，妻子又将生产。林正亨安慰妻子："保珠，把你们扔下，我心里也不好受。可没有国，哪儿来的家？现在国家有难，我们不去谁去？"行前，他拍了一张戎装照，在相片上题写了一首《满江红》词："戎装难掩书生面，铁石岂如壮士心，从此北骋南驰，戴日月，衣霜雪。笑斫倭奴头当球，饥餐倭奴肉与血，国土未复时，困杀身，心不歇。"这首词，表达了他保家卫国的满腔热忱。7 月，林正亨被任命为国民党军新一军步兵团连长，从印度雷多开赴缅甸作战。1945 年 3 月，中国远征军从缅甸北部打到缅甸中部。在攻打缅甸西北重镇八莫一役中，林正亨带领全连猛冲猛打。日军疯狂反扑，林正亨和全连战友浴血奋战，子弹打光了，就与日军殊死肉搏。林正亨身负重伤，倒在血泊中昏死。清理战场时，战友们将林正亨从死尸堆里背出，送进战地医院抢救。林正亨虽被救活，但双手因筋骨遭到重创致残。随后，林正亨被送往云南休养，成为军队的编外人员。

1945 年 8 月，日本在第二次世界大战中战败，8 月 15 日宣布无条件投降。经过 14 年抗战，中国人民取得反法西斯战争伟大胜利，终于收复了宝岛台湾。正在云南养伤的林正亨非常激动，10 月 30 日，他在给母亲的信中写道："亲爱的母亲：我以一半兴奋、一半悲伤的心绪写这封信给你，记起自南京别后已是九个年头。这漫长的征战中，以前曾在湖南写一封信寄表姐处转交给你，民国三十一年我回漳州的时候，寄一封信及相片由四哥处

转寄，这两封信我都不敢相信能寄到。我们时时在想念你，也曾流了不少思亲的眼泪，我们想象你老人家也一定为你烽火中的儿女焦愁，你那油黑的双鬓也随着时光变为苍霜。现在战争是胜利了，故乡也已经收复，你要为你作战九年的儿女光荣而骄傲……在这神圣的战争中，我可算尽了责任。台湾的收复，父亲平生的遗志可算达到了，要是有知，一定大笑于九泉。我的残废不算什么，国家能获得胜利强盛，故乡同胞能获得光明和自由，我个人粉身碎骨也值得。请母亲不要为我残废而悲伤，应该为家族的光荣来欢笑，你并没为林家白白地教养了我，我现在成了林家第一勇敢和光荣的人物。"林正亨的拳拳报国之志，殷殷忠孝之心，跃然纸上。

致力家乡人民解放

　　1946 年初，林正亨从云南历经周折来到重庆，当年那个英姿威武、眉清目秀的青年才俊，几乎变成了一个披头散发、衣衫褴褛的街头乞丐。林正亨赴缅作战期间，妻儿已随姐姐林双吉去往广州。几经打听，林正亨才找到妹妹林冈（林双盼），此时，她已加入中国共产党，是苏联塔斯社驻中国记者站的一名记者。经妹妹林冈和妹夫、新华日报记者鲁明介绍，林正亨在中国劳动协会分支机构重庆劳动协会找到一份工作。1935 年，中国劳动协会在上海成立，初期是一个劳动文化团体，全民族抗战爆发后逐渐成为全国性工会团体，抗战胜利后拥护中国共产党领导的人民民主统一战线，反对国民党内战政策，与国民党全面决裂。在重庆劳动协会工作期间，林正亨深深体会到国民党统治的黑暗，感受到共产党真正代表人民，他的思想发生了脱胎换骨的转变："中国的未来不属于腐朽没落的国民党，而应该属于一心为民的中国共产党。"

1946年6月，林正亨加入中国共产党。此时，国民党发动全面内战，国共合作破裂。考虑到林正亨的具体情况，组织上给了他两个选择：一是鉴于他毕业于军校，懂军事，可以到苏北解放区参加新四军；二是鉴于他的老家在台湾，可以回台湾开展地下工作。经过慎重考虑，林正亨婉拒了大哥和岳母的挽留和劝阻，不久就在党组织安排下，带着妻儿和20多名台湾进步青年回到了台湾。

由于雾峰林家的声望和自身从军的经历，回到台湾后，林正亨很快就在专门收容、训导青年游民的国民党台北警备司令部劳动训导营担任了教官。在劳动训导营，林正亨一边组织无业青年在铁工厂、印刷厂进行劳动，一边给他们宣传革命道理，帮助他们自立谋生。很快，林正亨就在劳动训导营建立起很高的威信。

从1895年到1945年，台湾遭受了长达50年的日本殖民统治，台湾人民渴望回归祖国。然而，台湾光复后，国民党的残暴统治泯灭了台湾人民的希望，引起极大民怨。1947年2月28日，台北市人民为反抗国民党暴政、抗议军警枪杀市民，举行了大规模示威游行。台湾全省人民纷起响应，夺取武器，发动起义。林

正亨在台北积极参加人民抗争，组织成立了一支工人纠察队，抵抗国民党军警宪特的镇压。针对国民党密谋调集军队镇压起义，根据中共台湾地下党组织指示，林正亨回到台中家乡，参加了谢雪红领导的二七部队，准备与国民党长期对抗。由于国民党的残酷镇压，二二八起义失败。林正亨此时身份并未暴露，他躲进当地一家医院，逃过了一劫。由于林正亨的身份便于掩护，而且林家宅院较大，根据地下党组织安排，他把一些武器带回家中隐藏了起来，以便将来与国民党进行武装斗争。1996年，雾峰林家大院进行大规模修缮时，发现了当年林正亨藏在戏台夹墙里的炸药包和发报机。

二二八起义失败后，林正亨回到台北，因"过假不归"失去了训导营教官职位，但他牢记使命，坚持斗争。在中国共产党的指导帮助下，1947年11月12日孙中山先生诞辰日，谢雪红等在香港成立台湾民主自治同盟，主张建设独立、和平、民主、富强的新中国。受中共台湾地下党组织委派，林正亨到香港参加了台盟成立大会，加入了台盟，并领受了回台湾发展台盟组织的任务。返回台湾后，林正亨开办了建成皮鞋店，作为地下党组织的秘密联络点。他在台北住所秘密组织读书会，传阅范文澜的《中国近代史》和《唯物历史观》等进步书籍，团结台湾进步青年，宣传中国共产党的思想主张。为及时了解人民解放战争的进展情况，林正亨夫妇还收听新华社广播，根据广播内容编写《综合文摘》《和平文献》等资料，油印后发给台湾进步青年学习。后在国民党台湾省"保安司令部"军法处出具的《林正亨案扣押物清单》中，就有《综合文摘》《和平文献》《历史唯物论浅说》《近代民主政治》《无产政党论》等进步刊物。

"死是我们完成了责任"

1949年，国民党在祖国大陆溃败。为固守台湾，国民党更加疯狂搜捕、杀害中共地下党员和进步人士，岛内处在一片血雨腥风之中。8月18日凌晨，林正亨在台北家中被捕。同时被捕的还有20多人，他们都是与林正亨一起参加读书会的台湾进步青年。国民党强加给林正亨的主要"罪名"是：加入中共外围团体台湾民主自治同盟，组织读书会，将"反动"书籍交由盟员阅读，意图"叛乱谋反"。

林正亨在狱中受尽酷刑，但始终坚贞不屈，没有暴露自己的共产党员身份，并将所有"罪责"都揽在自己身上，尽力保护了中共台湾地下党组织和其他地下党员。由于顾忌林正亨是国民党元老后代，蒋介石便派台湾省主席陈诚到狱中劝降，许诺只要他肯"悔过"，即可获释出狱，但林正亨不为所动，义正词严拒绝。1949年12月27日，国民党台湾省"保安司令部"军事法庭下达判决书，判处林正亨死刑。

在临刑前最后的日子里，林正亨用彩纸给心爱的孩子们剪了十几页纸花，寄托对爱子的深情。他在给母亲的诀别书中写道："妈妈，你一生好强，你希望孩子们都能做有用的人，我们了解你

的苦心。因为这点，我们都奋勉着。尤其是我，想到父亲的壮志，我须担起双重的责任，所以我踏上父亲的道路苦难与牺牲。这是崇高的品性和无比的光荣。所以，妈妈你用不着悲伤，也不用为我担忧，生着要为责任艰苦牺牲奋斗，死是我们完成了责任。"在牢狱的地板上，林正亨还刻下一首题为《明志》的绝笔诗："乘桴泛海临台湾，不为黄金不为名，只觉同胞遭苦难，敢将赤手挽狂澜。奔逐半生劳心力，千里河山不尽看，吾志未酬身被困，满腹余恨夜阑珊。"

1950 年 1 月 30 日，年仅 35 岁的林正亨在台北马场町英勇就义，成为"刑死马场町的第一个台湾人"。临刑前，林正亨昂首挺胸，高呼"祖国万岁""人民万岁"口号。1 月 31 日，新华社主办的《参考消息》刊登了林正亨被捕牺牲的消息。

林正亨牺牲后，在中共台湾地下党组织安排下，他的妻子沈保珠辗转回到祖国大陆，改名为沈毅，一直在台盟中央工作。1983 年，林正亨的亲属收到了《革命烈士证明书》，林正亨被追认为革命烈士。

2015 年是中国人民抗日战争胜利 70 周年暨台湾光复 70 周年，也是林正亨诞辰 100 周年，台盟中央在北京举办了"纪念台湾抗日志士林正亨诞辰 100 周年暨《林正亨画传》出版座谈会"。2016 年，台盟中央在北京举办了"纪念台籍抗日志士、台盟盟员林正亨烈士图片特展"，回顾纪念林正亨短暂而辉煌的一生。

台湾雾峰林家的爱国主义精神，展现了两岸同胞同根同祖的血脉情缘，是联结两岸同胞共同精神家园的重要纽带。以林正亨为代表的台湾爱国志士的英雄事迹，他们对国家、对民族的忠诚，他们对家乡的热爱，他们坚贞不屈的革命气节，他们心系祖国的情怀，彪炳史册，永远为后世景仰！

吴 石

　　吴石（1894—1950），字虞薰，福建闽侯人。国民党军高级将领，历任第四战区参谋长、第十六集团军副总司令、"国防部"参谋次长等职。中共隐蔽战线在台湾的重要情报关系。1950 年 3 月 1 日在台北被捕，6 月 10 日在台北马场町英勇就义。

吴石才学渊博，是国民党军中少有的文武兼通的儒将。他长于谋划，抗战期间率部沉重打击日军嚣张气焰；他热爱和平，不满蒋介石独裁专制，在解放战争时期毅然选择为中国共产党工作；他忠贞正直，在离开祖国大陆前，巧妙设计留下一批珍贵档案；他深潜敌内，在国民党败退台湾后继续为党工作，终因身份暴露，血洒台湾。

抗日战场潜心谋划尽显名将风流

1894 年 8 月，吴石出生于福建省闽县（1913 年改为闽侯县）螺洲镇吴厝村（今福州仓山区螺洲镇吴厝村）。闽侯人文荟萃，人才辈出，革命风气浓郁。吴石幼年就读于新式的开智小学，少有才名。此时很多福建仁人志士追随孙中山先生，广州黄花岗七十二烈士就有林觉民、方声洞等 19 位福建英烈。吴石幼小的心灵，由此萌发了效法先烈、投笔从戎、救民众于水火的报国之志。

1911 年，刚刚 17 岁的吴石，就与少年好友吴仲禧一道参加福建北伐学生军，投身辛亥革命，随后进入武昌预备军官学校学习。1915 年夏，吴石考入保定陆军军官学校第三期，与白崇禧、张治中、何键、吴仲禧等为同期同学。吴石学业出类拔萃，在第三期 800 名毕业生中，成绩名列第一，被称为"保定军校状元"。

1929 年，吴石以福建省军事厅参谋处处长的身份，东渡日

本留学，先后就读于日本炮兵学校、日本陆军大学。吴石留学期间，国内相继爆发九一八事变、一·二八事变，激起他强烈的爱国热情。吴石全身心投入军事研究，在日本留学六年，他不仅打下了坚实的军事理论基础，更摸清了日本的国情、军情及中日两国间的问题，他的爱国思想有了进一步发展。1934 年，吴石以第一名的成绩从日本陆军大学毕业。

回国后，吴石在国民政府军事委员会参谋本部任职，专门负责对日研究及收集日方情报。1936 年，吴石晋升为国民党军少将。1934 年秋至 1937 年夏，吴石还兼任陆军大学教官，讲授战术课程。除精深授课，他还将更多心思花费在研究学问上，潜心梳理多年来学习研究心得，撰写了 10 多部军事理论专著，这奠定了他在军界中军事理论专家的地位。其中，《兵学辞典粹编》在极短时间内发行三版，被军界视为最优良的军学参考，蒋介石、冯玉祥、何应钦等国民党要员纷纷为该书题词，一时盛况空前，洛阳纸贵。国民党军队的许多高级将领都是吴石的门生。

在抗日战争期间，吴石是坚定的主战派，全力投入军事谋划及军事人才培训。特别是在国共合作的历史背景下，吴石结识了周恩来、叶剑英等一批中国共产党人，从他们身上了解了中国共产党的政策、主张，对中国共产党逐渐产生了好感。

抗战初期，苏联派出军事顾问团协助中国军队作战。吴石时任国民政府军事委员会军令部二厅一处处长，负责对日作战研究。苏军顾问对吴石料事如神的判断能力相当钦佩，日本对苏发动诺门坎战役时，吴石提供的研究成果对苏方粉碎日军进攻发挥了重要作用。武汉会战前，蒋介石几乎每周都召见吴石，详细咨询敌情。

武汉会战后，吴石由国民政府军事委员会军令部调任桂林行营参谋处处长。1939年底，昆仑关大战时，吴石负责拟定对日作战计划。他大量收集情报，详尽侦察，快速制定了缜密的作战计划。吴石还十分重视对敌军策反工作，在前线组织日本士兵反战同盟。1940年2月，台籍日本兵、被俘后经教育感化成为反战士兵的松山逸夫（本名陈松泉，台湾少数民族同胞）等三人（另两人为日本反战士兵大山邦男、鲔川诚二）在昆仑关前线进行反战宣传，被日军用机关枪射杀。4月2日，吴石以在华日本人民反战同盟西南支部桂林行营总顾问的身份，在三位烈士追悼会上致祭文。

昆仑关战役沉重打击了日军王牌第五师团，喜讯传出，举国欢腾，第五军军长杜聿明一战成名，吴石也因之名声大噪。然而，由于国民党内部派系倾轧，吴石没有什么深厚背景，加之蒋介石偏听偏信，吴石一直未被提拔重用。

1940年，经白崇禧介绍，吴石调任第四战区参谋长，在此任上长达五年。吴石为人正直、淡泊名利，在战争环境下与战区司令长官张发奎建立了深厚的友谊，成为其得力助手。吴石的同窗好友吴仲禧正好也在第四战区担任军法执行总监。此时，吴仲禧已是中共秘密党员，他有意识地对吴石开展影响争取工作。第四战区内部派系很多：一派是以政治部主任梁华盛为首的国民党特务系统，他们奉命秘密监视张发奎的思想言行，经常向蒋介

石打小报告；一派是张发奎的亲信，他们为其出谋划策，并掌握重要部门；还有一派是第四战区战地服务队的进步人士，他们的核心实际上是中共特别支部，吴仲禧居于幕后；还有一批较为开明、支持拥护国共合作的原国民党第四军军官。在这几个派系的内部矛盾中，吴仲禧引导吴石团结进步力量，同第四战区政治部特务系统进行坚决斗争。一次，战地服务队抗日演剧团在柳州演出，剧情讽刺蒋介石消极抗战，第四战区政治部特务系统要求演剧团修改台词后才能继续公演。在吴仲禧的影响下，吴石对第四战区政治部特务系统的无理要求大为光火，特意约了一批将领去看演出，为演剧团站台以示支持，第四战区政治部特务系统只好作罢。1941年1月，国民党顽固派制造震惊中外的皖南事变后，吴仲禧与吴石进行了深入交流，吴石对中国共产党领导的新四军深表同情，对蒋介石的倒行逆施深表不满。吴石对抗战形势非常熟悉，深知团结抗战非常重要，曾表示"再要反共只有亡国"。

1944年，日军大举进攻豫湘桂，国民党军队节节败退，吴石一再电请国民党中央调兵支援，但国民党中央军与粤系、桂系军队历来不和，为了北扼共产党，南灭异己，竟然不发一兵一卒，且下达的军令还与战区时常出现矛盾，令部队无所适从，最终吴石所部遭到大溃败。桂柳战役时，在前方辛苦筹划的吴石对"前方吃紧，后方紧吃"局面痛心疾首，而蒋介石偏重嫡系、排挤杂牌的行径更令他深感不平。这时天气极冷，老百姓拖儿带女在桂黔公路上颠沛流离，上有敌机轰炸，后有日寇追兵，大批难民死在逃难途中。吴石的一个儿子也在这次逃难中不幸身亡。经历了这一切，吴石对自己效忠的"党国"产生了怀疑，他开始醒悟，认识到西南战场之所以一败再败，绝非军队装备差、训练差或指挥失当所致，国民党腐败专制独裁、脱离民众才是根本原因。吴石曾对家人说，"我再也不干了"，并愤而辞去了第四战区参谋长之职。

1945年春，经好友、国民党军政部次长林蔚推荐，吴石赴重庆出任军政部部长办公室主任参事。虽为高级幕僚，但吴石却是在军政部处理一应繁杂事务，特别是日本战败投降后，为处理受降的纷繁复杂事务，他更是殚精竭虑、通宵达旦地工作。

1945年8月，吴石随国民党军队接收上海。在接收过程中，吴石目睹了国民党"五子登科"式的"劫收"，国民党官员贪污腐败、中饱私囊，物价飞涨，人民苦不堪言，社会民怨沸腾，使他对国民党彻底感到失望。

1946年春夏之交，吴石调任国民党国防部史料局（1948年5月改为史政局）局长，来到了南京。

1946年8月底，台湾各界人士自发组成台湾光复致敬团，来祖国大陆拜谒中山陵和黄帝陵。吴石对宝岛台湾回归祖国倍感欣慰。9月3日，福建旅京（南京）同乡会举办欢迎宴会，吴石欣然出席，同台湾光复致敬团热切欢聚，尽情畅叙。1947年3月17日，二二八起义被镇压后，吴石随白崇禧带领的国民党政府"台湾宣慰团"，到台湾"宣慰"台湾同胞。此时，旅沪台胞团体给正在台北的吴石发了一封信，揭露国民党对台湾同胞的残酷镇压。台湾同胞英勇反抗国民党暴政，激起吴石对国家前途命

运的进一步思考。

此时，吴石满腔热情投入工作，想在任上发挥自己的专长，对国家有所帮助。但随着时间流逝，他发现一切并非如其所愿，国防部内部拉帮结派，史料局比其他厅局好像矮了半截。吴石虽在军旅多年，却始终在幕后筹划，蒋介石一味重用嫡系军官，哪怕他们在抗战中屡战屡败，而接受过系统军事教育的吴石却无缘重要岗位，他想通过自己所学报效国家的想法一再落空。国民党官场的钩心斗角，犹如一盆盆冷水，浇灭了吴石想要有一番作为的愿望，极大地刺伤了他那颗正直、孤傲的心。国民党腐败无能、独裁专制，吴石为之奋斗、捍卫的国民政府在他心中的形象轰然倒塌，他对国家、对民族的前途充满忧虑，进而对国民党极度失望，多次发出"国民党不亡是无天理"的喟叹。

解放战争隐蔽战线立下至伟功勋

抗战期间，吴石对国民党消极抗战、积极反共的政策就极为不满，对中国共产党持久战主张和坚持敌后游击战相当认同，很早就心向中国共产党，与中国共产党人多有接触。1937年，吴石就与周恩来、叶剑英等中共领导人相识。吴仲禧后来回忆说："吴石读过毛泽东的《论持久战》等军事著作，在武汉珞珈山听过周恩来的演讲，还同叶剑英等人有过交往。"1938年8月，吴石在武汉会战期间主持战地情报参谋训练班，还专门邀请周恩来、叶剑英讲授游击战法。

1945 年底，吴石在上海成为三民主义同志联合会的成员。三民主义同志联合会是中国国民党革命委员会的前身之一，1945年 10 月成立于重庆。三民主义同志联合会拥护中国共产党，反对蒋介石独裁专制，积极配合中共地下党组织开展革命工作，在上海活动频繁。通过三民主义同志联合会，中共党组织对吴石有了更多更深入的了解。

吴石调任国民党国防部史料局局长期间，经常在南京住所收听新华社广播，还让已经上大学的三儿子吴韶成帮忙记录。吴韶成回忆说，国防部分给吴石一套房子，隔壁就是毛人凤家，但吴石对自己的"亲共"行为并不刻意掩饰。

1947 年初，吴石在上海真正走上革命道路。中共上海地下党组织与吴石的牵线人是其挚友何遂。此时，何遂担任国民党立法院军事委员会主任委员，他虽然不是中共党员，但与中国共产党保持着十分特殊的关系。何遂热爱国家，热爱和平，虽曾被国民党称为"在近代中国政治上最喜欢兴风作浪的捣乱分子"，但他在政治上一直十分敏感而清醒。1936 年 12 月西安事变后，何遂就真诚地与一些中国共产党领导人建立了联系。1946 年 6 月，蒋介石发动全面内战后，何遂对国民党完全失望，认识到只有中国共产党才能为中国带来未来和希望。何遂在爱国、抗日、反蒋问题上的立场与吴石十分一致，他与吴石的交流也没有丝毫隐瞒，因而对吴石的影响是最直接的。何遂把吴石的政治情绪及思想动态向中共中央上海局负责统战军运工作的张执一作了介绍，张执一随后向上海局主要负责人进行了汇报。中共中央上海局非常重视何遂介绍的吴石情况，通过何遂试探吴石是否愿意见面，吴石很爽快地答应了。

1947 年 4 月，中共中央上海局书记刘晓、副书记刘长胜和张执一与引荐人何遂及何康（何遂之子，中共地下党员，新中国成立后曾担任农业部长）在后来改为上海锦江饭店的华懋公寓会见了吴石。这一年吴石 53 岁，这是吴石接受中国共产党领导、参加中共隐蔽战线工作的开始。会面后，中共党组织指示何康与吴石保持单线联系，秘密联络地点为上海愚园路俭德坊 2 号何遂住所。何遂素以交游广泛知名，他的身份和爱好为何康等开展党的地下工作起到了很好的掩护作用。在这里，张执一与吴石多次单独会面。通过接触，吴石对中国共产党的信任日益加深，主动提出向中共方面提供急需而重要的国民党军事情报。

此外，吴石还是中共隐蔽战线吴克坚系统的重要情报关系。此时，吴克坚是中共代表团（对内是中共中央南京局，负责国统区党的地下工作，即原中共中央南方局）情报组组长。中共代表团是 1946 年 5 月从重庆随国民政府迁到南京的，周恩来任团长（中共中央南京局书记）。1946 年 6 月全面内战爆发后，中共代表团一直坚持到 1947 年 3 月，才撤离南京返回延安。吴克坚留在中共中央上海局负责情报工作，他通过三民主义同志联合会和吴仲禧的介绍，已对吴石有了较多了解。吴石也很早就觉察到吴仲禧为中共方面从事秘密工作，但他从不探问，后来则主动配合，为吴仲禧提供支持和帮助。

1946 年春，中共上海地下党组织指示时任国民党军事参议院中将参议的吴仲禧，要他设法到国民党国防部任职，以便更好地开展情报工作。吴仲禧找到吴石诉苦说，军事参议院有名无实，自己连个办公的地方都没有，请吴石帮忙设法在国防部谋个职位。吴石虽无实权，但学生多、人脉广，不久就帮助吴仲禧在国防部监察局谋到一个中将监察的职务。吴仲禧就任后，就有机会到各地巡视国民党部队，为收集情报创造了非常便利的条件。

在辽沈战役、淮海战役、平津战役决战的关键时期，吴石不经意间帮助中共地下党组织走活了吴仲禧这枚安插在国民党军内部的"冷棋子"，尤其是为淮海战役的胜利作出了突出贡献。吴石是军事战略专家，又身居要职，判断情报价值驾轻就熟，获取情报相对容易，他提供的情报价值非常高，其贡献难以用语言和数字表达。

经吴石主动介绍，吴仲禧认识了国民党"华中剿匪总司令部"情报科科长胡宗宪。胡宗宪是吴石的学生，对吴石很尊敬，每次从武汉到南京都来探望老师。当胡宗宪听吴石介绍说吴仲禧是其至交，便以长辈称呼吴仲禧。此时，吴仲禧住在吴石家里，一次胡宗宪又来吴石家中拜访，正好吴石外出不在家，吴仲禧就与他一起聊天。当吴仲禧问到胡宗宪时下的工作时，胡宗宪报告说每周都要整编各部队报来的材料，制作"敌我双方兵力位置图"，送给"华中剿总"司令白崇禧和吴石参考，并主动表示也可送一份给吴仲禧。吴仲禧就同他约定了联系方法，果然每周都有"战报"寄来，这些材料既有国民党军队的部署位置，又有对

人民解放军兵力部署的判断，情报价值极高。

1948年6月，淮海战役前夕，吴仲禧以监察工作需要为由巡视"徐州剿匪总司令部"。行前，吴仲禧在南京见到吴石，吴石写了一封亲笔信给他的学生、"徐州剿总"参谋长李树正，拜托李树正对吴仲禧多加关照、给予方便。吴仲禧到徐州后，正好"徐州剿总"总司令刘峙、副总司令杜聿明都到前线检查部署，于是李树正出来接待吴仲禧。李树正看到吴石给他的亲笔信，对吴仲禧格外客气，陪他一起到总部机要室察看作战地图。吴仲禧见二万五千分之一的军用地图上，详细标明了国共双方部队的驻地、番号、兵种等，把东起海州、西至商丘整条战线的军事部署标注得清清楚楚，便暗中把主要部署记录下来。为把情报尽快送出，巡视中途，吴仲禧托病回南京就医。经过李树正安排，吴仲禧离开徐州后，便立即赶到上海向潘汉年汇报了他在"徐州剿总"获得的国民党军事部署情况。吴仲禧后来回忆说："这次任务的完成，如果没有吴石的有力帮助，没有李树正按照吴石的嘱托作了种种关照，是不可能这样顺利的。"

在解放战争期间，按照中共党组织指示，吴石利用职务之便进行军事核心机密收集与传递，参与掩护中共地下党员、发展组织骨干、策反国民党军政上层人士等大量工作。出于对中国共产党的信任与期待，吴石不惧身处险境，以其独特的身份为掩护，给人民解放军军事和情报部门提供了大量情报，给奄奄一息的蒋家王朝以致命一击。吴仲禧曾回忆说："对他（吴石）在解放战争期间通过几条渠道为我党所做的工作，我知道的也只是一部分";"1947 年至 1948 年间解放战争形势逐步起了根本性的变化。吴石知道我正在进行一些秘密工作，也就主动为我提供条件，给了我很大的支持和帮助"。

1949 年初开始，为传递情报，吴石经常坐火车往返南京与上海之间，有时亲自到挚友何遂上海愚园路俭德坊住所送情报，有时将情报亲手包好，写明"何遂收"，派其副官聂曦转送。何康回忆说："给我印象最深的是，1949 年 3 月，吴石亲自到俭德坊，把一组绝密情报亲手交给我，其中有一张图比较大，是国民党军队长江江防兵力部署图。我当时很注意地看了，使我吃惊的是，图上标明的部队番号竟细致到团。我知道这组情报的分量之重，迅速交给了张执一。关于这组情报，渡江战役时担任第三野战军参谋长的张震将军，曾两次向我提及。一次是在上海解放不久军地干部集会见面时，他知道我是上海地下党的同志，高兴地对我说：'渡江战役前，我们收到了上海地下党送来的情报，了解了国民党长江江防兵力部署的情况，这对渡江作战很有帮助。'另一次是我担任农业部部长以后见面时，他再次讲了类似的话，并提到准确的情报对确定渡江的主攻方位是有参考作用的。"

1949 年 2 月，吴石被委任为国民党福州"绥靖公署"副主任。在此任上，吴石配合中共福建情报组织，为福建解放作出了重大贡献。这年春，党的情报部门派谢筱迺找到吴仲禧，请他帮助与即将赴任福州"绥靖公署"副主任的吴石建立联系。吴仲禧便约吴石在其广州家中彻夜畅谈。当谈到国共内战形势时，吴石敞开心扉，主动表示国民党大势已去，他早就不想跟着走了，只

是决心下得晚了一些。最近中共中央上海局通过何遂要他在国民党海军中帮助做些策反工作，他已对同乡好友林遵做了工作，林遵答应在适当的时机就地起义。吴石还问吴仲禧，那些同他联系的人是否真能代表中国共产党。吴仲禧也亮明了自己的身份，请吴石放心，表示会有可靠的人在福建与他联系，并约好了接头暗号。吴石到福州就任后不久，就与谢筱迺取得了联系，提供了不少重要军事情报，得到中共中央和第三野战军的高度重视。

1949 年 5 月，吴石亲自找到何遂，将包着重要情报的包裹交给了他。这组情报包括：国民党在江南地区的兵力部署图、国民党在江南地区军队的编制、人数及装备情况，以及国民党总兵力统计和总后勤统计资料等，且都是铅印的机密情报。6 月下旬，吴石又辗转从福州经广州转赴香港与吴仲禧会面，此时他已获悉自己即将到台湾任职，要在赴台前确定一个可信赖的与中共地下党组织联系的渠道。他还带来两份极为重要的机密文件：一份是国民党军队在川滇湘粤闽的兵力配置，一份是国民党军队在西北各地的番号、驻地、兵力、装备、部署等。吴仲禧迅速将这批情报交给了中共中央华南分局。吴仲禧在回忆录中写道："他（吴石）告诉我，福建'绥靖公署'使命已经结束，他已被调任国民党国防部参谋次长，要到台湾去任职。我曾请他考虑，到台湾去是否有把握，如果不去，也可以就此留下，转赴解放区。他坚决表示，自己的决心已经下得太晚了，为人民做的事太少了。现在既然还有机会，个人风险算不了什么。"

1949 年 5 月上海解放后，中共中央上海局并入中共中央华东局。为加强情报联系，吴石在香港除与吴仲禧会面，还与中共中央华东局驻香港负责与中共台湾地下党组织联络的万景光见了面，确定了吴石赴台后的工作任务安排。万景光向吴石表示，台湾是国民党退守的最后据点，希望他为"解放战争的最后一仗"作出自己的贡献。

离开祖国大陆赴台湾前，吴石还巧妙设计为即将诞生的新中国留下了一批极有价值的秘密档案。1948 年秋，国民党国防部参谋总长陈诚计划将国防部史政局保存的一批军事机要绝密档案直接撤运台北。吴石想尽办法将这批档案留在祖国大陆，他向陈诚提出"暂移福州，进则返京（南京）容易，退则转台便捷"的建议，被陈诚采纳。12 月下旬，500 箱重要军事机要档案资料由南京运往福州。

1949 年 5 月，人民解放军挥戈南下福建，已撤退到台湾的国民党电促吴石将这批档案速运岛内，吴石则以"军运紧，调船难"为由，仅以百余箱参考资料、军事图书权充绝密档案，列为第一批，派人先运往台湾。6 月上旬，吴石密令亲信副官聂曦和随从参谋王强将余下的 298 箱绝密档案全部转移到位于福州仓前山麦园路的福建省研究院书库匿藏，并向好友、民主人士、研究院院长黄觉民作了交代，要他妥为保管。8 月 14 日，吴石接到总统府侍从室发来要其赴台的电报。15 日上午，吴石密召随从参谋王强到福州住所，向他作了简要而严肃的面示："我奉命明天即飞台北，这里的事情就交给你了，你要尽到军人天职，人在档案在，下一步怎么办，想必你自己懂得，为万无一失，可征求

黄院长和刘通先生（国民党立法院立法委员）意见而行。"

1949 年 8 月 14 日的电报，是总统府侍从室主任林蔚奉蒋介石手谕发来的，命令吴石即日携家眷赴台。考虑再三，为了获得蒋介石的信任，吴石毅然决定将大儿子吴韶成和大女儿王兰成留在祖国大陆，携妻子王碧奎和年龄尚小的一对儿女前往台湾。

1949 年 8 月 16 日，吴石乘机离开福州飞赴台湾。8 月 17 日，人民解放军解放福州，王强即把这批档案移交给第十兵团司令部。如今，厦门大学图书馆成为这批"末次资料"的最后归宿。1984 年，这批档案资料被专家鉴定为"孤本珍贵文献"。

毅然赴台匿身虎穴忠魂萦系两岸

到台湾后，吴石以"国防部参谋次长"的身份，进入国民党军事机构最高决策层。而此时，中共中央正在紧锣密鼓部署解放台湾，海空力量薄弱的人民解放军要跨海作战，来自台湾的准确情报就具有特殊而重要的意义。

此时的吴石面临人生的重大抉择：他虽然已对人民解放事业作出过重大贡献，但到了台湾，因海峡阻隔，他与中共党组织的直接联系基本上中断了，他也可以完全切断这种联系。如果他选择继续为中国共产党工作，就必须在组织上建立更紧密的联系，那无疑要冒极大的危险。而吴石作出了选择：主动与中国共产党联系，完全接受中国共产党领导，为解放台湾、实现祖国统一而奋斗。

在台湾，经过吴石的精心运作，秘密情报工作进展很快，他多次派人向在香港的中共情报机构报送重要情报。但这种情报传递极易被察觉，随时都有暴露的危险。为确保吴石这条重要情报线的畅通和安全，中共中央华东局曾考虑派何康担任交通员赴台，但上海解放后何康身份已公开，遂决定派长期在上海、香港从事党的地下工作的朱枫赴台与吴石联系。1949 年 11 月 27 日，朱枫抵达台湾。在台湾，吴石与朱枫多次秘密会面，有关国民党军事机关及部队主官名册、国民党东南区域驻军番号和人员概数，以及飞机、大炮、坦克数量等人民解放军急需掌握的重要情况，均通过朱枫传回祖国大陆，发挥了重要作用。

1949 年 12 月，蒋介石集团面对人民解放军即将解放台湾的态势，加强了台湾的军事防务，强力督导国民党特务机构加紧对中共台湾地下党组织进行渗透破坏，台湾处在一片白色恐怖中。1950 年 1 月 29 日，国民党特务逮捕了中共台湾省工委书记蔡孝乾。尽管蔡孝乾没有与吴石直接接触过，特务们还是在他的记事本上发现了"吴次长"三个字。而在此时，国民党统治集团内姓吴的副部长不多，身居高位的吴石一时还没有彻底暴露。然而，朱枫还没有离开台湾。万分紧急之下，吴石安排老部下、"东南军政长官公署"总务处交际科科长聂曦帮助朱枫搭乘国民党军机飞赴舟山。吴石这一举动无疑冒着巨大风险，很可能因之而暴露，但他寄望于朱枫能顺利离台。然而不幸的是，已飞往舟山的朱枫虽然离祖国大陆咫尺之遥，仍没能逃出国民党特务的魔掌。

1950 年 3 月 1 日晚，吴石在台北家中被捕。国民党保密局二处处长叶翔之亲自主审。在国民党保密局监狱三个月 10 天的日子里，吴石遭受百般酷刑，导致一只眼睛失明，但始终坚贞不屈。吴石心里知道，他几乎没有希望走出深牢大狱，断断续续在一本画册背面写下了遗书。

在遗书中，吴石回顾了自己的人生经历，回顾了自己和妻子、儿女的情感历程。他写道，自己一生清廉，生活简朴，唯一的资产就是书籍。希望诸好友能为他设立小规模图书馆，以作纪念，让他爱书与好读之美习传诸后人；并反复叮咛儿女知自立，与人为善，谨守清廉俭朴家风……

1950 年 6 月 10 日，一个阴霾满天的日子。下午四时，国民党特别军事法庭进行秘密审判，吴石等四名"要犯"匆匆过堂，被宣判死刑，立即执行。吴石从容走下刑车，临刑前留下绝笔："天意茫茫未可窥，悠悠世事更难知。平生殚力唯忠善，如此收场亦太悲。五十七年一梦中，声名志业总成空。凭将一掬丹心在，泉下差堪对我翁。"时针指向下午 4 时 30 分，国民党宪兵队长一声令下，枪声齐响，吴石在台北马场町英勇就义。吴石以自己对党的赤诚之心，坚守了革命气节。

党和国家始终没有忘记风雨同舟、患难与共的吴石。吴石遇害后，虽然出于保密需要没有公开宣传报道，但在党组织的关怀照顾下，吴石留在祖国大陆的子女走上了父亲所向往的、所引导的光明之路。1973 年 11 月 15 日，吴石被追认为革命烈士。1975 年 2 月 6 日，吴石家属收到了《因战因公牺牲人员家属纪念证》。

1994 年，吴石的子女将他和妻子王碧奎的遗骸捧回祖国大陆，安葬在北京郊外的福田公墓，碑文由原中共中央调查部部长罗青长亲自审定，吴石生前秘书郑葆生题写。

朱 枫

　　朱枫（1905—1950），原名朱贻荫，改名朱谌之，浙江镇海人。1937年参加革命，1945年加入中国共产党。1949年11月赴台执行秘密任务。1950年2月18日被捕，6月10日在台北马场町英勇就义。

富家千金投身抗日

1905 年 11 月，朱枫出生在浙江宁波镇海城关的朱家花园，父母给她起名朱贻荫。父亲朱云水是镇海渔业公会会长，家境殷实。朱枫从小由母亲辅导读书写字，多才多艺，刺绣、绘画、书法样样精通，还曾师从书法家沙孟海，能写一手端秀的小楷。因觉得朱贻荫这个名字太陈旧、太俗套，就请沙孟海改名，沙孟海给她改名朱谌之，字弥明，意即永远光明磊落。

在镇海读完中小学后，朱谌之考入宁波竹洲女师（县立女子师范学堂）。学校历史悠久，具有革命传统，早期中国共产党领导人恽代英、罗亦农等曾在学校从事革命活动。在这所学校，朱谌之接受了良好教育，并与同学、宁波地区早期的女共产党员陈修良结为好友，耳濡目染，为日后走上革命道路打下了基础。在校期间，朱谌之功课优秀，爱好广泛，诗书琴画、医药护理、手工刺绣，几乎样样都懂，是一位极富才华的青年学生。

1927 年，由于家庭封建迷信，22 岁的朱谌之远嫁沈阳，成为奉天兵工厂浙江籍工程师陈绶卿的继室。她作为继母细心体贴，对陈绶卿生育的子女照顾得十分周到。1931 年，朱谌之与陈绶卿的女儿朱晓枫出生，一家人生活得其乐融融。然而，好景不长，1932 年夏天，陈绶卿染病去世。处理完家事后，朱谌之回到了宁波家乡，寡居镇海。

　　回到家乡后，朱谌之在自家的深宅大院度过了几年旧式家庭的主妇生活。她抚孤奉亲，贤惠勤勉，却孤苦寂寥，难展志酬。幸有沙孟海弟媳、朱谌之同学陈修良多方开导，她才慢慢走出生活的阴霾。

　　1937 年七七事变爆发，日本帝国主义发动全面侵华战争，东南沿海成为抗日前线。镇海人民保家卫国的热情极为高涨，抗日民族救亡运动迅猛发展，朱谌之的人生轨迹也因此彻底改变。在家族年轻人的带动下，朱谌之毅然走出原先的生活圈子，投身抗日救亡时代洪流。在镇海抗日宣传队队长朱晓光的动员下，朱谌之加入了中国共产党领导的镇海抗日救亡队，积极参加当地抗日斗争，参加战地救护工作。在为革命事业同付出、共患难的斗争中，为了共同的革命理想，朱谌之与朱晓光成为了一对革命伴侣。然而，他们组建的这个家庭，并没有享受多少团聚的时光，他们俩都奔波于革命斗争中。参加革命后，朱谌之又给自己改名为朱枫，因为这个名字代表红枫，有像红旗、朝晖一样鲜明、热烈的色泽，有不畏寒风、挺立岩头的坚毅性格，更有一心向红，将自己的一片赤诚奉献给中国革命的寓意。

　　1938 年初，根据中共党组织安排，朱枫和朱晓光由朱晓光的哥哥朱曦光介绍，一同到中共地下党组织在上海创办的文化宣传机构新知书店工作，从事革命出版事业。此时，书店门面很小，工作条件极为艰苦，几无开展业务所需经费。为宣传抗日斗争，朱枫变卖家产，向新知书店捐助了 500 元银元。这在抗战初期是一笔不菲的资金，新知书店创办时全部股本加起来也只有

500 元银元。朱枫为新知书店的发展壮大作出了很大贡献。

新知书店作为党的文化事业机构，是中共党组织联系上海和苏北解放区、山东和浙东根据地，以及香港和海外的重要联络点，更是党组织的秘密转运站，后来在上海、武汉、重庆等城市开有分店。抗战时期，朱枫和朱晓光一直跟随新知书店辗转于武汉、重庆、上海等地，开展抗日宣传工作。

1938 年 10 月，武汉沦陷，新知书店总部从上海转移到广西桂林。许多文化机构和文化名人也纷纷来到桂林，桂林迅速成为西南文化重镇，进步书刊的出版发行热火朝天。但由于战乱，许多物资供应不上。桂林新知书店总店急需用于印刷制版的薄型纸张，急电朱枫和朱晓光，要他们设法到沦陷区上海采购，并在完成任务后一起返回桂林。

朱枫和朱晓光秘密潜往上海，他们处处谨慎行事，好不容易联系到一批日本生产的薄型纸，但由于这种用于印刷制版的纸张被列为战略物资，市场为日伪所控制，纸价上涨了好几倍，他们带的公款根本不够用。再打听运输情况，因日舰封锁港口，必须绕道香港才能运到桂林，运输费开销更是高得难以负担。得知这些情况后，朱枫毅然为党的出版事业再次捐款。她变卖家产，将存在上海银行的一枚三克拉钻戒拿出来。这枚传家宝保存了三代人的记忆，是父母留给她的，朱枫仅在结婚的时候戴过一次。眼下军情紧急，朱枫毫不犹豫，变卖了这枚钻戒，将得到的钱款3200 元银元全部捐出，使经费难题得到了解决。后来，新知书店总经理知道了这件事，非常感动，提出要把这笔钱还给朱枫，

但她表示自己是新知书店的人，作出贡献是应该的。

1939年，按照党组织安排，朱枫和朱晓光奔赴皖南新四军军部驻地，开办了随军书店。在新知书店及其下属分店，朱枫任劳任怨，热忱地为新四军开展军地抗日宣传服务。她还参与创办珠江食品厂，主管财务和后勤，不仅为新知书店创收增收，还积极开展文化宣传和统战工作。

在革命生涯中，朱枫先后从事过党的地下经营工作和情报工作，但从来都是账目清楚，一尘不染，还为革命事业贴钱。朱枫的战友曾回忆说："朱大姐我是佩服的，她大方、勇敢、坚强，善于利用各种关系，能应付各种环境。参加革命后，她为党工作一直勤勤恳恳，不管什么工作都尽心尽力去做，在上海有段时间，既做经济工作，又做情报工作，都做得很好。她经手地下党的经费，始终两袖清风，很难得。"

家国情怀奔波东西

1939年朱枫到皖南新四军驻地后，八岁的女儿朱晓枫无人照料，小小年纪就被送到台湾省籍爱国将领李友邦在浙江金华创办的台湾义勇队少年团读书学习。这一别就是三年，直到1942年母女俩才有一次匆匆见面，一起度过短暂而幸福的时光。1938年儿子朱明出生后，由于朱枫和朱晓光为革命而奔波，朱明一直由朱晓光哥哥朱曦光的妻子陈宜抚养，八岁时才与父母相认。

朱枫和朱晓光为革命事业长年奔波在外，聚少离多。皖南事变时，作为新知书店向皖南新四军驻地供应书刊的负责人，朱晓光在随部队转移中被国民党军抓捕，关押到江西上饶集中营。朱枫得到消息后，设法打通国民党上层关系，不远千里前去探监，给身染疟疾的朱晓光送去了救命的奎宁。朱晓光康复后成功逃离集中营，1942 年秋与朱枫在浙南五岱洋大山中重新团聚。随后，他们又转战桂林、重庆、上海，始终生死相依，相濡以沫。

1945 年春，朱枫正式加入中国共产党，她的地下斗争工作性质也悄然发生了变化。她被调离了原来的新知书店系统，开始秘密从事党的地下交通联络和经济贸易等工作。经党组织安排，1946 年四五月间，朱枫到上海联丰纱布公司担任会计主管，同时在鼎元钱庄以商人身份为掩护开展党的地下工作。鼎元钱庄由中共中央上海局开办，主要是为党组织筹措经费。朱枫负责鼎元钱庄的经营和财务管理，担负为党的革命事业理财的重要任务。

一次，朱枫得知鼎元钱庄被国民党中统特务盯上，她就利用自己的人脉关系，巧妙地邀请蒋介石的红人书法名家沙孟海和自己在中统工作的六妹夫共进晚餐。在融洽的气氛中，沙孟海在一边热情地为鼎元钱庄题字，不知内情的六妹夫则在另一边拍着胸脯向朱枫保证，鼎元钱庄不会有事。就这样，上海的报纸天天刊登由沙孟海手书的鼎元钱庄的广告，再加之有中统人员担保，这家中共地下党组织的机构果然平安无事。在朱枫天衣无缝地运作下，鼎元钱庄顺利躲过危机。

由于善于理财，聪慧机敏，1948 年底，朱枫被党组织调到香港，担任香港合众公司财务主管，继续以商人的身份从事党的地下工作。实际上，合众公司就是中共中央上海局在香港设立的一家企业，是中共地下党组织在香港的一个秘密联络站。在这里，朱枫以合众公司当家人的身份作为掩护，承担着党的地下秘密交通联络的重任。她顺利协助中共香港地下党组织将一批在港的民主进步人士安全送往东北解放区和华北解放区，为迎接新中国的成立做了重要工作。

1949 年 5 月 27 日，上海解放，朱晓光被任命为上海新华书店首任总经理。此时，朱枫的女儿朱晓枫已经回到上海，在上海华东医科大学读书。经党组织批准，朱枫也准备从香港调回上海，一家人即将开始崭新的生活，她沉浸在幸福团聚的憧憬之中。在从香港给朱晓光的信中，朱枫抒发了自己的朝思暮想："我常常想起霞浦路吃茹粥，五岱洋种菜挑粪，嘉陵江畔月黑风高的晚上，你从安乐旧木桥边候我，在集中营探访时的感觉和宪兵队出来后你对我的感情……还有在安陆云梦通过封锁线，我曾经黑夜掉在田塍下面，你一次次把我拉上是那样的温情，这都使我不能忘却……"

事业为重冒险赴台

1949 年盛夏的一天，朱枫接到通知，要她与正在香港的中共中央华东局专责与台湾地下党组织联络的负责人万景光见面。

上海解放后，中共中央上海局并入中共中央华东局。在一座绿树红墙掩映下的两层小楼里，万景光开门见山地说："华东局有一项紧急重要的任务，需要派遣一位合适的人员去一趟台湾，与潜伏在台湾的吴石同志取得联系并担任他的交通员，你是否愿意去？"

吴石时任国民党国防部参谋次长，他为人民解放军解放华东、华中，夺取淮海战役、渡江战役胜利立下了奇功。1949 年，人民解放军在夺取福建沿海金门岛和浙江沿海登步岛的战斗中损失惨重，急需国民党相关军事情报。而此时，吴石手中握有的极具军事价值的情报却无法传递回祖国大陆。

面对如此严峻而艰巨的任务，一贯对党的事业充满热情的朱枫没有片刻犹豫，她毅然决然地放弃回上海与家人团聚的机会，坚决服从党组织安排，下决心赴台湾完成党组织交给她的任务。但朱枫的心情无法平静，因为此去台湾有太多的未知：或许能够顺利完成任务平安回到亲人身边，又或许这一去就再无归期。1949 年 10 月 1 日，从北京传来中华人民共和国成立的喜讯，朱枫心里充满了喜悦和向往。在一封给朱晓光的信中，朱枫写道："多么有趣的地方（北京，编者注）啊！我也遥想着，只是不能去……"可想到自己的艰巨使命，她在又一封信中写道："现在要赶紧学习，所以礼拜天也没空，早晚抽闲也看书报，真是时间太宝贵了。"此时的朱枫已经 44 岁，虽人到中年，但仍然充满学习的劲头，为积极完成党组织交给她的秘密使命而认真准备着。为了将这次赴台联络的风险降到最低，组织上为朱枫制定了严密

的通联办法和一整套隐语。朱枫夜以继日地忙碌着，但她心中念念不忘的仍是自己的家人。

由于赴台时间有所延后，朱枫有一段时间没有接到朱晓光的来信，她再次在信中倾诉："今日有许多信从上海邮来，可是没有寄给我的，好不怅怅。我知道你一定以为我也许走了，就不必再写了。好吧，就在心里想念着，想念着，想念着，一直想到再见的时候，会更增加愉快的！"

出发赴台的日子一天天临近。1949 年 10 月 25 日，朱枫给朱晓光寄去了一张自己在香港的留影。这是一张生活照，朱枫穿着浅色短袖旗袍，坐在一张铺着格子台面的茶几旁，神情自若、朴素大方、恬静柔美，那宁静而深邃的目光，仿佛在凝望着她日夜思念的远方亲人，又像在审视和思考她即将踏上的新征途。她在照片背面写着几行娟秀而劲拔的硬笔小楷：

她已深深体验着：

"真实的爱"与

"伟大的感情"，

从此，

将永远快乐而健康！

给

梅　留念！

一九四九．十．廿五

短短几行字，表达了朱枫对家人的挚爱和对美好生活的憧憬。赴台前夕，朱枫又给朱晓光写了一封不太好懂的家书："兄将外出经商，此去将有几月逗留，妹不必惦记，也不必和他人说起。妹如需去别处，请勿为我滞行。这时候，个人的事情暂勿放在心上，更重要的应该去做。几个月后，兄将以更愉快的心情与妹见，望妹安心等待着更愉快的晤聚。"

朱晓光在家排行第三，与大哥、二哥号称"松竹梅岁寒三友"，自号"梅君"，朱枫则称他为"梅郎"。信里的"兄"是朱枫自称，"妹"代表朱晓光，如此称呼既是秘密工作迷惑敌人的需要，也有朱枫年长朱晓光的原因。字里行间，一方面流露出朱枫对朱晓光的身体、心情、事业的关心，另一方面更体现出她以事业为重、慷慨赴台执行任务的坚毅品格和坚强党性。朱枫与丈夫久别，感情炽烈，他们的信件往来充满浓情蜜意，自己即将赴台远行之时，依依不舍之情更加强烈。在别亲离子而赴水火的前夕，朱枫回味着自己和丈夫之间的挚爱，更执着于党的事业和国家的统一，体现出一名隐蔽战线战士走出小我、献身大我的崇高风范。

深入虎穴热血染枫

事有凑巧。就在万景光约见的前几天，朱枫接到了她的继女、前夫陈绶卿的女儿陈志毅（又名陈莲芳，乳名阿菊）从台湾的来信。在信中，阿菊告诉朱枫，她的丈夫王朴（又名王昌诚）在国民党台湾省警务处电讯管理所担任主任，他们在台北安了

家，生了一个孩子，希望她能来台湾小住。这封信成为朱枫到台湾最好的身份掩护，寄信人阿菊是国民党情治机关电讯管理所工作人员的家属，而朱枫又是阿菊的继母。因而，朱枫台湾之行好像是一次探亲之旅。

1949年11月25日，朱枫带着与阿菊团聚的渴望，带着对新中国深深的爱，从香港登上了前往台湾的客船。客船离台湾越来越近，朱枫的心也越来越坚定，不论前路有多艰险，自己也要坚持走下去。经过两天的颠簸，11月27日，轮船到达台湾基隆，朱枫在码头上见到了已经等候多时的阿菊，母女俩热情相拥。

根据党组织安排，朱枫在台湾分别单独联系两条线、两个人。一个是中共台湾省工委书记蔡孝乾，另一个是国民党"国防部"参谋次长吴石。朱枫的主要工作是联络吴石取得情报，再通过秘密渠道把吴石提供的情报传递回祖国大陆。这项工作看似简单，实际上危险重重。因为在那个时候，为了巩固在台湾的统治，国民党在台湾岛内实行白色恐怖的高压政策，特别是负责全岛军事行动的"台湾省主席"陈诚，更是让台湾陷入了疯狂的白色恐怖状态。陈诚在台湾实行戒严，竭力破坏中共台湾地下党组织。同时，国民党还变本加厉地鼓动检举揭发中共台湾地下党员，使得台湾岛内告密揭发成风，人人自危。

住进阿菊家后，朱枫以"陈太太"的身份在台北一家名为建昌行的南北杂货店打零工，而就是在这家杂货店，每星期日上午会有一位叫"老郑"的人来找她。"老郑"就是中共台湾省工委书记蔡孝乾的化名。朱枫向蔡孝乾传达了中共中央华东局指示，递交了密信。

蔡孝乾出生在台湾彰化，生长于日据时期的台湾。1924年，16岁的蔡孝乾来到祖国大陆就读上海大学，在瞿秋白的熏陶下先后加入中国共产主义青年团和中国共产党。1927年，他返回台湾开展革命工作，反抗日本殖民统治。1928年，他参与组建台湾共产党，担任台共中央委员，不久又回到福建从事地下工作，后进入中央苏区，参加了两万五千里长征。蔡孝乾是唯一一名参加过长征的台湾省籍中国共产党员。抗战胜利后，根据中共中央和中共中央华中分局指示，蔡孝乾回到台湾，成为中共台湾地下党组织的主要负责人，担任中共台湾省工委书记。1950年1月29日，蔡孝乾被捕，后设法逃脱。1950年3月再次被捕，很快叛变。

朱枫很快见到了吴石。见面后，朱枫把党组织的信交给吴石，对他说："以后有什么材料可以交给我。"吴石把早已准备的一只圆形小铁盒郑重地放在朱枫手上。盒子里装的微缩胶卷全是国民党绝密军事情报，包括《台湾战区战略防御图》、最新绘制的《舟山群岛、大小金门海防前线阵地兵力火器配置图》《台湾岛各战略登陆点地理资料分析》《现有海军基地并舰只部署分布情况》等极其机密的军事情报。拿到这些情报后，朱枫很快把它们传递回祖国大陆。此后，朱枫每星期联络吴石一两次，最固定的时间是每星期六下午四时。每星期日上午十时，朱枫按约定和蔡孝乾见面。

事实证明，吴石提供的这些军事情报极具价值。其中多份涉

及国民党潜伏武装的情报，在后来全面展开的新中国大剿匪行动中发挥了重要作用。一大批关于国民党海军和国民党妄图反攻大陆的情报被迅速送往负责东南沿海海防的人民解放军第三野战军第十兵团，叶飞司令员立即根据情报调整了军事部署。在严密作战部署和准确军事情报的支持下，人民解放军打击了国民党匪军和特务在东南沿海肆意骚扰的嚣张气焰，保障了东南沿海的安宁与和平。

转眼两个多月过去了，朱枫的任务已经接近尾声，按照上级党组织指示，她准备尽快离开台湾返回祖国大陆。在递送回的最后一批情报中，朱枫附寄给亲人一张纸条："凤将于月内返里一行……"即将与亲人团聚的喜悦再一次包围着朱枫，但谁也没有想到的意外发生了。1950年1月底的一天，朱枫按照约定来到建昌行南北杂货店与"老郑"会面。这次，她没有等到"老郑"，杂货店的伙计递给朱枫一张字条，上面是"老郑"的留言："陈太太，老吴的生意亏本了，眼下市价低落，无法推销。我拟外出，你不用等我了，请早日成行。"朱枫看到留言后心中一惊，有地下党的重要同志被捕了，"老郑"留言示意让她早日离开台湾。

可是此时，台湾已经开始戒严，进出台湾的海空通道全部关闭。在紧急关头，朱枫求助吴石。1950年2月4日傍晚，根据吴石指示，国民党"东南军政长官公署"总务处交际科长聂曦冒险安排朱枫搭乘国民党军用飞机到舟山，打算利用舟山的渔船，让她返回镇海老家。到达舟山后，朱枫万分激动，站在海边眺望不远处的对岸。朱枫知道，自己离家已经很近了，只要有合适的船，也许只要几个小时，就能和家人团聚了。出于安全警觉，朱枫并没有在定海县城落脚，而是去了舟山岛最东头的渔港沈家门，到一位她父亲原来在此开医院的朋友家中暂时住下。每天清晨，不管风再大、天气再冷，朱枫都要到码头打听有没有回祖国大陆的渔船。然而，朱枫没有想到，就是这几个小时的路程，她却再也走不完了，厄运之网已经向她张开。

原来，1950 年 1 月 29 日，蔡孝乾第一次被国民党特务抓获后，他择机逃跑，摆脱特务后潜藏起来。一天，他设法在与朱枫约定的会面地点建昌行南北杂货店，留给朱枫那张字条，向她报警。但特务从蔡孝乾身上搜到一张钞票，上面记着一个电话号码，朱枫的身份很快就暴露了。特务们循线搜捕，查到朱枫去了舟山岛。顷刻之间，一道缉查追捕"在逃女匪谍朱谌之"的密令就传到舟山定海县城。

1950 年 2 月 18 日，农历大年初二，被困舟山 14 天之后，朱枫没有等来渡海的渔船，却等来了国民党特务地毯式的搜捕。朱枫被包围后，面对敌人，她十分平静，没有说话，只是深沉地望了一眼镇海老家的方向。朱枫迅速被国民党特务押解到定海县城看守所，在审讯中受尽了非人的折磨。从事党的地下工作多年，朱枫以前曾两次被捕，都幸运地被释放了。她知道这次自己再也回不去了。同时，朱枫意识到，台北一定出了大问题，否则国民党特务不会跑到舟山来抓她。在羁押定海的日子里，朱枫的内心一直激烈地斗争着："能逃出虎口吗？""能活着回去见到丈

夫和孩子吗？"……当多年的地下工作经验告诉自己，出去几乎没有任何可能时，为了保守党的秘密，朱枫决心以身殉职，"以死相拼"。

2月26日深夜，朱枫摸索着起床，从桌上的热水瓶中倒了一杯水，再奋力撕开大衣的肩衬，取出一只金手镯，用牙咬、用手掰，把手镯折为两段，又摘下脖子上戴的金项链和一块金锁片，将这些金制品和着热水分四次吞了下去。刀割喉管似的剧痛、翻江倒海似的胀痛向她袭来，但她紧咬牙关，一声不吭……

2月27日清晨，国民党特务发现朱枫蜷缩一团，面色发青，人已昏迷，紧急调用飞机把她送到台北抢救，从她腹中取出四件金器碎片，把她抢救了过来。

国民党特务千方百计利诱朱枫招供和"自新"，但她不为所动。特务们施用各种刑罚，但朱枫忠诚于党，至死不渝，绝不吐露丝毫党组织秘密。国民党特务把朱枫拒不招供的情况上报后，蒋介石气急败坏，下令国民党特别军事法庭将朱枫判决处死。

1950年6月10日，台北上空阴霾密布，小雨凄凉。对于朱枫来说，近四个月的牢狱生活，就要画上句号了。朱枫十分明白，在牢狱的铁窗外等待她的会是什么。法庭上站满了全副武装的国民党军警，气氛十分恐怖。朱枫身穿一件淡绿色碎花旗袍，外罩深蓝色毛衣，双手揣在一起，放松地依靠在法庭的栏杆上，神情从容自若，好像周围的一切跟她毫无关系。国民党特别军事法庭进行了最后宣判，吴石、朱枫、陈宝仓和聂曦被判处死刑，这就是轰动台湾的所谓"间谍案四要角"。

　　这天下午 4 时 30 分，吴石与朱枫、陈宝仓、聂曦一起，被押赴台北马场町刑场。朱枫虽然被国民党特务五花大绑，但她仍然目视前方，从容镇定。面对刽子手的枪口，朱枫大义凛然，接连高呼"新中国万岁！中国共产党万岁！"刽子手连开六枪，年仅 45 岁的朱枫倒在了血泊中。鲜血浸红了她身穿的淡绿色碎花旗袍，汩汩淌流了一地，像茵茵绿草地上绽放出的朵朵红艳的花……

　　为了祖国和人民，为了毕生追求的光明和理想，朱枫流尽了她的最后一滴血。生如其名，死如其名，朱枫就是一株扑倒在风雨里，也要将周身热血化作烂漫春光的如火丹枫！

　　朱枫牺牲的消息很快传到香港，香港地下党组织为她秘密举行了追悼会。1951 年 7 月，朱枫被上海市人民政府追认为革命烈士。1994 年，国务院原副总理张爱萍上将为朱枫题词：烈士血染新中华，枫叶红于二月花。

　　历经艰难，朱枫的遗骨终于在台湾被发现。2010 年 12 月，朱枫的骨灰从台北迁回祖国大陆，安放在北京八宝山暂存。2011 年 7 月，有关部门安排专机将朱枫骨灰护送到家乡宁波，安放在镇海烈士陵园。朱枫故居被命名为全国国家安全教育基地。

　　朱枫的英勇事迹，她对党和人民的忠诚，她在生命最后一刻响彻长空的口号"新中国万岁""中国共产党万岁"，正是她为之献身的信仰信念！

陈宝仓

　　陈宝仓（1900—1950），字自箴，出生于北京，祖籍河北遵化。保定陆军军官学校第九期工兵科毕业，历任国民党中央陆军军官学校武汉分校教育科科长兼武汉城防指挥所主任、第八集团军参谋长、第四战区司令部副参谋长兼靖西指挥所主任、军政部胶济区特派员、第四兵站中将总监、国民党"国防部"中将高参等职。1948年春加入中国国民党革命委员会。1949年赴台湾从事地下工作，为吴石情报组重要成员。1950年3月被捕，6月10日在台北马场町英勇就义。

立志救国投笔从戎

陈宝仓 1900 年出生于北京。这一年八国联军攻破北京，陈宝仓父亲经营的古玩店松宝斋惨遭洗劫，家道由此中落。陈宝仓上小学期间，学习十分刻苦，为减轻家庭负担，靠争考第一名减免学费得以毕业。青少年时期的陈宝仓清瘦白皙，身材修长，写得一手好诗文。面对内忧外患，军阀混战，陈宝仓立志救国，毅然投笔从戎，考入河北清河军官预备学校，两年后以优异成绩转入保定陆军军官学校第九期工兵科。在保定军校两年半的学习期间，陈宝仓各门功课成绩优秀，连年获奖。

1923 年夏，陈宝仓从保定陆军军官学校毕业后，与同窗好友郭宗汾、段翔九、孙景先、施敬公等一起到太原，参加了阎锡山的晋军。陈宝仓展现出杰出能力，从排长干起，连续当上连长、营长、团长、师参谋长、司令部上校教育科长等职，但军阀连年混战使他感到厌倦。1937 年初，陈宝仓被保定陆军军官学校学长、时任国民政府军事委员会军政部政务次长陈诚调往江西庐山军官训练团受训，随后到江西南城担任土木工程训练班主任，负责培训国防工程技术人员。不久，他又调任国民党中央陆军军官学校武汉分校教育科科长兼武汉城防指挥所主任，参与指挥武汉防务。1937 年 7 月，卢沟桥事变爆发，中国进入全面抗战。为做好抵抗日军进攻的准备，陈宝仓指挥部队精心构筑了武汉城

防工事。

1937 年 8 月，日军大举进攻上海，淞沪会战爆发。陈宝仓主动请缨，奔赴苏皖抗战前线，担任前敌指挥部工兵司令。他在昆山设防，率部坚守了 100 多天，为上海及长江下游地区百姓和物资转移争取了时间。在安徽宣城作战中，陈宝仓遭日机轰炸，身负重伤，右眼失明，但他不顾战伤未愈，几个月后就重返前线，参加武汉会战。1938 年 6 月，经第九战区司令陈诚推荐，陈宝仓到张发奎所部第二兵团担任参谋长，参与指挥德安战役，击毙日军联队长田中大佐和大量日军，有效阻止了日军进攻势头。

御敌广西扬威疆场

1939 年春，张发奎调任第四战区司令，陈宝仓先后担任第四战区副参谋长、代理参谋长，负责两广军政事务。第四战区司令部开始设在广东韶关，后迁至广西柳州。同年秋，为了封锁中国出海口，切断国际社会对中国的援助交通线，日军以 10 余万之众，在广西钦州、防城港沿岸登陆，沿邕（南宁）钦（钦州）公路进攻南宁，直进昆仑关。国民党调集各路部队发起桂南会战，陈宝仓负责组织指挥灵山战役。桂南会战历时一年，毙伤日军四万余人，迫使日军南撤。

1940 年秋，日军占领越南，中越边境局势紧张。为确保第四战区侧翼安全，及时掌握在越日军动向，陈宝仓受命组建并担任第四战区靖西指挥所主任，代表张发奎处理中越边境地区军政事务。陈宝仓抱着与靖西共存亡的决心，调整布防，打击走私，改组民团，创立通讯情报网，开展抗日宣传，加强军民联防，振奋了军心民心。1945年3月，日军狂妄叫嚣三天拿下靖西，企图从越南高平省重庆府经中越边境重镇岳圩进犯靖西。陈宝仓准确掌握情报，在边境850高地设伏，把日军打得落花流水、抱头鼠窜，逃回了越南。在陈宝仓严密防范下，靖西一带成为抗战时期未被日寇蹂躏的一方净土，当地民众自发向陈宝仓致赠了"威扬塞外"匾额。

抗战期间，陈宝仓先后参加上海保卫战、淞沪会战、宣城战役、武汉会战、粤北抗战、昆仑关战役、桂南会战等，战果累累，可谓身经百战。

心向革命心向人民

陈宝仓抱持抗日救亡之志，在担任国民党中央陆军军官学校武汉分校教育科科长期间，为寻求救国救亡之道，认真研读中共抗日救亡纲领，探究中共抗日方针政策、战略战术，深刻认识到只有国共合作才能战胜日本帝国主义，发自内心接受了中国共产党提出的坚持抗战、团结、进步，反对投降、分裂、倒退的主张。

武汉会战前，国民党第二兵团总司令张发奎曾拜访郭沫若，邀其为第二兵团组建政治部。遵照周恩来指示，郭沫若接受了张发奎的请求，为第二兵团组建了一个战地服务队，全队30余人，其中有不少人是中共党员。进入张发奎部后，陈宝仓与共产党人接触颇多，政治上、思想上进一步受到濡染。战地服务队坚强的抗战意志、热情高效的工作，令陈宝仓赞叹不已，他更加有意识地积极主动向中国共产党靠拢。

在两广期间，陈宝仓与共产党人广泛接触，彼此成为真诚朋友。中共地下党员、第四战区军法执行总监吴仲禧与陈宝仓是保定陆军军官学校校友，吴仲禧有意识地对陈宝仓开展影响争取工作，并介绍他与担任张发奎侍从秘书的中共地下党特支书记左洪涛建立了联系。陈宝仓支持帮助中共广东省委主办的《新华南》刊物，为刊物撰写了《天寒岁暮敌的总崩溃战》《我们怎样击退进犯粤北的敌人？》《我对广东青年的期望》《中国战争与反对妥协 讨击汪派汉奸的斗争》等文章。左洪涛晚年回忆："陈宝仓同志当时在张发奎所属高级军事指挥机关职位上，是我们的上级、首长，而在坚持抗战、团结、进步，反对投降、分裂、倒退的方针政策和战斗任务方面，则是我们真诚的同盟者、战友和挚友。陈宝仓领导刘田夫、何家槐和我编写了《游击战规范》，举办了多期游击战战术训练班，这些教材也通过我们转送到了延安。"

1941年1月，国民党顽固派制造震惊中外的皖南事变，掀起第二次反共高潮。八路军桂林办事处被迫撤离，中共外围组织、隶属第四战区的抗敌演剧队第四队也成了国民党军统特务紧盯的目标。为了保存党的力量，左洪涛建议陈宝仓出面，把抗敌演剧队从柳州调到靖西开展抗日宣传。陈宝仓设法说服了张发奎。由于这件事情，陈宝仓被国民党军统特务视为"赤化"嫌疑人。

1942 年初，越南共产党领导人胡志明等受日寇逼迫，难以在越南立足，把工作重心转移到中国境内的广西靖西地区。这里恰巧是陈宝仓负责的防区，陈宝仓与胡志明多次接触，共同抗日的信念使他们走到了一起。不久，应胡志明和越南民族解放同盟会请求，陈宝仓在离靖西指挥所不远的地方开办了培训班，帮助越共培训爆破技术及军事人才，靖西指挥所从越南进步青年中挑选 12 人学习爆破技术，越共安排了 50 多名党员参加学习。为办好培训班，陈宝仓指派认真负责、经验丰富的教官讲课，令专人负责食宿，他还亲临现场指导。经过培训的学员返回越南后，大多成为越南抗日战场的骨干。

1942 年 8 月，胡志明等在天保（今广西德保县）被疑为日本间谍而遭逮捕，国民党地方专署呈报将他们就地处决。陈宝仓闻讯后，立即从中斡旋，先将胡志明等送到柳州第四战区政治部军人拘留所，再于 1943 年 9 月将他们释放。由此，越共领导高层与陈宝仓建立了深厚友谊。然而，国民党特务却借此大做文章，告发陈宝仓放任越共领导人四处活动。蒋介石接报后，密令追捕胡志明等越共领导人，但此时他们已安全返回越南。为此，国民党军事法庭以越共领导人胡志明等脱逃为由，认定陈宝仓在追捕

中有渎职嫌疑，传讯其前往重庆受审，陈宝仓险些被抓进监狱。

1945 年 8 月 15 日，日本战败投降。为抢夺胜利果实，国民党派大员到全国各地接受日本投降。陈诚深知陈宝仓在军事和外交上都是难得的人才，便向蒋介石作保，推荐陈宝仓作为山东胶济区特派员，前往青岛接受日军投降。陈宝仓终于化险为夷。

1945 年 10 月 25 日，山东胶济区日军投降受降仪式在青岛汇泉路跑马场举行，国民政府军事委员会特派员陈宝仓中将和美国海军陆战队第六师谢勃尔少将共同主持受降仪式。陈宝仓英俊威武、端庄严肃，有条不紊接受日军投降代表长野荣二少将呈献的战刀，大长了中国军人的威风和中国人的志气。这段珍贵的历史镜头被美方记录保存下来，多年以后为陈宝仓后人所取得，丰富了抗战历史资料。

受降仪式后不久，陈宝仓调任国民党国防部联合勤务总司令部第四兵站中将总监，负责调拨及生产山东境内所需军用物资和粮饷。这些物资和粮饷大多用于进攻山东解放区，陈宝仓反对国民党打内战，决心暗中帮助人民解放军。陈宝仓妻子师文通后来回忆："1946 年在济南，有一天陈宝仓对我说，'今天又给那边送了一批礼'。我一时不解其意。转天碰到兵站的交通处长告诉我：'好不容易弄到三万斤地瓜干，刚一运出城就丢失了。'我这才明白其中的玄机。"然而，陈宝仓支持人民解放军的秘密行动还是被发觉了，国民党山东省主席王耀武向蒋介石告发陈宝仓有遗失给养物资、资助共军的嫌疑。陈宝仓这次未能幸免，被蒋介石免职。

周旋龙潭视死如归

遭免职后的陈宝仓赋闲在家，老友吴仲禧经常以下棋、喝茶、聊天为掩护来他家探访。随着国共内战局势逐渐明朗，国民党败退台湾征兆已经浮现。陈宝仓向吴仲禧表明心迹，他在台湾有一些旧部、旧友，而且熟悉国民党军队的内部机构和运作方式，可以奔赴台湾为中国共产党工作。通过吴仲禧的精心安排，1948年春，陈宝仓前往香港，秘密加入了李济深等领导的中国国民党革命委员会。在香港，陈宝仓与中共中央香港分局负责人方方、饶彰风见面后，他更加坚定了投身革命的决心。

1948年底，通过陈诚斡旋，陈宝仓"资共"嫌案被撤销，调任国民党国防部中将高级参议。1949年春，受中共中央华南分局（原中共中央香港分局）和民革中央派遣，陈宝仓随国民党军队撤退台湾，秘密开展党的地下工作。为消除蒋介石的怀疑，陈宝仓携带家眷一同赴台，入住台北市正义路永康街十三巷7号。到台湾不久，陈宝仓的两个女儿双双考入台北市第一女子中学，儿子考入台湾大学植物系，一家人和美安定地生活在一起。

1949年10月1日，中华人民共和国成立。陈宝仓在台北家中拿着全国地图细细观看，抚今追昔，怀念家乡，思考未来。根据中共党组织安排，陈宝仓赴台后与吴石取得联系，成为吴石情报组重要成员。他们同为保定陆军军官学校校友，又都在第四战

区共同战斗过，担任过副参谋长和参谋长，彼此十分熟识。陈宝仓利用在国民党"国防部"任职之便，获取到台湾北、中、南各防区兵力部署及沿海防御工事情报，亲自整理绘制成表格交给吴石。此时在吴石和陈宝仓之间联络安排的，就是吴石副官王正均。吴石将陈宝仓搜集的这些情报，连同自己获取的其他绝密情报，通过中共台湾地下党交通员送往香港，呈交中共香港地下党组织负责人。

随着国民党在岛内掀起清除"共谍"的白色恐怖，台湾陷入风声鹤唳、血雨腥风之中。一天，陈宝仓女儿陈禹方放学回家，在路上看到呼啸而过的军车，车上站满了五花大绑的犯人，背上插着草标，路人风传他们都是"共产党的奸细"，马上就要被行刑。回家后，陈禹方将目睹的一切告诉了父亲。陈宝仓预感危险正在一步步逼近，便决定马上将家人送出台湾。几天后，妻子师文通简单收拾行装，带着两个女儿先行离开台北到达香港。儿子陈君亮由于是适龄男丁，按规定要服兵役，不得擅自离台。为了儿子安全撤离，陈宝仓托人为陈君亮办了一张差甲证（出差证明），借故去香港办理采购才得以脱险。在陈宝仓的精心安排下，1950年1月，陈君亮平安抵达香港，与母亲和妹妹们团聚。陈宝仓的冷静和睿智使家人及时脱离了险境，但他自己却仍留在台湾坚持斗争。

1950年初，中共台湾省工委书记蔡孝乾被捕，国民党特务循线索大肆搜捕破坏地下党组织，台湾地下党组织遭到重大破坏，大批地下党员被捕，吴石情报组也未能幸免。2月，朱枫、聂曦身份暴露被捕。3月1日，潜伏在国民党军队高层的吴石被捕。起初，陈宝仓并未进入国民党特务的调查范围。后来，国民党特务在吴石家中搜出一份手写的军事情报，经核对笔迹，确认是陈宝仓所写，随即逮捕了陈宝仓。为从陈宝仓那里得到更多有价值的情报，国民党特务对他施以酷刑，但他态度坚决，始终只承认和吴石交换情报是正常的工作关系，拒不"认罪"。

1950年6月10日，国民党特别军事法庭判处吴石、陈宝仓、朱枫、聂曦死刑。面对即将到来的死亡，陈宝仓没有一丝慌乱，非常从容淡定。从临刑前留下的影像中，可以看出陈宝仓心静如水，如泰山般沉稳，体现出一位有着崇高信仰的隐蔽战线战士视死如归的坦荡胸襟。他向狱警索要纸笔，挥洒笔墨给老友段翔九留下遗言："永康街十三巷七号段翔九兄鉴：弟已被判死刑，请转知家属，死后即用火葬。陈宝仓绝笔。六月十日。"写毕，陈宝仓被国民党特务五花大绑押赴台北马场町刑场。一阵刺耳的枪声响过，陈宝仓和三名战友倒在了血泊之中。

忠骨归葬功勋铭刻

陈宝仓在台北马场町英勇就义后，一般人唯恐避之不及，不敢去认领遗体。陈宝仓的妻子师文通想方设法联系到在台北的两位挚友，请他们出面领回陈宝仓遗体并火化。女儿陈禹方得知其在台北的同学殷晓霞打算来香港，便设法联系上她，恳请将父亲

的骨灰带到香港。

1950年7月的一天，殷晓霞乘船到达香港，但抵港后正巧遇到严查证件。因没有"入港证"无法登岸，无奈之下，殷晓霞只得丢掉行李物品，将骨灰盒绑在身上，趁夜潜水偷偷登岸。当师文通接到陈宝仓的骨灰盒时，骨灰还是潮湿的。

1951年7月，中华人民共和国中央人民政府副主席、中国国民党革命委员会主席李济深作出书面证明："陈宝仓同志系到台湾从事祖国统一工作而牺牲。"1952年9月，陈宝仓的家人收到由中华人民共和国中央人民政府主席毛泽东签署、编号为0009的《革命牺牲工作人员家属光荣纪念证》，上书："查陈宝仓同志在革命斗争中光荣牺牲，丰功伟绩永垂不朽，其家属当受社会上之尊崇。除依中央人民政府《革命工作人员伤亡褒恤暂行条例》发给其家属恤金外，并发此证以资纪念。"1953年9月，陈宝仓的骨灰由北京市人民政府安葬在八宝山革命公墓。9月14日，李济深主持公祭。在《悼念陈宝仓同志》的悼词中，李济深概括了陈宝仓由旧式军官走上革命道路的历程，褒扬了他为民族独立和人民解放作出的贡献。悼词写道：

> 陈宝仓同志原来不过是一个普通的旧式军官，他在幼年所受的是军国主义教育，他也曾为封建军阀长期服务。可是他所处的时代却是新民主主义革命的时代，他在中国社会大转变中，由于客观世界的发展与改变，也逐渐改造了他的主观世界。在反对日本帝国主义的民族战争中，因负伤而失去了右目，已写下了光荣的一页。以后他又在军队中接触了

中国共产党，接受了革命影响，因而日渐倾向革命，对中共地下工作同志的支援与掩护不遗余力。最后还参加了民革的地下组织，在统战工作中有了极端英勇的表现，自动要求前往台湾协助吴石同志进行策反工作，在壁垒森严的匪巢内搜集有利于我方的情报。当他坚决要求深入匪巢，肩负起十分危险而艰巨的任务时，我想：他早已置生死于度外了。不幸事机不密，终以身殉国，所谓"求仁得仁"，陈宝仓同志为革命而付出了宝贵的生命，这正如万千个革命烈士临危受命，临大节而不辱的奋斗精神一样，他是死而无憾的。古人说"死有重于泰山，有轻于鸿毛"，陈宝仓同志之死，是重于泰山，是光荣的！我们的同志和祖国人民是永远不会忘记他的！

聂 曦 王正均

　　聂曦（1917—1950），福建福州人。吴石原副官，国民党东南军政长官公署总务处交际科上校科长，中共隐蔽战线吴石情报组成员。1950年2月被捕，6月10日在台北马场町英勇就义。

　　王正均（1924—1950），福建福州人。吴石副官，中共隐蔽战线吴石情报组成员。1950年3月被捕，8月10日在台北马场町英勇就义。

长袖善舞的交际科长

聂曦 1917 年出生于福建福州。聂曦在福州三坊七巷宫巷长大，本家亲戚聂能辉家居住在三坊七巷怀德坊水玉巷。聂能辉后来参加了中国共产党，他对聂曦产生了很大影响。聂曦长大后参加了国民党军。抗战时期，出任第四战区参谋长的吴石，将聂曦这个福州老乡选调到身边当随从副官。

聂曦追随吴石转战抗日战场，一身正气的他对吴石非常忠诚。抗战胜利后，1946 年春，吴石调任国民党国防部史料局（1948 年 5 月改为国防部史政局）局长，他安排聂曦兼任史料局（史政局）总务组组长。

吴石与共产党人秘密接触，聂曦都忠诚地履行好安全保卫责任。重要的时候，吴石安排聂曦向党组织传送搜集来的军事情报，聂曦从未失手。1949 年初，吴石为传递情报经常坐火车往返南京与上海，有时亲自到上海愚园路俭德坊 2 号何遂住所送情报。何遂是吴石的密友，时任国民党立法院军事委员会委员长，是中国共产党非常重要的统战关系和情报关系。何遂儿子何康是中共地下党员，根据中共中央上海局安排，何康担任吴石的交通员。在随扈过程中，聂曦与何遂及何康都非常熟悉。紧急时，吴石包好情报，写明"何遂收"，由聂曦送达。吴石为人民解放军取得辽沈战役、平津战役、淮海战役和渡江战役决定性胜利立下

奇功，其中就有聂曦作出的重要贡献。

1949年2月，吴石就任福州"绥靖公署"副主任，聂曦作为副官随行。经吴石、聂曦选拔，王强担任了吴石的随从参谋。5月，已败退台湾的国民党电令吴石将保存在福州的500箱重要军事机要档案资料运送台湾。吴石以"军运紧，调船难"为由，仅以百余箱参考资料、军事图书权充绝密档案，列为第一批，派人先运往台湾。6月上旬，根据吴石的命令，聂曦和随从参谋王强等把余下的298箱绝密档案全部转移到位于福州仓前山麦园路的福建省研究院书库匿藏。8月15日，也就是吴石飞赴台湾的前一天，聂曦把王强秘密带到吴石住所，吴石吩咐王强保护好这批档案，并与福建省研究院院长黄觉民和立法委员刘通联系。8月17日福州解放，王强很快把这批军事绝密档案全部移交给了中国人民解放军第十兵团司令部。

1949年8月16日，聂曦随同吴石奔赴台湾。此时，吴石已升任国民党国防部参谋次长。吴石保定陆军军官学校学长陈诚，这时担任在台湾新组建的国民党东南军政长官公署长官。凭借与陈诚的关系，吴石推荐聂曦担任了东南军政长官公署总务处交际科上校科长。聂曦就任交际科长前，设法调来潜伏在国民党国防部的年轻军官王正均担任吴石的副官。聂曦的亲戚、中共地下党员聂能辉是王正均走上革命道路的引路人，王正均在1946年经党组织安排打入国民党国防部二厅。自此，聂曦和王正均密切配合，协助吴石开展情报工作。

聂曦外表英俊，处事精干，长袖善舞，广泛活跃于国民党军中，建立起方方面面的交谊关系，为吴石开展情报工作提供了方便。但吴石并没有对聂曦明示中共的机密和组织关系，而是心照不宣，凭着多年来的信任，具体分派给他一些工作任务。聂曦从不过多询问，总是干净利索、滴水不漏，积极圆满完成吴石交办的任务。1949 年秋，聂曦两次冒着生命危险前往香港，将吴石搜集的一批重要军事情报交给中共中央华东局对台工作委员会第二工作队负责人万景光。

1949 年 8 月，中共台湾省工委机关报《光明报》遭到破坏后，国民党在全岛大力搜捕地下党组织，严控人员进出台湾岛，实行极为恐怖的高压政策。特别是负责全岛军事行动的陈诚，鼓励检举揭发，一时间，整个台湾陷入一种疯狂状态，告密揭发成风，人人自危。

1949 年 11 月，中共中央华东局派遣秘密党员朱枫由香港赴台，担任吴石的交通员。朱枫与吴石取得联系后，吴石向她提供了多批极为重要的绝密军事情报。朱枫迅速把吴石提供的情报传回祖国大陆。事后证明，吴石提供的这些情报极具军事价值，受到上级的充分肯定。此时，朱枫与吴石每星期联络一到两次，每次都是聂曦安排、随同和做掩护工作。

朱枫还单独联系中共台湾省工委书记蔡孝乾。1950 年 1 月 29 日，蔡孝乾第一次被国民党特务抓获，但他择机逃跑，摆脱特务后潜藏起来。一天，他设法在与朱枫约定的会面地点建昌行南北杂货店，留给朱枫一张字条。朱枫看到"老郑"（蔡孝乾代号）留言后，知道又有地下党员被捕了，"老郑"让她早日离开

台湾。尽管蔡孝乾并未与吴石直接接触，但特务们在他的记事本上查出了"吴次长"三个字。当时，国民党统治集团内姓吴的副部长虽不多，但身居高位的吴石一时还没有彻底暴露。

这时，中共台湾省工委和许多地下党组织遭到破坏，国民党在岛内实施戒严，进出台湾的海空通道全部被控制、关闭，去往香港的航运断绝，岛内抓捕中共地下党员风声鹤唳。没有国民党高官帮助，任何人都很难离开台湾。紧急关头，朱枫求助吴石。

之前，聂曦已经冒死出面为一位地下党员办理了"出境证"。由于朱枫面临危险，吴石冒险决定送离朱枫，再次交代老部下聂曦办理。朱枫离台只能乘飞机暂避到还为国民党军队所控制的浙江舟山定海，然后另外设法私渡回祖国大陆，但如何乘飞机前往舟山定海也让人颇费脑筋。聂曦设法为朱枫办了一张"出境证"，又找到在国民党空军司令部任职的参谋王济甫，打听到最近有一架从台湾飞往舟山定海接送兵员的军用运输机，便又通过空军朋友的关系搞到了一张搭乘许可证。

1950 年 2 月 4 日，这天是农历立春，聂曦开车接上朱枫，由王济甫陪同一起前往机场，一路上所有检查盘问都由王济甫应付，朱枫非常顺利地登上了飞机。聂曦向吴石作了汇报，他们心里颇为安慰，期待朱枫能从舟山定海平安回到祖国大陆。

很快，国民党特务就循线查到朱枫飞往舟山定海。

2 月 18 日，朱枫在舟山被捕。聂曦帮助朱枫乘机离台的事证，成为他"通共"的直接证据，"共谍"嫌疑被进一步确证，聂曦深陷囹圄。吴石也因此暴露，于 3 月 1 日被捕。

聂 曦 王正均

突然高就的穷小子

1924 年农历正月二十九日，王正均出生于福州三坊七巷怀德坊水玉巷赛月埕 2 号。父亲王鸣琦，又名王桂尹，幼承家训，饱读诗书，是位儒生。母亲练时馨，出身福州望族，为远洋世家练氏之女，幼读私塾，毕业于福州女子家政学校。王正均出生时，家道中落，家里主要依靠当小职员叔叔的微薄收入接济生活，父亲做些抄抄写写的零工补贴家用。王正均兄弟姐妹四人，其为长子，下有胞弟王正臻、胞妹王正椿和王正禧。

1937 年 7 月全民族抗战爆发后，王正均一家生活陷入困境，奶奶因饥寒交迫而病故。1939 年，王正均从福州私立福华中学毕业，因无钱缴学费，学业优良的他不得不辍学在家。1940 年，王正均父亲被活活饿死，停尸三天无钱下葬，家里将王正均最小的妹妹王正禧以 30 公斤地瓜面和两块光洋的价格，卖到平潭给人当童养媳。王正均用卖妹妹所得，含泪将父亲安葬。

为了养家，刚满 16 岁的王正均托人帮忙开了一张高中毕业文凭，找到了一份在福州市郊郭宅乡抄写田赋粮册和户籍册的工作，每月薪酬 50 公斤糙米，但只做了三五个月就失业了。王正均只好像父亲当年一样，利用自己的一手好字和好文章，替人代写家信赚钱养家糊口。

抗战胜利后，王正均考入国民党福州新闻检查处当文员，全

家搬到三坊七巷宫巷，与吴石副官聂曦家为邻。经常来聂曦家的聂能辉，是王正均居住在三坊七巷怀德坊水玉巷赛月埕时的邻居。在宫巷居住生活期间，王正均与聂能辉过往甚密。而将王正均引上革命道路的，正是聂能辉。

聂能辉是福建闽清人，中共地下党员，吴石副官聂曦的亲戚，也是王正均二婶娘家的亲戚。抗战初期，在中共地下党组织安排下，聂能辉与一批福州热血青年参加了新四军，在皖南事变中被俘，被关押在江西上饶集中营，后参加赤石暴动成功越狱，重新回到了新四军，被中共地下党组织派往福州从事地下工作。南京解放前夕，聂能辉在江苏被捕，后在南京雨花台英勇就义。

1946 年，王正均受中共地下党组织指派，打入南京国民党国防部二厅，为中尉军官。王正均堂弟王兴（原名王正兴）后来回忆："一天，忽闻堂哥王正均要去南京，去得非常突然，甚至连同母亲打招呼都顾不上。不久，他从南京回来就是国民党国防部二厅中尉了。至于是谁介绍去的，怎么当军官的，连王正均的母亲都不知道。"

据史料记载，中共地下党组织充分利用福州人重乡谊的性格，将一批福州进步青年安插到国民党国防部等要害部门，王正均就是其中之一。王兴后来回忆说："王正均突然高就，我们全家都觉得莫名其妙，因为把整个家族所有沾亲带故者过滤了一遍，没有发现一个人在军界工作。"而王正均突然穿上军装进入国民党军队中枢机关，背后正是中共地下党组织在布局。

　　1949 年 2 月，吴石携聂曦先到福州出任"绥靖公署"副主任，8月16日又携聂曦一同撤退到台湾。王正均则随国民党国防部先迁广州再迁台湾，继续在国防部二厅任职。到台湾后，王正均很快就与吴石、聂曦取得了联系。此时，吴石已经升任国防部参谋次长，聂曦担任国民党在台湾新组建的东南军政长官公署总务处交际科上校科长。在就任交际科长之前，聂曦与新派来担任吴石副官的王正均交接了工作。中共香港地下党组织负责人刘人寿后来回忆："吴石赴台后，曾派人到香港与我联系过，许多事都请示我们，我知道他换了副官。"

王正均在吴石情报组承担的主要工作，是为吴石收集、传递情报。据国民党相关档案记载，王正均主要在吴石与陈宝仓之间传递情报，并将陈宝仓绘制成表格的国民党在台湾驻军部署及沿海防御工事图等重要情报，交给中共地下党交通员，最后这些情报辗转送到了中共香港地下党组织负责人手上。

直面生死大义凛然

1950年2月，聂曦被捕，押往国民党保密局监狱刑讯。3月，吴石、王正均、陈宝仓也相继被捕。

在狱中，面对威逼利诱和严刑拷打，聂曦、王正均都采取了拒不承认、"死不悔改"的态度。聂曦除对于自己经手办理的事证"供认不讳"，没有其他呈堂证供。王正均对任何问题都以"不知道""不懂得"相答。国民党特务诱劝他们："你们仅是副

官，系吴石从犯，只要认罪，只要悔过，或许能保住性命。"但他们宁死不屈，不愿以牺牲革命气节而苟且偷生。王正均在绝笔信中写道"我无言可诉"，抱定了献身的坚定决心。

经严酷审讯，国民党特务一无所获。审讯情况上报后，蒋介石暴跳如雷，亲手下达了"吴石匪谍案"死刑令。1950年6月10日，聂曦与吴石、朱枫、陈宝仓在台北马场町英勇就义。临刑前，聂曦留下了一张英雄照：身穿白衬衫，下半身扎在军裤内，脚穿马靴，两手反绑在背后，但表情自然，面露微笑，英气凛然。照片公布后，台湾岛内媒体纷纷报道称，"聂曦形象英武，大义凛然，死前毫无惧色"，他忠贞不屈的光辉形象被广为传颂。聂曦临刑前这张照片，堪称舍生取义的经典瞬间，令人惊叹不已。

1950年8月10日，第二批因"吴石匪谍案"被判处死刑的王正均等人被押赴台北马场町刑场。临刑前，王正均镇定地给在台湾省储蓄公司当职员的堂弟王沣（又名王正鲁）写下绝笔信。全文如下：

鲁弟：

一、我因吴石案被牵连处死。

二、所有我之衣服用具均寄存在前次长吴石公馆（可往查中正西路185号吴阴先兄）。

三、我无言可诉，四婶只我一子，未奉终养，天下以均为不忠不孝之人。希你日后归家视四婶为己母，椿小二妹已长大，宜嫁之也。

四、你应好好做事小心谨慎为要。

你见此书时吾为阴间一鬼矣。

草草顺祝

康安

均哥绝笔

八月十日

　　鲁弟是王正均在台湾的堂弟王正鲁。由于王正均尚未婚娶，孑然一身，遗信只能写给这位最亲的亲人了。信中主要是交代后事，在生命的最后一刻，王正均抱憾忠孝不能两全，但他已下定决心"无言可诉"。可以看出，王正均已放下一切，直面生死，甘作"阴间一鬼"。遗信几经辗转终于从台湾送回祖国大陆，由王正均堂弟王兴珍藏。2011年，王正均被追认为革命烈士。

　　聂曦、王正均作为吴石情报组的重要成员，担负着协助吴石开展情报收集传递和其他秘密工作的重要使命。他们追随吴石，潜入台湾，深入虎穴，冒着生命危险圆满完成任务，直至暴露英勇就义。他们以自己的青春和热血，谱写了献身祖国统一事业的壮丽篇章！他们的革命气节，他们的忠贞不屈，永远令人景仰！

刘晋钰

刘晋钰（1898—1950），福建福州人。1916年考入上海震旦大学物理系。1923年毕业于法国巴黎大学，回国出任上海闸北水电公司总工程师。1937年7月全民族抗战爆发后，赴云南主持建设电力设施。1945年11月赴台接收筹组台湾电力公司。1950年3月被捕，7月在台北马场町英勇就义。

理工方面的"天人"

刘晋钰出身书香门第、官宦世家。祖父刘寿藏是"学而优则仕"、仕则惠一方的儒家传统士大夫，清光绪九年（1883年）进士，曾连任三届江西分宜县知县，政声颇佳，后升任江西袁州府（今宜春市）同知，仍克勤克俭，终不幸积劳成疾，病殁于任上。刘寿藏出殡之日，袁州万民哭声震天，传为当地佳话。

1898年，刘晋钰在福建福州盖山镇浦下村出生时，家道已经中落，但始自祖父的仁义道德家风、知书达理家教犹存。刘晋钰幼年时父母相继病逝，由外公外婆抚养成人。在六位叔伯倾力资助下，他六岁入私塾开蒙，潜移默化间滋养了自强不息、刚健有为、经世致用的优秀品格，传承了富贵不能淫、贫贱不能移、威武不能屈的传统士人风骨，蕴蓄了以天下为己任的人文素养、以救世济民为追求的家国情怀。

1905年，晚清政府被迫实行一系列改革，以维护风雨飘摇的统治地位，其中之一就是废科举、兴学校。1906年，在两年私塾积淀的基础上，刘晋钰转读福州当地新建的一所新式小学，很快就展露出新学尤其是理工方面的学习天赋，直到中学，每次考试成绩都是一骑绝尘，被老师和同学惊为"天人"。1916年从福州扬光中学毕业后，刘晋钰更是以优异的成绩考入上海震旦大学物理系。之所以选择报考物理系，是由于在读中学的几年里，

正值袁世凯卖国复辟、北洋军阀混战，内忧外患频仍，亡国危机日亟，忧国忧民的刘晋钰痛悟爱国必先救国，救国首重强国，而强国之基则是师法西方列强，尽力实现国家工业化。

在那个高小毕业即被视为新式知识分子的年代，刘晋钰能考入千里之外的上海，攻读新奇的洋专业，无疑是一件轰动乡邻的特大喜讯。加之他一表人才，被公认为盖山镇"第一美男子"，遂被台江一位黄姓富商相中，许以自己的掌上明珠黄淑煊。1920年，刘晋钰与黄淑煊结婚后，岳父出重金支持他偕新婚妻子留学法国巴黎大学，专攻电力工程专业，圆梦工业强国、电力先行。

在台江码头送别时，岳父宽慰伤心垂泪的爱女，情深义切地嘱托爱婿："学成回来报效祖国，爱我女儿一生一世。"刘晋钰郑重地点头应诺。事实证明，刘晋钰是重诺守信的，学业卓然有成后，他便返回祖国，积极致力于推动中国电力事业发展进步。他心怀感激，与妻子黄淑煊感情深厚，育有五子四女，还在1945年举国欢庆抗战胜利之际，举行了银婚纪念仪式。

中国第一代电力专家

1923年，刘晋钰以优异的成绩，顺利完成法国巴黎大学电力工程学业，获工程硕士学位。由于导师的赏识和举荐，刘晋钰收到法国等欧洲国家多份工作或教学邀约，但他都一一诚谢婉辞，偕妻子黄淑煊如期归国。回国后，他应邀到母校上海震旦大学担任教授，开设电力课程，很快蜚声校内外，被求贤若渴的中国最大供电企业上海闸北水电公司延揽为总工程师。刘晋钰十分珍惜这个实现人生抱负的机会，勉力兼顾并举，工作上夙兴夜寐、兢兢业业，教学上倾囊相授、诲人不倦，终以超卓的专业造诣、斐然的工作业绩和桃李满天下的教学硕果，成就了中国第一代电力专家的美誉。

1932 年 1 月 28 日，日军进犯上海。由于日本侵略者的狂轰滥炸，上海电厂设施严重损毁，电力供应屡屡中断。为尽快恢复供电，刘晋钰不顾个人安危，挺身而出，连续几天几夜在一线组织指挥工人抢修。他还在敌机盘旋俯冲的危急关头，奋不顾身攀上电线杆亲自架线通电，为支持淞沪军民抗击日寇侵略作出了贡献。

1937 年 7 月，全民族抗战爆发，云南成为大后方，电力供应骤然紧张，刘晋钰被国民政府资源委员会调任昆明电厂工程处主任。筚路蓝缕，栉风沐雨，在极其困难的条件下，1939 年 2 月初，刘晋钰主持建设的昆湖电厂和发电量达 4000 千瓦的汽力电厂提前完工。1940 年，刘晋钰以非凡的专业造诣，化奇思妙想为科学可行方案，选址昆明市宜良、嵩明两县交界处的喷水洞，主持建成 2000 千瓦的火力发电厂，开创了中国在山洞内建设火电厂的先河，确保即使日本军机密集轰炸也能持续发电，使抗战战略重镇昆明供电得到了有力保障。

国民政府资源委员会对刘晋钰在云南的突出功绩十分满意，为以后更堪大用，就近派调其出任中国运输经济部驻越南总代

表，并特别交代他以休养身体为主。1943 年，国民政府资源委员会又委任刘晋钰为代表，赴英国、美国、加拿大等西方发达国家考察电力工业，追踪电力工程最新研发进展。

1945 年 8 月，抗战胜利，台湾光复。国民政府资源委员会再次委任刘晋钰为专门委员，赴台湾接收电力行业。11 月 15 日，刘晋钰抵达台湾，参加筹建台湾省电力公司。1946 年，台湾省电力公司正式成立，刘晋钰出任公司首任总经理。1950 年 2 月 12 日，刘晋钰在动员台湾省参议员支持岛内电力事业发展的演讲中表示："希望参议员诸公了解这个（电力）危机，主持正义，领导社会，同情我们的呼吁，维护动力的基础，使可爱的台湾保持着充分的光明和力量！"他的踌躇满志由此可见一斑。

舍生取义慷慨赴死

一个成功男人的背后都有一个伟大的女性，这对刘晋钰的妻子黄淑煊而言，绝对是当之无愧的。他们结婚后相敬如宾，彼此恩爱。在他们的言传身教和辛苦养育下，九个孩子继承了父亲的德才兼备和母亲的贤淑温婉，不仅品学兼优，而且其中的四子一女更继承了父亲爱国忧民的情怀，在中华人民共和国成立前就秘密加入了中国共产党。

1945 年 11 月刘晋钰赴台后，黄淑煊夫唱妇随，全家除次女刘逸同外，陆续迁到台北。殊不知，四个儿子都是受中共党组织指派，潜入台湾开展地下工作的。根据党组织指示，1949 年初国民党败局已定之时，长子刘登峰向父亲坦承了自己的共产党员身份，动员父亲心向即将诞生的新中国，把毕生所学奉献给党和人民。留学归来为国效力 20 多年，刘晋钰虽然个人事业有成，但耳闻目睹了国民党的黑暗腐败，尤其是抗战胜利后国民党"五子登科"式的"劫收"，以及在岛内激起的二二八起义，他对国民党逐渐心生不满，直至极度失望。刘登峰向他转达了中共党组织的期望：在台湾省电力公司工人中组织可靠力量，等待人民解放军解放台湾时，动员他们护厂护人，确保供电设施不会遭到破坏，技术专家不会遭到暗杀，以利于台湾恢复发展经济、改善人民生活。这体现了中国共产党为国为民的一片赤诚，与刘晋钰自己的救世济民理想高度契合。"知子莫若父"，刘晋钰相信，正直上进的长子选择的一定是一条光明进步之路。面对中共党组织的重托，刘晋钰又如当年一般郑重地点头应诺。

然而，1950 年 3 月，中共台湾省工委书记蔡孝乾被捕叛变，中共台湾地下党组织遭到彻底破坏，刘晋钰因叛徒出卖被捕入狱。

刘晋钰被捕后，国民党保密局为扩大"战果"，祭出分化、瓦解的伎俩，称只要交代其他"共党分子"的线索或愿意"自首"，即可免死。面对利诱，刘晋钰不为所动，国民党特务于是对他施以酷刑。曾被蒋介石关进监狱的国民党军事委员会少将参议龚德柏在《保密局的酷刑》一文中回忆："与我同号而被打最惨的一人，则为台湾电力公司总经理刘晋钰，刘被打七小时，

三十九年（1950年）五月二日晚九时上老虎凳，至次日上午四时，始抬至我住的四号。看守将门开启，刘即倒入室内、动弹不得。他占了我的地位，我只得坐以待旦，由次早起，刘大小便均是我同一囚室共党施姓，抬之出入。"

刘晋钰坚不吐实，拒写"自首书"。绝望的国民党特务以"纵容左倾子女前往大陆"的罪名，草草判处死刑结案。1950年7月17日，刘晋钰从容写好遗书，淡然地任由国民党宪兵五花大绑并强行灌下"断头酒"，押往台北马场町刑场，慷慨就义，终年52岁。刘晋钰留下的那张传世的"断头酒"照片，仿佛在其后70余年岁月的长河里，流淌着"狂飙为我从天落"的挽歌，印证了台湾白色恐怖时期的血雨腥风，更展现了他舍生取义的浩然正气和献身精神。

2011年5月11日，刘晋钰家属收到了《革命烈士证明书》："刘晋钰同志1950年因执行革命任务壮烈牺牲，经批准为革命烈士。特发此证，以资褒扬。"

斯人虽逝，浩气永存！

传奇的满门书香英豪

刘晋钰血洒刑场后，遗体由堂弟刘晋柯背回家，黄淑煊悲痛欲绝，强撑着携两子三女妥为安葬。随后，一家人被勒令搬出台湾省电力公司宿舍，寄居在黄淑煊的弟弟家里艰难度日。1972

年，黄淑煊病逝于台北。

刘晋钰的长子刘登峰，1924 年生于上海。抗战期间投身革命，毕业于云南大学。1946 年奉命入台，经过考试插班进入台湾大学物理系二年级，化名"王健"，开展地下工作。1949 年下半年，因单线联系的联络人暴露，刘登峰受命撤回祖国大陆。

刘晋钰的次子刘登元，1926 年生于上海。1946 年考入武汉华中大学物理系。1947 年奉命入台，考入台湾大学物理系，化名"黄坚"，执行地下工作任务，其间由大哥、三弟为介绍人，正式加入中国共产党。经中共台湾地下党组织安排，1948 年 4 月，刘登元偕同三弟撤离台湾。

刘晋钰的三子刘登明，1928 年生于上海。1946 年奉命随母亲赴台与父亲团聚，考入台湾大学，化名"黄若海"，在校园开展地下斗争，其间加入中国共产党。1948 年在台湾领受新使命，而前来交接工作的正是准备前往宜兰以中学教师身份开展地下工作的大哥刘登峰，兄弟二人方知彼此都是来台从事地下工作的中共党员。

刘晋钰的四子刘登胜，1932 年生于上海。1946 年随母亲赴台，秘密加入中国共产党。父亲牺牲后，考入台湾大学数学系，获得博士学位，进入台湾"中央研究院"数学研究所工作，在胡适院长的极力说项下赴美深造，成为美国麻省理工学院终身教授。1974 年，刘登胜以美籍著名数学家身份来北京讲学，受到有关方面高规格接待。此时，三位兄长才知道，四弟早就是党组织的人了。

刘晋钰的次女刘逸同，1927 年生于上海。抗战期间参加革命，1947 年加入中国共产党。1949 年在云南建水参加游击队，参与解放云南。她由于身份早已暴露，未被党组织安排赴台工作。

刘晋钰的三个曾在台湾从事地下工作的儿子撤回祖国大陆后，不仅一直保守着党的秘密，从未向外人包括后代说起过自己曾在台湾血雨腥风中出生入死的经历，而且一直沿用在台湾的化名，儿孙也从未姓"刘"。其中，长子刘登峰（"王健"）、三子刘登明（"黄若海"）的儿女皆随母姓，次子刘登元（"黄坚"）的儿女姓"黄"。究其原因，刘登元说："当时是为了保护还在台湾的同志，也为了重新受命再赴台为党工作。所以我一直姓黄，这是当时党组织给的姓，党没有叫我复姓，我就没有复。"当被问及一辈子不能姓"刘"，会否感到难过或遗憾时，他脱口而出："这算什么！"

对于始终牢记永不叛党的入党誓言，时刻准备为党的事业奉献一切直至生命的中国共产党人来说，还有什么生离死别不能承受、身外之物不能舍弃呢？或许这就是我们从刘晋钰的传奇人生中，最应该体悟到的一种思想依循、信仰支撑、精神源泉！

林英杰

　　林英杰（1913—1950），原名邦富，又名贻庠，笔名乡下人，出生于泰国曼谷，祖籍广东揭西。1928 年至 1930 年就读厦门集美水产学校，其间加入中国共产党。1946 年 2 月赴台湾从事地下工作，后任中共台湾省工委委员。1950 年 3 月被捕，7 月 22 日被杀害。

追求进步参加革命

林英杰 1913 年出生于泰国曼谷一个华侨家庭。父亲林柏年是位牙科医生，育有五子，林英杰排行第三。林英杰幼年在爱国华侨创办的曼谷培英小学就读，从小接受中华文化教育，关心祖国兴亡。小学毕业后，林英杰于 1927 年返回祖国，就读家乡广东揭阳榕江中学。1928 年春，林英杰转读厦门集美水产学校。此时，中共地下党组织在集美水产学校活动活跃。林英杰与黄思波、罗恩荣、黄定志等具有进步思想的同学交往密切，阅读了大量进步书刊，思想觉悟很快提高，不久就加入中国共产主义青年团，随后又转为中国共产党党员。

1930 年，厦门集美水产学校以"传播共产党书刊，赤化学生"为由开除了林英杰。在获知国民党特务准备秘密抓捕他时，林英杰秘密前往广东汕头，与林美南、丘及、林密等进步青年成立了社会科学研究会，积极开展革命活动。1934 年的一天傍晚，林英杰机智地躲过国民党特务抓捕，秘密潜到广东普宁县，继续开展革命斗争。

战斗在抗日前线

1936 年，经中共党组织安排，林英杰到普宁县梅峰中学任

教。他讲课生动活泼，深受学生欢迎。为开展革命工作，林英杰经常带领学校篮球队到全县各地参加比赛，与青年教师和学生联络感情，宣传共产党的抗日救亡政策主张。同年，林英杰与梅峰中学女教师陈绿漪结为夫妻。

1937年，在党组织的安排下，林英杰转任普宁县桥柱育青小学校长。全民族抗战爆发后，根据中共普宁县工委指示，10月，林英杰参与创立普宁县青年抗日救亡同志会。1939年1月，普宁县青年抗敌同志会正式成立，林英杰、方泽豪（方劈）等担任干事，他们积极动员全县人民群众参军参战，募捐支前，推动了普宁县抗日救亡运动的发展。

1940年春，经党组织安排，林英杰夫妇回到家乡揭阳南侨中学任教。南侨中学的前身，是中共潮汕中心县委以延安陕北公学为榜样，于1938年在揭阳创办的西山公学，主要招收潮汕及南洋青年学习文化和军事，为抗战培养人才，被誉为革命熔炉。刚来南侨中学不久，林英杰就把给父亲办丧事节约下来的钱款全部捐给了学校。在南侨中学任教期间，林英杰发挥红色学校优势，勤奋工作，大力宣传中国共产党的抗战政策主张，培育了大批抗日救亡骨干。

1940年8月，南侨中学被揭阳县国民党顽固派强行解散。按照党组织安排，林英杰离开妻儿，与南侨中学校长黄声和教师洪藏一起转经香港、上海，准备奔赴延安学习。由于日伪军封锁交通，党组织决定林英杰等改往新四军苏北抗日根据地。10月，林英杰等到达新四军军部所在地盐城，进入华中抗日军政大学五分校学习。

1941 年春夏，林英杰随华中抗日军政大学五分校学员参加了反击日寇对苏北抗日根据地"大扫荡"的战斗，经受了血与火的洗礼。9 月，林英杰被党组织分配到盐城县政府，担任教育科科长。1943 年春，林英杰担任盐城县政府秘书。1945 年 8 月，林英杰担任中共盐城市六区区委副书记。10 月，他被任命为中共盐城市委书记。在将近六年的艰苦岁月里，林英杰密切联系群众，经受了武装斗争的严酷考验，他组织动员群众奋勇开展抗日斗争，受到上级党组织充分肯定。这期间，林英杰一直未能与家人取得联系。

赴台开展地下斗争

1945 年 8 月 15 日，日本宣布无条件投降。中共中央根据全国战略形势需要，指示中共中央华中局在台湾建立党的组织，在台湾开展党的工作。9 月 19 日，中共中央作出指示，决定华中局北移山东，与山东分局在临沂南山合并组成中共中央华东局，并另设华中分局。于是，在台湾组建中共党组织的工作就由在苏北根据地新成立的华中分局负责。

1946 年 2 月，华中分局决定成立中共台湾省工委，经过认真甄选，决定派遣林英杰等人赴台开展工作。4 月初，根据中共中央华中分局和中共中央上海局指示，林英杰与中共党员张志

忠、洪幼樵、许敏兰等作为台湾省工委第一批赴台人员抵达台湾。林英杰赴台不久，在党组织安排下，陈绿漪就从汕头携刚满六岁的儿子林国琪来到台湾，协助他开展工作。到台湾后，林英杰化名林思源，公开身份是台中员林中学中文教员，实际负责中共台中中心县委和台中市地下党组织工作，陈绿漪则被安排在附近一所小学任教。按照中共台湾省工委指示，依据党在国民党统治区宣传群众、动员群众、组织群众、武装群众的工作方针，林英杰与地下党员们一起，迅速开展群众工作。

按照中共台湾省工委的工作安排，台湾省工委委员张志忠负责联系原台湾共产党人士，指导原台共领导人谢雪红等开展对中上层人士的统战工作。由于原台共人士在社会上很"红"，目标很大，他们处于国民党特务的严密监视之中。此时，谢雪红基本在台中活动，张志忠每星期都与谢雪红会面沟通研商工作，必要时通过台中地下党组织联系。1947年2月初，张志忠指定林英杰负责与谢雪红的工作联系。

1947年2月27日，台北烟草专卖局缉私警察殴打一名在街头卖烟的老妇人，引发全台湾反对国民党专制统治的二二八起义。人在台中的林英杰，积极协助张志忠开展工作，组织动员台中地区地下党员和基层群众投身起义斗争。

二二八起义遭到国民党残酷镇压。1947年3月，中共中央上海局负责联系中共台湾省工委工作的张执一和联络员林昆来到台湾，向台湾省工委传达了中共中央和上海局"不能存在及暴露的干部应尽量撤走"的指示。由于谢雪红、王万得、苏新等原台湾共产党员被国民党列入"二二八要犯"名单，根据台湾省工委的安排和张志忠的指示，林英杰和台中地区地下党组织协助谢雪红等人秘密撤回厦门。林英杰自己仍以教书职业为掩护，继续留在台湾坚持斗争。

一天，陈绿漪听到汽车马达声，赶紧告诉了林英杰。台中员林中学平时从来没有汽车出入，这突如其来的汽车声，使林英杰立即意识到这是国民党特务前来搜捕他的信号。在十分危急的情况下，林英杰沉着应付，立即烧掉文件，从学校菜园的后门成功逃出。

1947 年 8 月，林英杰夫妇随同中共台湾省工委委员洪幼樵，与地下党员许莹一起到台南开展工作。台南新风区农业职业学校是台湾省工委的一个重要工作据点，校长陈福星是台湾省籍中共党员。根据工作安排，由陈福星委任洪幼樵为学校教导主任，林英杰为中文老师，许莹、陈绿漪在附近一所小学任教。林英杰在党内的身份是中共台南工委书记，负责领导台南地区地下党组织工作。这期间，林英杰夫妇和儿子一起生活，他们在台南的新居随之成为地下党组织在台湾南部地区的秘密据点，陈绿漪负责接待、联络和安全保卫工作。在学校，林英杰通过语文课教学向学生灌输革命思想，深受学生喜欢。同时，林英杰还在校外宣传动员群众，发展党员，建立组织。

1947 年 11 月 11 日，中共台湾地下党组织一个秘密据点遭到国民党特务破坏，导致农业职业学校一位年轻党员教师突然被捕，而林英杰是这位教师的直接联系人，组织上决定林英杰立即

转移。按照党组织要求，林英杰星夜步行 30 多里，赶到台南县城陈福星校长家中躲藏。但第二天早晨，国民党特务还是追到陈福星家中搜捕。见此状况，林英杰立即穿过后院篱笆溜出。他走上马路搭上公共汽车后，发现车上有特务监视，便趁汽车靠站重新开动的时刻，突然跳下汽车，迅速钻进胡同，摆脱了特务的跟踪。

由于林英杰身份暴露，经地下党组织安排，陈绿漪带着儿子林国琪紧急转移到台北，通过基隆中学地下党员陈少麟协助买到船票，从基隆乘船返回了广东汕头。不久，陈绿漪母子转赴大北山游击区。1947 年冬，由于形势急迫，林英杰也从台湾撤到香港。

二度深入敌穴

1948 年初，根据中共中央上海局负责台湾工作的香港工作组和中共中央香港分局书记方方指示，林英杰由香港再次潜往台湾，担任中共台湾省工委委员兼宣传部长。按照台湾省工委工作分工安排，林英杰带领地下党员徐懋德（化名李杰，负责台北学运）、陈仲豪（基隆中学教师，基隆中学党支部委员）组成宣传小组，负责台湾省工委机关报《光明报》编辑、印制与发行工作。林英杰担任《光明报》主编主笔，徐懋德负责收听、编辑延安新华社电讯和祖国大陆反对美蒋斗争消息文章，陈仲豪负责组织基隆中学党支部成员刻写蜡版印刷，由张奕明分送台北地下党组织联络点发放。同时，林英杰还担负对敌策反、建立武装等工作任务，积极为配合解放台湾做各方面准备工作。

曾任基隆中学地下党支部书记的陈仲豪在回忆初次见到林英杰的文章中写道：1948 年春节刚过，时值寒假，学校很安静。中共台中地区工委书记张伯哲陪着林英杰和洪幼樵，来到学校教师家属宿舍方弢、张奕明夫妇家里，他们都是潮汕青年抗日救国会的战友。……方弢、张奕明把我叫来，从这一天起，我认识了林英杰。他是一个典型的带有泰国血统的潮汕人，他那稍有点凹陷的眼眶里，装着一双闪亮的眼球，配上瘦削而健壮的身材，显得格外英俊潇洒。林英杰讲的普通话、闽南话和潮汕话都不纯正，但语音清晰易懂。这天交谈以后，除了基隆中学校长、学校地下党支部书记钟浩东，他（林英杰）就是我从事地下工作的直接领导。以后，台湾省工委成立了《光明报》领导小组，林英杰、徐懋德与我负责，在学校里，我们见面交谈的机会就很多了。

1949 年春，人民解放战争取得决定性胜利，中共中央作出解放台湾的决策和部署。3 月 15 日，新华社发表《中国人民一定要解放台湾》时评文章，响亮提出"解放台湾"口号。根据中共中央决策部署和中共中央上海局指示，台湾地下党工作进入以武装起义配合人民解放军攻台战役的阶段，为迎接台湾解放做准备。7 月 1 日，《光明报》发表林英杰撰写的《纪念中国共产党诞辰 28 周年》社论，分析了人民解放战争的大好形势，向台湾人民公告了人民解放军渡过长江、解放南京后挥师南下的胜利消

息，指出了全国解放指日可待的发展趋势，号召台湾人民积极行动起来，做好一切准备，迎接全国解放。这一期报纸印发数量大，同时还印了不少传单，散发到台湾各地，产生了广泛影响。中共台湾省工委的这次宣传攻势震撼全岛，引起国民党统治集团高层恐慌，蒋介石严令限期破案。

1949 年 8 月，基隆中学"《光明报》案"爆发。8 月 23 日，国民党保密局抓获"曾屡次邮寄《光明报》与他人"的台湾大学法学院毕业生王明德、戴传礼等人，侦悉《光明报》在基隆中学印刷。8 月底，钟浩东和妻子蒋碧玉等先后被捕。危急关头，林英杰迅速采取紧急应对措施，安排地下党员们疏散隐蔽，并委托基隆中学教务主任方骏到台北找王致远，转请李友邦出面设法营救钟浩东等人。

陈仲豪后来回忆：1949 年 8 月 27 日深夜，国民党特务头子谷正文带领宪兵警察来到基隆中学抓人。我在学校单身宿舍睡着，对外面发生的事情毫无所知。（8 月 28 日）天刚蒙蒙亮，张奕明来敲门，悄悄对我说：昨夜特务来抓人，把校长奶（夫人）和戴芷芳抓走了。这天我照常上课，保持镇静。同时派人到台北找林英杰，告知他突发情况。很快，林英杰约定时间地点，要我和地下党支部另一支委陈少麟到台北女子二中老师方乔然家里会面。在台北，大家坐下来冷静分析局势，商讨对策，最后林英杰归纳几点意见：第一，敌人现在要抓捕的主要对象是钟浩东，以及与钟浩东有密切关系的台湾省籍的人，基隆中学地下党整体并未暴露；第二，形势紧迫，陈仲豪和有关人员应尽快离校隐蔽，留下的党员提高警惕，准备好撤走方案，要随时随地独自应付突发事变；第三，钟浩东可能在校外出事了，派陈少麟找王致远，看能不能转请丘念台救助。岛上很需要人，陈仲豪暂时作隐蔽打算，非不得已不撤回大陆。陈仲豪到台中找张伯哲，他会帮助暂时隐蔽起来，以后形势发展怎样，再通知陈仲豪。

后来，有两件事情得到证实：一是钟浩东早在开学前两天就已经在基隆八堵车站返回学校的路上被捕了；二是丘念台确实曾以自己的特殊身份和地位，联合一些台湾省籍士绅上书蒋介石，建议对被捕的台湾省籍人士和青年学生网开一面，采取宽容政策。事实证明，林英杰对局势的分析判断和采取的应对措施是正确的。

《光明报》被国民党破坏后，林英杰和徐懋德曾把报纸转移到另一个秘密地点继续编印，但由于形势紧迫，不久便停刊了。很快，基隆和台北火车站等公共场所贴出了张奕明、钟国员等地下党员被杀害的告示。林英杰判断基隆中学地下党组织已被破坏，为躲避国民党的搜捕和屠杀，他立即安排身处险境的陈仲豪、王致远、徐森源、陈少麟、方乔然等地下党员撤回到祖国大陆。但林英杰却不顾个人安危，毅然坚持留在岛内继续进行斗争。

1950年3月，中共台湾省工委书记蔡孝乾再次被捕，继而叛变，出卖了组织和同志。4月，林英杰等一大批中共地下党员和革命志士先后被捕入狱。林英杰被关押在国民党保密局台北延平南路看守所。与林英杰关押在同一间牢房的一位吴姓地下党员

幸存了下来，几十年后他来到祖国大陆，通过老战友帮忙，与林英杰在辽宁沈阳工作的儿子林国琪通了电话，述说了林英杰在国民党监狱遭受的残酷迫害。由此，这位中国共产党优秀党员、台湾地下斗争英雄铁骨铮铮、宁死不屈的事迹，得以展现在世人面前。

吴先生说：阴暗潮湿的牢房里，到处弥漫着死亡的气息。我无力地靠在墙边，国民党特务正发疯般四处搜捕地下党员，想着将会有更多的战友像自己一样身陷囹圄，我悲痛不已却又无可奈何。几个小时过去了，远远传来一阵锁链声，几个国民党特务拖着一个人走了进来，不过在我看来，与其说那是一个人，还不如说更像一具尸体，那人似乎只剩一口气硬撑着，已经奄奄一息了。那几个特务粗鲁地将他扔在地上后扬长而去。我朝那人稍稍靠近了些，仔细打量起他来。那人浑身肿胀得非常厉害，容貌尚且还能看清，只是我自己并不认得。他全身几乎无一处是好的，手和脚的指甲全都被拔了下来，血肉模糊，触目惊心，想必已是不止一次遭受到如此酷刑。看到这些伤痕，我觉得疼痛无比，伤者该是如何坚韧才忍受得下来呀！我的崇敬之情油然而生，便密切关注着他的伤势，尽自己的能力去帮助他舒服一点。过了一段时间，那人渐渐好转起来，已经能说话了。我知道他同是地下党员，便与他攀谈起来。当我问那人知不知道某某人（我之前的上级）时，他说：我知道这个人，但我很少见到他。我听完立即意识到，眼前这个受到酷刑的人就是我上级的上级，也无怪乎他会遭到如此残酷的迫害了。

在吴先生眼里，这位在遭受了常人难以忍受的酷刑之后仍能不变节、坚贞不屈的人，是一个伟大的人，他从心底敬佩这位地下党员。后来，他终于得知这个人就是林英杰，只是还未待与林英杰进一步交往，林英杰就再次被带走了，再也没有回来。

1950 年 7 月 22 日，林英杰被国民党以"意图以非法之方法变更国宪，颠覆政府"的"罪名"杀害，时年 37 岁。

国民党"台湾省保安司令部"军法处对林英杰等人的判决书写明："林英杰系匪党台湾省级干部，于三十五年（1946 年）来台以教员为掩护，在台中、台南负责领导吸收匪徒发展工作，嗣被查悉潜逃香港。至三十七年（1948 年）复被调来台北办理匪省工委工作，诱引许振庠与匪党恢复关系，编印宣传刊物，旋被查获停刊，至本年四月四日捕获。""查被告林英杰系匪党省级干部，在台策动叛乱，罪大恶极，处死刑，褫夺公权终身。"

林英杰壮烈成仁，虽死犹生。然而令人十分痛心的是，由于林英杰是被国民党秘密杀害的，至今忠骨无从寻觅。

1957 年、1983 年，林英杰家属收到有关部门颁发的《革命牺牲工作人员家属光荣纪念证》和《革命烈士证明书》。陈绿漪虎口余生回到祖国大陆，新中国成立后担任汕头市第二中学副校长。儿子林国琪学业有成，曾任沈阳矿冶研究所（今沈阳有色金属研究院）党委书记、总工程师，辽宁省和沈阳市先后授予他先进烈属和模范烈属称号。

陈维鎏

陈维鎏（1922—1950），福建莆田人。1947年加入中共福建省委城市工作部。1950年5月潜台执行任务时被捕，8月被国民党杀害。

投身革命

陈维銮 1922 年出生于福建莆田城厢镇长寿村一个官僚地主家庭。父亲为莆田专区公路局局长，家里不但拥有百亩良田，还开设了多家茶叶行和一家贸易公司。陈维銮从小过着锦衣玉食的生活，但他极富正义感和同情心。1929 年，七岁的陈维銮进入莆田县西湖小学读书，很快与同学们打成一片。当他看到家境贫困的同学中午吃不上饭，就主动把自己的午餐分给他们。

陈维銮上小学时，有一天放学回家途中，看到自己的同学被不明身份的壮汉劫持，心中极度恐慌。这件事在陈维銮尚未成熟的心灵里留下了深刻阴影，使他强烈感受到社会的黑暗，立志要对社会进行改造。

1934 年，陈维銮进入莆田中学（今莆田市第一中学）初中部读书。由于陈维銮目睹过劫持事件，心里留下了阴影，害怕意外事件发生，他不敢单独去学校，经常缺课，致使初中一年级就曾留级。后在家人的开导和护送下，陈维銮逐渐克服了害怕心理，坚持按时上学，勤奋学习，成绩很快得到提高。陈维銮在莆田中学高中部就读后，遵守课堂纪律，认真听讲、积极发言，被同学们推举为学习组长。他不但学习成绩好，体育成绩也出类拔萃，被推举担任学校运动队队长，代表学校参加全县运动会，曾

获 100 米、200 米和跳高等项目冠军。

由于日本帝国主义加紧侵略中国，全国掀起抗日救亡运动高潮。在读高中的陈维鍒积极参加学生运动和社会活动，加入了莆田中学学生抗日自治会，积极参加和组织游行，进行抗日募捐，投入抗日宣传活动。高中毕业后，为自食其力，陈维鍒应聘到莆田城庙镇中心学校任教。

1945 年 3 月，陈维鍒考入福建海疆专科学校体育系，9 月转入福建协和大学法律系（1951 年与福建学院、华南女子文理学院合并成立福州大学，1972 年更名为福建师范大学）就读。学习期间，陈维鍒广泛阅读《共产党宣言》《国家与革命》《中国社会各阶级的分析》《论持久战》等革命著作，逐渐认同和接受了中国共产党的政策主张和共产主义思想。1947 年 5 月，中共地下党员刘宗福通过与陈维鍒的接触交往，感到他正直机敏，有革命热情，介绍他参加了中共福建省委城市工作部的工作。从此，陈维鍒开始从事地下斗争，参与筹集军粮、传递秘密文件和印送地下刊物等工作。陈维鍒很注意与周围群众搞好关系，认房东大娘为干妈，以掩护党的秘密工作顺利开展。1949 年 5 月，陈维鍒大学毕业，获得体育和法律双学士学位。8 月，为配合解放福州，陈维鍒在中共福建省委城工部领导下，参加了护校护厂护桥及为解放军引路等工作。8 月 17 日，陈维鍒和战友们满怀胜利的喜悦，迎接了福州解放。

决心赴台

福州解放后，根据党组织安排，陈维鎤到福建省总工会筹备处工作。这个时候，陈维鎤工作顺利，又刚刚结婚，可谓事业爱情双丰收。福建解放了，但对面的台湾岛被国民党反动派盘踞，解放台湾的军事斗争准备正如火如荼地进行。福建是解放台湾的前沿阵地。有关部门决定派遣一批具有地下斗争经验、年富力强的干部潜入台湾，为配合人民解放军解放台湾做准备。得知党组织需要派遣得力的年轻干部赴台开展地下斗争，陈维鎤毅然主动报名。组织上通盘考虑陈维鎤的工作经历、现实表现及社会关系后，批准了他的申请。对此，陈维鎤的家人尤其是新婚不久的妻子黄秀芳有些不太理解，认为"他在福州是做革命工作，去台湾也是做革命工作，为什么一定要去台湾呢"？陈维鎤耐心细致地做妻子的思想工作，表达了自己要为党和人民建功立业的理想抱负，获得了黄秀芳的理解和支持。

1949 年 10 月，在全国人民热烈庆祝新中国成立之际，陈维鎤来到福建省公安厅警察干部学校，接受了为期一个月的赴台技能培训。11 月，他又参加了福州市委举办的青年干部训练班，接受入台前的思想政治教育和训练。端正思想动机是训练班思想教育的第一课。训练班有人提出地主家庭出身的陈维鎤参加革命的动机问题，他在笔记中这样写道："我到大学后，家里都不肯寄钱来，生活很苦，我恨家庭、恨社会，使我有要求革命的一面，我参加革命的动机，决不是以地位、享乐出发的。"他还这样深刻剖析自己："我家是地主身份，每年可收田租80担左右，每季是20余担，就我家庭经济收入，一半是靠田租维持，一半是靠生意收入……我生长在有钱有势的封建家庭里，有婢女服侍，养成我懒惰、不喜欢劳动、好玩不喜欢念书的公子少爷脾气，小的时候父亲做公路局局长，所以培养我往上爬，求地位、名誉的观念……进入中学后，因为性情好动，体育运动好，常常获奖，所以喜欢出风头……喜欢当组长、队长，但实质上这些都是以恋爱观点出发的，是个人英雄主义风头的形式表现……""大学时期是我思想转变的时期，我由怕共产党到爱共产党，从政治上愚昧进而有求知的要求。进入大学后我的思想受到新思潮的启发，使我有了向上求进步的心理。另一方面我又看到了国民党腐败无能，每天从报纸上看到国民党官僚吃喝嫖赌的丑闻，时局形势触动我求知的欲望，正义感的要求使我不能再沉默下去，我参加城工部的工作，因为我认为参加革命比不革命好，我认为国民党腐败无能是没有前途的，只有革命才有前途，所以我将个人幸福寄托在革命，不寄托在家庭。"

在深刻自我剖析思想意识的基础上，陈维錝明确了自己下一步的整改方向：一是要树立正确的劳动观点，以劳动来改造自身仍然存在的享乐主义思想。二是要向党组织靠拢，不要离开工作岗位，只有在革命队伍里才能改造自己。三是要树立为人民服务的思想。四是要学习政治理论，提高政治觉悟，坚持正确观点立场。五是必须向无产阶级群众学习，学习他们坚定明确的立场，要把个人打算都去掉。六是在工作中要随时检讨自己，虚心接受别人的批评，发现错误就立即纠正。通过学习培训，陈维鎏的政治觉悟和思想意识发生了质的飞跃，为赴台执行任务提供了强大的思想动力。自此，他更加坚定了对党的忠诚，坚定了对革命事业必胜的信念，完成了从一个普通革命者向坚定的共产主义战士的转变，决心全力投入光荣而艰险的对台地下斗争。

学习培训期间，在有关部门的指导下，陈维鎏精心制定了赴台潜伏计划，确定了入岛后的掩护身份，规划了入岛线路。此时从福建入台主要有三条交通线：一是从福州长乐县梅花码头乘民船到白犬岛，再由白犬岛换乘汽船到台湾；二是从福州到龙岐经南竿塘到台湾；三是绕道香港搭乘客轮到台湾基隆。这个时候的福州商人赴台经商，大多取道第一条线路，且守防白犬岛的国民党部队副司令林仓浦是长乐后铺人，长乐民船去白犬岛大都与他有关系，能够打着他的名号自由往来，而且岛上的警察大多也是长乐人，用福州方言交流十分方便。这样，陈维鎏便确定其赴台线路，从长乐乘民船经白犬岛入台。同时，有关部门还规定了陈维鎏赴台后的秘密通联通信和口信传递方式，明确了他的工作任务和可利用的社会关系。陈维鎏的主要任务是"调查各方面的情报及策反工作"，他的社会关系主要是在"监察院"、警察局和台湾省政府的亲戚。为保证赴台潜伏安全，有关部门还规定了严格的秘密工作纪律，明确要求陈维鎏"镇定沉着，不能粗枝大叶"，确保赴台潜伏万无一失。

英勇牺牲

1950 年 5 月，陈维銶告别已有身孕的妻子，坚定勇敢地踏上为国家完全统一、人民彻底解放而奋斗的道路，悄悄动身潜往台湾。

解放初期的福州，对敌斗争形势十分复杂严峻，国民党军队撤退台湾前暗地留下了一批特务。陈维銶启程不久，由于国民党潜伏特务告密，他刚到白犬岛即遭逮捕。面对严刑逼供，陈维銶坚守革命气节，宁死不屈。特务对他劝降："难道你不怕死吗？革命和造反是泥腿子干的事，你一个地主家的少爷、名校的高才生跟着闹什么？你在台湾的亲戚保你，你如果悔过自首，还可以重新过上好生活。"面对威逼利诱，陈维銶嗤之以鼻，不为所动，表现出一个革命者的坚定信仰、浩然正气和高尚节操，表现出一个革命者的政治坚定性和纯洁性，在为党和人民事业需要献身的生死关头，绝不背叛党和人民。

1950 年 8 月，恼羞成怒的国民党特务将陈维銶残忍地杀害。临刑前，陈维銶奋力反抗，狠狠咬下一名国民党宪兵的耳朵。面对刽子手的枪口，陈维銶昂首挺胸，高呼"祖国万岁""人民万岁""中国共产党万岁"！陈维銶年轻的生命，永远定格在 28 岁！

由于两岸长期隔绝，陈维銶英勇就义的消息一直没有传回祖国大陆。1983 年，陈维銶被追认为革命烈士。

陈维錶为参加革命，脱离了地主家庭；为潜伏台湾，告别了新婚妻子；为保守秘密，献出了宝贵生命。他用自己的青春和热血，诠释了对党、对祖国、对人民的大爱！

计梅真

　　计梅真（1915—1950），原名计淑人，江苏松江（今上海松江）人。
1938 年 7 月加入中国共产党。1946 年 5 月赴台湾开展工人运动。1950
年 6 月被捕，10 月 11 日在台北马场町英勇就义。

台湾工人运动领袖

计梅真 1915 年出生于江苏省松江县（今上海松江）。20 世纪二三十年代，中国内忧外患，灾难深重，无数仁人志士奋起救亡图存。上海进步思想的广泛传播和革命活动的深入开展，深深影响了年少的计梅真，推动她走上革命道路。从上海市务本女子中学（今上海市第二中学）毕业后，计梅真先后当过上海私立爱华小学教员、新本女子中学事务员、敬业孤儿院生活导师、继儒义务小学教员。

1937 年全民族抗战爆发前夕，计梅真进入沪西一家日资纱厂当女工。八一三淞沪抗战时，日寇大举入侵上海，上海大批工人失业。计梅真加入上海纱厂工人救亡协会，投入难民收容救护工作。在难民收容所，计梅真同难民们一起生活，经受了艰苦生活的磨炼。她主动与难民交朋友，宣传抗战思想，并积极开展淞沪抗战战地服务组织动员工作。

1938 年 7 月，计梅真光荣加入中国共产党。1941 年至 1944 年，计梅真先后担任中共沪西日资纱厂委员会副书记、中共沪西中国纱厂委员会书记、中共沪西纱厂委员会书记。她十分重视对纱厂女工的团结培训，积极组织她们参加工人夜校，还亲自担任夜校教员，教女工们识字，教唱抗日救亡歌曲，激发大家的抗日救亡热情。她想方设法帮助解决女工们的生活困难，赢得了大家

151

的支持和信任。在广泛了解和培养的基础上，计梅真介绍了钱勤（后改名钱静芝）等工人秘密加入中国共产党。

1946年5月，受中共中央上海局和全国邮务总工会指派，上海南翔邮局局长陆象贤赴台筹备成立台湾省邮务工会，当选为理事长，并兼任邮工补习学校校长。为更好地在台湾邮电职工中开展工人运动，陆象贤请求党组织派遣有工作能力和经验丰富的共产党员到台北协助其开展工作。9月，中共上海市委工人运动委员会派遣计梅真与钱静芝赴台，陆象贤以台湾省邮工补习学校校长名义聘请她们担任教员。党组织交给计梅真与钱静芝的任务是，在台湾省邮务工会的掩护下，以邮工补习学校为基地，秘密发展台湾青年邮政工人加入中国共产党，建立党的地下组织。

为完成党组织交给的任务，计梅真到台湾后努力学习闽南话，更将国语（普通话）补习班办得有声有色。她把国语教学同中华传统文化教育相结合，向台湾邮政工友宣传党的政策主张和社会主义、爱国主义思想。课堂上，她经常组织邮政工友讨论大家最为关心的青年、妇女等方面热点问题，循循善诱启发他们理解革命道理，潜移默化影响他们的思想转变。邮政工友们说，计梅真老师讲得实在，她总是站在被压迫的工人阶级一边，鼓励大家团结起来，做堂堂正正的中国人。同时，计梅真还通过组织同学会、出版刊物、开展学唱进步歌曲、爬山等活动，促进邮政工友相互交流，从中考察物色、培养锻炼青年工人骨干。

计梅真把培养重点放在那些生活在社会底层的台湾工友身上，主动找穷苦的台湾女工交朋友，和她们促膝交谈，向她们学说闽南话，借进步书籍给她们看，帮助她们解决生活困难。

许金玉出生于台北万华区一个贫困家庭，父亲靠拉黄包车为生，她们姐妹四人全部被父母送人当了养女，她内心十分苦闷。许金玉工作认真负责，安静内向，穿戴朴素，计梅真便主动靠近她，与还听不太懂国语的她亲切交流，并抄写《苏武牧羊》歌谱给她，不断鼓励她用国语表达自己对社会现实问题的看法。一次，许金玉在《我的志愿》作文中，勉强用国语表达了想办孤儿院的愿望。当计梅真关心地问她为什么有这种想法时，许金玉就把自己的身世以及姐妹们的悲惨遭遇全部倾诉出来。计梅真肯定了许金玉的想法，帮助她认识孤儿与社会问题的关系，强调如果有心，就要从根本上改造整个社会。她们之间的相互信任不断增加。在计梅真的帮助教育下，许金玉克服了内向和胆怯，积极参加邮政工人运动，当选为邮务工会代表，还在台北举行的邮政工人大会上发言，被请愿游行队伍推荐为三人代表之一。就这样，许金玉成为台湾邮务工会中第一个秘密加入中国共产党的台湾青年女工，后担任北斗邮局党支部负责人。

第二位被计梅真发展入党的是家境更为清苦的高秀玉，她和计梅真相识时只有 16 岁。在计梅真的关爱和教育下，两年后高秀玉就秘密加入了中国共产党，走上了反抗国民党专制统治、为台湾人民解放事业而奋斗的道路。

经过考察培养，计梅真还发展了雇农家庭出身的刘建修等一批台湾邮政职工加入中国共产党，在台湾邮工补习学校建立起中共地下党组织。

经过艰苦细致的工作，1946 年 9 月至 1950 年 3 月，计梅真和钱静芝在台湾省邮务工会秘密发展了 30 多名青年职工加入中国共产党，邮务工会党组织在工人运动中不断发展壮大。短短三年时间，在计梅真的领导下，成立了中共台湾省邮务工会总支部，先后创建了台湾省邮政管理局党支部、台北市邮政局党支部、台湾省电信管理局党支部、台湾省电信工会妇女党支部等四个基层组织，成为党组织领导台湾邮务工会工人运动的战斗堡垒。正是计梅真与钱静芝的艰辛努力，社会主义和共产主义思想的种子在台湾邮政工人运动的沃土中生根、发芽、壮大。

领导"归班"斗争

计梅真和钱静芝能够很快得到台湾邮务工会广大工友的拥护和信赖，就在于她们与工友们打成一片，全心全意为工友谋利益，真正做到了"遇有群众要求"，能够"利用干部在邮务工会内的势力，领导发动各种运动，帮助他们达到目的"。

过去在日本殖民统治下，台湾邮政行业一直存在着极不平等的现象，劳动强度大的邮差等岗位都由底层工友承担，且大部分邮差是女工。台湾光复后，原来由日本人控制的岗位，大多换成了随国民党败退台湾而来的祖国大陆员工，他们的工资待遇标准按照国民党交通部门统一规定的制度执行，而台湾省籍员工被定位为"留用员工"，工资标准按照台湾省邮政管理局对"留用员工"单独规定的制度执行，因而台湾省籍邮政员工的工资低于从祖国大陆来的员工，而且台湾省邮政管理局一直不肯将他们纳入正式编制。"留用员工"归编问题拖到 1949 年还没有解决。早在台湾省邮务工会筹备会议上，陆象贤就呼吁实行同工同酬，得到了台湾省籍邮政员工的积极拥护和支持。陆象贤调回祖国大陆后，"留用员工"问题仍然没有解决。

计梅真紧紧依靠台湾省邮务工会党组织，大力推动"留用员工"这个与广大台湾省籍工友切身利益息息相关的问题尽早获得解决，以维护工友们的合法权益。她对台湾省邮务工会的地下党员们说，第一步，我们要团结群众，想尽办法增加朋友，越多越好。第二步，要发展壮大邮务工会，使工会真正为工友们服务。为此，计梅真深入工友们中间，带头宣传动员，使越来越多的工友鼓起勇气，参与到争取合法权益的斗争队伍中来。很快以台北邮务工会为中心，争取留用员工纳入编制的"归班"运动就在全岛邮政系统形成燎原之势。

1949 年 3 月 25 日，台湾各地邮务工会推派代表齐聚台北，举行争取"归班"大会。针对 1948 年底邮务工会向台湾省邮政管理局要求解决"归班"问题诉求落空，大会决定举行游行请愿，争取合法权益。3 月 26 日，在计梅真、钱静芝的发动下，2000 多名邮政工人举行了游行请愿。这是台湾光复后第一次大规模的工人游行示威活动。蒙蒙细雨中，游行队伍群情激昂，锣鼓喧天，雨水打在工友们身上，但大家没有丝毫退却。许金玉等三名地下党员代表广大台湾邮政工友，向台湾省主席陈诚递交了

请愿书。在声势浩大的请愿活动压力下，陈诚被迫表示会很快解决"归班"问题。经过游行请愿等斗争，1949年5月，"留用员工"问题终于得到了解决。台湾省籍员工经过考试，及格者正式归入邮政人员序列，不及格者留用再考。这样，6000多名台湾省籍邮政员工，加上他们的家眷，近三万人得到了"归班"的实惠。中共党组织及计梅真等领导台湾邮政工人取得斗争胜利，树立了威信。

不计生死慷慨就义

随着人民解放战争不断胜利，1949年5月24日，国民党通过"惩治叛乱条例"，5月27日发布"戒严时期法令"，对台湾岛内革命力量进行大规模搜捕和严酷镇压。8月基隆中学《光明报》案"爆发后，国民党特务更加疯狂地搜捕破坏岛内中共地下党组织。

1950年2月5日，国民党保密局侦获"台湾邮电总支部案"，计梅真与钱静芝作为"案首"被捕，许金玉等台湾省邮务工会33名员工也以"涉共"之名被抓捕。计梅真先后被关押在台北延平南路国民党保密局南所、延平北路国民党保密局北所和青岛东路台湾省"保安司令部"军法处监狱，经受了从肉体到精神上的残酷摧残，经历了生与死的考验。计梅真曾分别与被捕入狱的中共党员朱枫、萧明华关押在同一个房间，她对死亡早有预感，把生死置之度外。

军法处牢房随时都有人被拉出去杀害。计梅真在牢房里的一件事，令她在邮工补习学校的学生、难友徐彩云记忆犹新。徐彩云后来回忆说：一天，我看到计梅真老师捡到一张报纸，就拿在手里学起闽南语，用闽南语朗读，学得很认真，她还向旁边的台湾同胞求教。计梅真老师在课堂上告诉我们，人活一天就要学习一天。而在这里，她面临死亡还在学习闽南语。我很敬佩她！

另一位难友冯守娥回忆说：我曾和计梅真、萧明华关押在一起。她们十分乐观，经常开玩笑。一天，萧明华对计梅真叫道："计梅真，出来，要请你去吃包子！"计梅真则回应："萧明华出来，今天轮到你去吃包子！"在这里，被判了死刑的人，去刑场之前都会被请吃包子。看到她们很轻松地开着玩笑，我心里涌起一阵阵酸痛。她们是共产党员，心中的信仰和力量才让她们不惧死亡！

身陷牢狱的计梅真，牵挂担忧最多的还是她在邮工补习学校的学生。邮工补习学校学生王文清被关押进国民党保密局监狱时，见到了计梅真。他回忆说：计老师身体显得更加纤瘦，她的左眼眼球布满了血丝，红肿得厉害。她用虚弱的声音告诉我，"我被出卖了，你们要自己爱护自己"。然后她提高嗓音说："不管十年二十年或一生，你们都要活下去！"入狱之初的一段时间，计梅真情绪很激动，她为学生被捕而伤心，几天不吃不睡，痛哭流涕。另一位学生高秀玉回忆说：计梅真老师在狱中一见到我，就问起同学们被捕的情况，她流着泪说，"你们都是好孩子，都要好好活下去"。

在狱中姐妹们的安慰下，计梅真的忧伤情绪逐渐好转起来。

随着《新女性》的歌声从女牢中传出，计梅真在国民党保密局北所监狱已经教会大家唱了十几首爱国歌曲，歌声传遍整个牢房，使难友们得到莫大的精神鼓舞。每当大家跟随计梅真学唱爱国歌曲时，监狱看守就大声骂起来："唱什么唱，闭嘴！"冯守娥回忆说，虽然当时没有纸笔可以记录，但这些爱国歌曲几十年后姐妹们依然都能唱出来。

在台湾省"保安司令部"军法处监狱，计梅真曾与中共地下党员季沄关押在一起。她们是江苏同乡，都曾在上海从事过地下工作。计梅真非常关心战友张志忠和季沄夫妇，很爱怜也曾被关在牢里的张志忠和季沄的孩子杨扬。计梅真牺牲后，1950年10月23日，季沄给儿子杨扬家书的附笔提到了计梅真："计梅真阿姨在临死以前，还问我小羊回去好吗？计阿姨很爱小羊的，是不是？"

1950年10月11日清晨四时许，计梅真被监狱看守叫醒。她从容地穿上衣服，梳好头，走到牢房门口，看见正从隔壁牢房走出来的钱静芝，平静地说："还好，只有我们两个人。"她们从容地向牢房外走去，牢房里的战友们一起深沉地唱起《安息歌》，为她们送别。在台北马场町刑场，计梅真和钱静芝英勇就义。计梅真时年35岁。

邮政工友的人生导师

　　从1946年9月赴台，到1950年10月11日英勇就义，计梅真在台湾英勇奋斗了四年零一个月。在那个血雨腥风的年代，计梅真是台湾邮工补习学校最具吸引力的老师，是充满关爱和温暖的大姐，是有志青年的启蒙者、引路人，她用短暂的 35 个春秋，诠释了中国共产党人的人生价值，展现了中国共产党人高尚的人格魅力。

进步青年的人生旗帜。台湾邮工补习学校学生王文清满含深情地回忆说，在我心目中，计梅真老师是一位把一切包括生命都献给人民的革命者。我为能够遇到她，结为朋友，成为我的启蒙导师，共同在革命运动中共事感到光荣，感到此生没有虚度、没有遗憾。被判刑 10 年的学生黄宏基回忆说，我和计梅真老师在学校相处谈话总共不超过 16 个小时，但她的许多话语都深深地印在了我的脑海里，无论在监狱还是在社会生活，无论在待人接物还是在克服困难等方面，她对我的帮助都很大。她使我认识了一位真正的共产党员，我庆幸自己选对了路，我这一生没有白活。许金玉一直说，计梅真老师的出现，让自己的生命轨迹发生了重大改变，改造了自己的人生观、世界观，让自己走上了一条有意义的道路。坐牢 15 年的许金玉，始终没有放弃自己的信仰，她说："我们始终坚定地认为，我们的信念与理想就像每天早晨从东方升起的红太阳，势必一代一代传下去。"直到晚年，许金玉还谨记计梅真的教诲，为台湾社会公平正义和祖国统一事业不懈奋斗，勇敢地与"台独"势力作斗争。面对"台独"势力推行"去中国化"和利用白色恐怖受害者制造分裂的行径，许金玉义正词严地予以批驳："我们过去所受的一切苦都没有关系，只要

大家能得到真正的幸福就好了。而我认为，我们要能真正得到自由，还是要等到祖国统一的那一天。"

中国共产党根本宗旨的忠诚践行者。在台湾特殊的环境里，计梅真把全心全意为人民服务的宗旨落实到关爱台湾青年、为台湾工友谋利益上。她能从一篇作文中及时发现学生家境困难，能不辞辛苦家访，能将自己的换洗衣服给监狱难友穿……这些点点滴滴的行动，成为温暖人心的无声力量。被判刑 15 年的学生高秀玉回忆说，1946 年，我因家父突然去世而辍学，不满 16 岁就到台北邮政局当邮差，是邮工补习学校年纪最小的学生，生活的压力使我常常表现出忧愁和心事重重的样子。计梅真老师发现后，经常和我聊天，她开导我，她关心我的学习和家庭生活，她慈母般的亲切关怀，给了我无比的温暖和希望，开启了我新的人生。计梅真老师请我当她的闽南语老师，鼓励我写文章庆祝三八妇女节。在她的培养下，我的视野开阔了，更加自觉地投入到全国人民的解放事业中来。

革命真理的播种人。在台湾邮工补习学校学生们眼中，计梅真不奢谈理论，是脚踏实地、实事求是的革命者。她了解群众、亲近群众，深受学生们爱戴，大家心甘情愿跟着她走。王文清回忆说，一次，我问计梅真老师："台湾人的命为什么这么苦，日本统治时期受尽歧视，被剥削、愚弄，现在台湾光复回归祖国了，仍然不能翻身，还要受到歧视？"计梅真老师告诉我说，她刚到台湾，待了解情况后再和我谈。但她强调，为拯救千千万万处在水深火热之中的苦难人民，让他们翻身做主人，共同创建健康、平等、自由的国家，就是大陆正在进行的解放战争的目的，"这是要改写 5000 年历史的时代任务"。后来，计梅真老师虽未直接回答我提出的问题，却用推动解决"留用员工"问题的斗争告诉了我一切，她把这场斗争视作"一场小解放战争"。

践行实事求是优良作风的典范。许金玉回忆说，一次，大家去登台北近郊的观音山，山上有座寺庙，计梅真老师看到大家都进去上香，她也跟着上香。我记得计梅真老师曾经对我说，宗教迷信会麻醉人的意志。我颇不理解她的这个举动，问她为何也上香？她笑着说算是入乡随俗，然后收起笑容对我说，宗教已浸入多数台湾人民的生活，如果你摆出一副无神论者的架势，谁还要和你亲近？这样连谈话的机会都没有了，还能纠正他们的迷信？她说，要看到许多人对宗教有精神上需求的一面，也要看到宗教有害于人类的一面，主要是它会侵蚀人们的意志，把希望寄托来世或上天堂。她告诉我说，我们只有掌握科学，提高自信力，才能逐渐疏远神佛。

严于律己无私奉献的楷模。计梅真总是用自己的行动无声地影响着台湾邮政工友。邮工补习学校恢复上课的第一天，计梅真很早就坐在教室里等学生了。王文清回忆说，计梅真老师热心投入，促进了大家的学习热情，补习班一直办得有声有色，大家早早来上课而迟迟舍不得下课，这种情形令我难以忘怀。计梅真老师行事低调，从不居功自傲。她在总结邮政工友游行请愿活动时指出，游行请愿的成功，归根究底是我们与群众结合在一起，没有群众支持，什么事情都做不成，这是群众的胜

利。我们只是为群众做了一些团结服务工作而已，切不可居功自傲，更不要被胜利冲昏了头脑。

20 世纪四五十年代的台湾邮政工人运动，作为中国共产党在台湾领导的地下斗争的重要组成部分，为团结台湾人民、壮大革命力量积累了宝贵经验，谱写了中国共产党人为人民获得解放而献身的英雄赞歌。计梅真作为中国共产党人的代表之一，她的大爱、无私和奉献，感染了无数遭受压迫的台湾同胞，她身体力行践行了共产党人的初心使命，展现了共产党人的使命担当和崇高风范！

李苍降

　　李苍降（1924—1950），台湾台北人，祖籍福建同安，著名抗日志士李友邦堂侄。1947年11月加入中国共产党。1950年1月被捕，10月在台北马场町英勇就义。

勇敢反抗日本殖民统治的少年斗士

1924 年 6 月，李苍降出生于台北望族芦洲李家，祖籍福建同安县集美镇兑山村（今福建厦门集美区兑山村）。祖上曾获清光绪皇帝赐颁的外翰清誉，台北芦洲李宅也是一座有着 150 余年历史的文化遗迹。李苍降呱呱坠地之时，奋起反抗日本殖民统治的堂叔李友邦奔赴祖国大陆已有两个月了。

李苍降儿童时代，日本殖民统治下的台湾同胞备受压迫和奴役，他只能到招收台湾子弟的台北日新学校上小学。1937 年 9 月，13 岁的李苍降考入台北二中（今台北成功高级中学）。这是一所有着强烈中华民族意识的学校，此前一年曾爆发著名的"青年思汉"抗日事件，林水旺、李沛霖、杨友川、颜永贤等青年学生，筹组旨在"脱离日本，复归中国"的中国急进青年党，被日本殖民当局逮捕判刑，在台湾社会产生了很大影响。这给深受家族家国情怀熏陶的李苍降上了反日爱国的重要一课，增强了他的祖国意识和抗日精神。

1942 年 3 月，李苍降从台北二中毕业，回到芦洲中学当教师。此时太平洋战争爆发不久，中国等 26 个国家在华盛顿签署对日作战共同宣言。李苍降等有志青年非常关注祖国大陆抗战时局变化，阅读了许多进步书刊，积极探寻民族解放之路。他和许训亭、雷灿南、李熏山等进步同学一起，经常偷偷传阅《清算日本》等"禁书"，经常与从祖国大陆来台湾的青年交流，结识了不少进步知识青年。他们经常聚会讨论反日斗争问题，还在台北淡水观音山山顶挂起一面中国国旗。

随着日本在第二次世界大战中节节失败，日本殖民当局对台湾学生反日运动的镇压更加严厉。1944年4月15日，日本宪兵突然在台湾北部地区连续三天展开大逮捕。因传看反日"禁书"被密探检举，李苍降和同学雷灿南不幸被捕。在狱中，李苍降咬紧牙关，以不满20岁的稚嫩之躯扛住了日本宪兵的严刑拷打，没有出卖一位进步青年，被判刑五年，直到台湾光复后，才走出监牢。而雷灿南被刑囚至疯，牺牲在狱中。在一年多的牢狱生活中，李苍降结识了许多志同道合的反日进步青年，包括台北"帝国大学"医学部学生蔡忠恕、郭琇琮，台北工业学校毕业生刘英昌、唐志堂和女医师谢娥，以及台北二中学生陈炳基、郭宗清、黄雨生等人，后来他们中的许多人都殊途同归，与李苍降成为同志和战友。

投身人民解放斗争的青年先锋

1945年8月，日本战败投降，台湾光复。宝岛台湾一片"脱离日治、迎接祖国"的热烈气氛，充满回归中华民族大家庭的喜悦。激情澎湃的李苍降刚从狱中出来，就寻找联系志同道合的朋友同学，探索革命真理的脚步走得更稳更扎实。经谢娥介绍，李苍降与刘英昌、唐志堂及学弟陈炳基等台北二中反日难友一同加入了李友邦领导的国民党三青团台湾区团部，承担台北分团筹备处相关工作，但国民党统治集团的恶政面目很快就暴露了。1946年3月，李苍降等因组织庆祝五四青年节活动而遭训斥，被警告"不要被共产党利用"。经过一番商量，他们决定离开国民党三青团，与谢娥分道扬镳。

1946年9月，经堂叔李友邦引荐，李苍降到浙江杭州高级中学三年级插班学习。作为此时江浙地区的四大知名中学之一，杭州高级中学人才荟萃，学习条件优越，给李苍降学习知识、探索人生道路提供了更大空间和更宽广舞台。他刻苦研读进步书刊，积极参加学校丰富多彩的课外活动和各种社会活动，还请假到南京参加了旁听公审日本战犯的大会。

1946年12月，美军士兵在北京欺凌北京大学女学生沈崇，激起全国大学生反美抗暴运动。12月31日，杭州各中等以上学校学生为抗议美军暴行举行了罢课。1947年1月1日，杭州各学校又举行了有2000多名学生参加的反美游行。通过积极参加这些活动，李苍降的视野更加开阔了。随着普通话能力提高，李苍降和同学们的交流进一步加强，进步学生韩佐梁等同学成为他的好友。同年1月，李苍降利用寒假来到上海，经暨南大学公费学生杜长庚介绍，认识了徐萌山等一批来自台湾的公费学生，参加了上海暨南大学台湾学生针对东京"涩谷事件"举行的反美抗议活动，并加入暨南大学台湾学生读书会。其间，李苍降还把自己的学习收获通过书信介绍给远在台北的唐志堂、刘英昌和陈炳基，

寄给他们《观察》《文萃》等杂志，向他们宣传进步思想。

1947 年二二八起义失败后，李友邦被国民党以"通匪""幕后鼓动暴动"罪名逮捕，押送南京受审。李苍降闻讯后痛心疾首，决定离开杭州高级中学返回台湾，协助婶婶严秀峰营救李友邦。经历了反对内战爱国运动洗礼的李苍降，思想上已经发生了很大变化，更加积极寻找同路人，探寻革命真理。回到台湾后，李苍降积极联络同学好友，筹建进步团体，与台湾大学化学工程学系助教李熏山商议结社，并将陈炳基和在台北泰北中学讲授中国历史课的同学林如堉介绍给李熏山，一起谋划开展反抗国民党反动统治的斗争。

李熏山和陈炳基都已经加入中国共产党。陈炳基是李苍降在台北二中的学弟，台湾光复初期就是台北学运的主要领导人，是台湾大学法商学院学生自治会负责人，这时担任中共台湾省工委学委会委员。1946 年 12 月至 1947 年 2 月，陈炳基组织领导了台北大学生反美游行，参加了二二八起义。陈炳基向中共台北市工委书记廖瑞发汇报了李苍降积极组织社团的有关情况，经廖瑞发批准同意，李熏山负责召集成立了新民主主义同志会五人小组，主要任务是研读讨论《新民主主义论》《论人民民主专政》等著作，围绕社会改造运动进行学习讨论，研究开展革命活动、扩大宣传和吸引进步青年的办法。通过研讨，李苍降对台湾社会性质有了科学认识，更加积极主动投入到革命斗争中。

新民主主义同志会是中共台湾省工委的外围组织，由台湾省工委学委会委员、台湾大学医学系学生刘沼光具体负责。1947

年 11 月，经陈炳基介绍，李苍降、林如埔加入了中国共产党。不久，新民主主义同志会改属中共台北市工委领导下的党支部，由林如埔负责，上级党组织领导人为接替廖瑞发的中共台北市工委书记郭琇琮。随后，又由中共台湾省工委学委会委员徐懋德（化名李杰）领导新民主主义同志会，开展革命工作。

1948 年 2 月，为纪念二二八起义一周年，唤起台湾人民对二二八起义的记忆，根据中共台湾省工委部署，2 月 27 日，新民主主义同志会发表了由李熏山起草的《告台湾同胞书》，李苍降和新民主主义同志会成员通过各种渠道散发并连夜到台北街头张贴宣传标语。6 月初，新民主主义同志会改称台湾人民解放同盟，分为宣传、组织、教育三个小组，分别由李熏山、林如埔、陈炳基负责，继续以台湾青年为主要对象开展工作。9 月，李苍降获得台湾省通志馆采访员身份，在参与台湾省志纂修工作的同时，继续做台湾青年工作。其间，李苍降还在报纸上发表文章，分析了国民党统治区的通货膨胀和金圆券问题，指出国民党统治区经济面临崩溃。

1948 年 10 月 25 日，台湾人民解放同盟遭国民党特务破坏，李熏山、林如埔被捕，但他们始终未交代组织和同志。李熏山被判处三年半徒刑。林如埔因在狱中策划、组织反抗斗争被告发，1950 年 12 月 16 日被国民党杀害。陈炳基和李苍降幸运逃脱抓捕，潜伏到台北、花莲等地，继续坚持斗争。

辽沈、淮海、平津三大战役结束后，人民解放战争形势发生了决定性转变，国民党反动统治面临全面崩溃。在这样的形势

下，岛内高校学生社团活动逐渐成为台湾报刊关注的重点，敏感的新闻记者纷纷预测岛内学生运动势将扩大。1949 年 3 月 29 日晚，台北各高校学生在台湾大学法学院联合举办庆祝五四青年节营火晚会，李苍降与陈炳基冒着被捕的危险，出现在晚会现场。4 月 1 日，国民党政府代表团赴北平与中共代表团举行谈判，南京各大专院校学生举行示威游行，要求和平，停止内战，遭到国民党军警镇压，全国各地纷纷声援南京学生运动。在中共台湾省工委领导下，台北各高校学生决定 4 月 6 日上街游行，声援南京学生运动。这天凌晨，大批国民党武装军警强行闯入台湾大学和台湾师范大学校园，逮捕了二三百名学生。鉴于陈炳基已被公开通缉，许多被捕学生与他有关联，地下党组织决定陈炳基立即撤回祖国大陆。4 月 10 日，在李苍降的掩护下，陈炳基从基隆乘船安全撤回上海。

根据党组织安排，李苍降从台北转移到基隆。1949 年 5 月，中共基隆市工委成立，基隆中学校长钟浩东担任工委书记，李苍降与地下党员、基隆中学教师蓝明谷担任工委委员，基隆市工委下辖造船厂党支部、汐止党支部、妇女党支部，并负责与国民党基隆要塞司令部、基隆市卫生院、基隆市水产公司等单位一些地下党员和外围群众骨干的联系，还承担中共台湾省工委机关报《光明报》的印刷、发行工作。

1949 年 8 月，"《光明报》案"爆发，钟浩东被捕。李苍降闻讯后迅速撤离基隆，化名赖庆钟，回到台北领导尚洲双园党支部、士林电厂党支部、地质研究所党支部等地下党组织开展斗争。在李苍降的领导下，台北汐止军民合作站党支部书记唐志堂组织开展了接近国民党军官、收集武器、考察地形等工作，积极为人民解放军渡海作战、解放台湾做接应准备。在此期间，李苍降还负责中共台湾省工委学委会委员徐懋德（化名李洁）与中共台湾省工委委员林英杰（化名吴永祥）之间的联络交通任务，协助林英杰抄写新华社广播内容。1949 年下半年，在台湾地下党组织面临十分凶险环境的形势下，李苍降仍然坚持给《光明报》撰写文章。得悉林英杰身份暴露，1950 年 1 月 7 日，李苍降根据李杰（徐懋德）指示，迅速通知并协助林英杰转移。

永远流淌的红色基因

1950 年 1 月 18 日夜晚，李苍降与即将临产的妻子曾碧丽在台北南京东路住所被捕。李苍降在国民党监狱里遭到残酷刑讯。国民党特务用尿水和灰水灌李苍降，逼迫他交代线索。国民党特务对李苍降说："只要供出几个人物，就不必刑讯得这样厉害。"但李苍降大义凛然，坚贞不屈。为了逼迫李苍降投降，国民党特务对有孕在身的曾碧丽下毒手刑讯。1 月 20 日，国民党特务把曾碧丽的头发绑在刑具的横梁上，把她吊起来抽打。因受刑严重，曾碧丽早产，女儿降生在牢房里，奇迹般地活了下来。为劝降李苍降，国民党特务让他来看孩子。李苍降抚摸着女儿的头，充满爱怜地对曾碧丽说，就叫黎红吧。

　　1950 年 8 月 21 日，国民党"台湾省保安司令部"军法处对李苍降、钟浩东、曾碧丽等 14 名"案犯"进行会审：李苍降"系台湾共产党匪要，广收党员，图谋不轨，应处极刑"；曾碧丽"明知（李苍降）为匪谍而不告发检举，处有期徒刑一年"。9 月 9 日，军法处判决"钟浩东、李苍降、唐志堂连续共同以非法之方法颠覆政府而着手实行，处死刑"。10 月 11 日，国民党"国防部"核准判决。

　　1950 年 10 月 2 日，在狭小的牢房里，李苍降给曾碧丽写了《与妻诀别书》。诀别书里，李苍降表达了他坚定的革命信念和革命斗志，表达了他对革命必胜的信心，表达了他对党的忠诚："这几天真紧张极了。这正表示着时局的紧张及光明的即将来临。这是生产前应有的阵痛。我不怕死，许多同志都笑着脸勇敢地赴死了。我们的死将还有些意义！""对那些自堕志气甚至轻视蔑视组织的人，我们的牺牲将能给一些血的教训，鼓舞他们的志气，加强他们的警觉心、斗争心及心（信）念。""我们的组织虽遭破坏，但大部分仍是有骨头的（人）。""冬天有凄凉的风，却是春天的摇笼（篮）。我们的牺牲是光明前难免的事，你不必为我的死而过度悲伤吧。"李苍降殷殷期望亲人们，"坚决地继续我的意志，做我未能去做的事业"。

　　诀别书深藏着李苍降对亲人们难舍难分的眷恋："亲爱的贤妻：我记得我们相识的时候是 1948 年初春，从此，除夏季你去南京一二个月间暂别之外，我们都过得很甜蜜。你还记得草山之行、狮头山之游及礁溪之游否？那时我们是何等的快乐，呼吸着山间新鲜自由的空气。""婚后虽在经济困苦的压迫下挣扎，却因我们精神上的互爱、了解而过得甚快乐。""你实在是我最好的伴侣了。我能找到你，这是我平生最感幸福的了。"面对妻女遭受的磨难，李苍降心如刀绞："保密局的扣（拷）打，使你受不起（而）早产小儿黎红；又溺在产褥中更被抛打以致衰弱得疾。你为了我勇敢的忍受着扣（拷）打而不漏一言，又勇敢的忍受着监狱生活的苦楚，且虽有病，身体衰弱，物质困难，你却慈爱地勇敢地保养了小儿黎红。"对女儿遭受的苦难，李苍降非常痛苦，但对孩子的未来，他充满期待："关于小儿黎红的事，她生在狱中，长在狱中，在苦难中挣扎生长起来，因此对她甚觉怜悯，一方面也对她很期待能比别儿长得贤明有用。我不希望她做一个娇柔软弱的女郎，而希望她能做一个刚毅能干的新时代的模范女性。"

1950 年 10 月 14 日清晨六时，国民党"台湾省保安司令部"军法处将李苍降、钟浩东、唐志堂押赴台北马场町刑场。走出牢房时，李苍降抬头向被关在楼上的曾碧丽道别。李苍降用 26 岁的年轻生命，在共和国的旗帜上留下了台湾同胞血染的风采！

作为一个土生土长的台湾青年，李苍降对革命道路不懈追寻，自觉投身于人民解放事业。他不但重视自身学习，还把革命道理灌输给台湾进步青年，汇聚起一批志愿为人民解放事业而奋斗的力量，这是作为一位台湾地下党员最可贵之处。从李苍降、钟浩东、林如堉、郭琇琮这一大批生于斯、长于斯的优秀共产党员追求真理、献身革命的人生经历中，我们不仅能够了解中国共

产党人在宝岛台湾那段斗争的壮烈历史，而且更能体会深深蕴藏在广大台湾同胞身上的红色基因！

　　黎红（后改名李素惠），寓意黑暗即将过去，曙光即将到来。她没有辜负父亲的希望。她从小经受困苦生活的磨砺，长大后以优异的成绩考取台湾大学医学系，曾任台湾女医师协会理事长，一直活跃在岛内反"独"促统运动中，为祖国和平统一鼓与呼。

钟浩东

　　钟浩东（1915—1950），又名和鸣，台湾屏东人，祖籍广东梅州大埔。1940 年与妻子蒋碧玉回到祖国大陆参加抗战。1946 年 8 月加入中国共产党，先后担任台湾基隆中学党支部书记、基隆市工委书记。1949 年 8 月被捕，1950 年 10 月 14 日在台北马场町英勇就义。

参加东区服务队

钟浩东 1915 年出生于台湾屏东潮州庄一个客家人家庭。从高雄中学毕业后,钟浩东到台北高等学校读书,因病入住台北医院(今台湾大学附属医院),与护士蒋碧玉相识相恋。1936 年,钟浩东从日本明治大学政治经济学系毕业回到台湾后,与蒋碧玉结婚。钟浩东少年时代就心向祖国大陆,怀有强烈反日思想。1937 年 7 月全民族抗战爆发后,钟浩东决心回到祖国大陆参加抗战。

1940 年 1 月,钟浩东夫妇邀约志同道合的表弟李南峰和萧道应、黄怡珍夫妇,先后秘密潜往上海,转经香港到达广东惠州,打算到重庆投奔国民党。他们进入广东惠阳时,看到日思夜梦的祖国大陆的田野村庄,心情格外愉快,兴奋地唱起歌来。但这时由于他们只会唱日语歌曲,又拿不出任何身份证件,当地国民党军队怀疑他们是日本派来刺探军情的汉奸特务,便把他们抓起来严加审讯。而他们只能表达报效祖国的热忱,却拿不出任何证据。国民党惠淡指挥所军事法庭认为他们嫌疑重大,准备予以枪决。

幸亏有一位陈姓军法官,认为把钟浩东等全部判处死刑有欠慎重。此时,正巧台湾抗日志士丘念台率抗日救亡团体东区服务队驻扎在惠州,这位军法官知道丘念台和台湾关系密切,便请他

再审问一次。钟浩东夫妇等与丘念台见面后，坚决表示不是替日军工作，真切表达回祖国大陆参加抗战的意志，而且他们有些父兄亲友丘念台也知道。经询问，丘念台认定他们是真心回祖国大陆参加抗日的台湾爱国青年，不可能是日本间谍。丘念台后来回忆："于是我叫他们各写一份陈情书呈送上级，并替他们请求暂免执行枪决，解往后方察看侦审。"此时，蒋碧玉、黄怡珍已有孕在身，丘念台实际上救了他们五个人七条性命。

临别时，丘念台特别告诫钟浩东等五人：你们贸然回祖国大陆参加抗战的热情虽然可嘉，但你们有几点要好好考虑：第一，进入大陆的手续不清楚；第二，不谙国情，不认识任何人；第三，虽然你们的家长我都认识，却不认识你们，又怎么能替你们担保呢？虽然我不能完全保你们，至少你们目前已没有生命危险了。我将请求上级给你们表现的机会，你们也必须以行动来证明，你们的确是来参加抗战的。

丘念台离开后，钟浩东等在惠州又被关押了一个多月，随后被押往广西桂林。一路上，他们有时坐船，有时坐货车，大多数时间靠两条腿走路。晚上，他们在当地监牢里过夜，有时和普通犯人关在一起，有时把他们关在同一个房间，地上偶尔铺些稻草，就算是优待了。他们吃的都是含有沙石的糙米饭。蒋碧玉回忆说："对已怀孕的我们来说，这饭实在是难以下咽呀！"就这样，他们足足走了半年时间，直到1940年11月才到达桂林。

到达桂林一个月后，经再审，钟浩东等被释放，并被送往广东曲江（今韶关）。钟浩东和李南峰在国民党军民运队受训，有护士和医生资历的蒋碧玉和萧道应夫妇，被安排到广东南雄国民党陆军医院从事医护工作。丘念台得知钟浩东等获释的消息后，十分高兴。1941 年 9 月，丘念台出面将他们全部转到惠州博罗县罗浮山东区服务队，参加战地服务工作。

钟浩东等五位台湾省籍爱国青年奔赴东区服务队，克服了很多困难。此时，他们面前有两条路可以选择：一条是到大后方重庆工作；另一条是追随丘念台参加东区服务队，到罗浮山前线从事战地工作。他们讨论后一致认为："我们原本就是回来参加抗战的，如果到后方的话就没有什么意义了。"于是，他们决定前往罗浮山东区服务队。可是他们又面临一个更大的难题。因为前线工作需要，丘念台在来信中明确要求他们五人必须一起行动，并且要他们切断家庭亲情，把孩子送人抚养。这时，钟浩东、蒋碧玉夫妇和萧道应、黄怡珍夫妇已分别育有七八个月大的男孩钟继坚和萧继诚。

孩子是母亲的心头肉。两位年轻母亲整整痛哭了两天三夜，才下决心把孩子送人抚养。由于孩子是委托别人转送的，所以他们只知道领养孩子的人家姓什么，至于叫什么名字、家住哪里，则是一无所知。"这次离别，不知何时母子才能见面？想起来，真是痛苦。"蒋碧玉后来说。

送走孩子后，他们强压内心痛楚，背起包袱，踏上征程，前往罗浮山东区服务队。蒋碧玉回忆说："9 月的天气很爽朗，我们每天徒步走五六十公里路，还不算什么难事。天黑时，就找个小旅社过夜。我们一路走得非常辛苦。到后来，鞋子破了，脚也起

泡了，路越来越难走了。还好，到了东江下游就有船可坐了。这样，熬过了12天的水陆行程，终于在天就要黑的黄昏时分，到达了位于罗浮山山脚的东区服务队驻地博罗县福田乡徐福田村。丘念台先生替我们取了化名，和鸣叫浩东，我则改称蕴瑜。"

钟浩东等加入东区服务队后，这里的集体学习生活使他们进步很快。由于在台湾所受的是日本奴化教育，他们的国语都不太好，入队后通过努力学习，经过一段时间他们已经能讲国语能写中文，也能够阅读队部里各种中文书刊了。

钟浩东等加入东区服务队后的主要工作是，协助审问日本俘虏。他们会讲日语，常常能够问出许多有价值的情报，供国民党军队参考。除此之外，他们也和其他队员一样，兼任战时小学和妇女夜校的义务教员，经常深入罗浮山周围各个村镇，组织群众进行街头宣传，做群众动员工作，很快他们就成为东区服务队的骨干。特别是学医的萧道应和护士出身的蒋碧玉，更成了东区服务队不可多得的"宝贝"，他们除了完成东区服务队的日常工作，还担任医务人员。

1942年秋，东区服务队分别在罗浮山冲虚观和白鹤观成立了罗浮中学和博西补习学校，钟浩东兼任博西补习学校校务主任。1943年11月，在东区服务队中共地下党员徐森源的介绍下，钟浩东、蒋碧玉、李南峰、徐新杰等秘密加入了中共外围组织民主抗日同盟，成为中共地下党组织培养的积极分子。

1943年冬，丘念台被国民党中央委任为国民党台湾省直属党部执行委员。1944年初，钟浩东、李南峰、萧道应三人随同丘念台前往福建永安。由此，钟浩东等在闽西龙岩与台湾义勇队负责人李友邦结识，并与李友邦秘书、中共地下党员潘超建立了战友情谊。同年夏，丘念台与钟浩东、李南峰、萧道应返回惠阳后，东区服务队解散，改为粤东工作团，工作重心转向在广州的台湾省籍同胞。1945年元旦前后，丘念台指派钟浩东、徐森源、李南峰、邓云龙秘密潜入日占区广州收集情报，做在穗台湾省籍人员的策反工作。这时在广州的台湾省籍同胞有数万人，钟浩东等以台籍身份秘密开展策反工作，获取了大量日军情报。

1945年2月，日寇进攻惠州，粤东工作团撤往梅县。8月15日，日本战败投降。9月，按照中共地下党组织指示，钟浩东夫妇、徐森源夫妇和徐新杰等从蕉岭出发，准备到罗浮山参加东江纵队。然而，国民党新一军包围了罗浮山，妄图消灭东江纵队，东江纵队已被迫转移。钟浩东等只好前往广州，继续在广州台湾青年中从事革命宣传活动，并协助解决台胞返乡困难等问题。

回台湾开展地下斗争

1946年4月，根据中共党组织指示，钟浩东夫妇、徐森源夫妇与丘继英、徐新杰等回到光复不久的宝岛台湾，开展地下工作。

1946年8月，经丘念台和李友邦推荐，钟浩东被委任为基

隆中学校长。不久，经中共党员吴克泰介绍，钟浩东光荣加入了中国共产党，担任基隆中学党支部书记。根据中共台湾地下党组织指示，钟浩东把徐森源夫妇、李南峰、徐新杰、黄怡贞、钟国员、黎明华等一批原东区服务队队员安排到基隆中学各个岗位上，还安排了方弢、张奕明、陈仲豪等一批来自祖国大陆的进步知识分子在学校担任教师，其中不少人是中共党员。这么多中共党员和进步教师聚集在一起，基隆中学成为台湾北部地区地下党组织的重要据点，钟浩东以校长身份全力掩护地下党组织开展活动。

在基隆中学，钟浩东很注意把学校教育和社会教育结合起来，经常组织学生举办五四晚会等联谊活动，潜移默化地影响青年学生。钟浩东还走访家住瑞芳煤矿的困难学生家庭，了解矿工生活，并在其家乡屏东组织青年农民读书会，给他们讲述祖国大陆的革命斗争形势。

1947年二二八起义爆发后，钟浩东从台北赶回基隆，紧急召开基隆中学全体师生员工大会，号召声援、支持台湾各地人民抗暴起义。钟浩东估计起义斗争可能旷日持久，便将亲属疏散到家乡屏东，准备必要时上山打游击。

1948年6月，中共基隆市工委成立，钟浩东担任工委书记，李苍降和基隆中学教师蓝明谷担任工委委员，下辖造船厂党支部、汐止党支部、妇女党支部，并负责对国民党基隆要塞司令部、基隆市卫生院、基隆市水产公司地下党员的联系工作。中共台湾省工委机关报《光明报》也在基隆中学编辑印发。

1949年8月，基隆中学"《光明报》案"爆发。8月23日，国民党保密局侦悉《光明报》在基隆中学印刷。8月底基隆中学即将开学时，钟浩东被国民党特务秘密逮捕。接任基隆中学党支部书记的陈仲豪后来回忆：那天是星期日，他（钟浩东）到基隆与李苍降会面，整夜未归；第二天，也就是星期一，一早他搭公路局车，在八堵下车，然后走回学校。这时候，一路跟监的吉普车从后头驶来，两名特务迅速下车把他抓上车。在车上，钟校长试着要把自己被捕的情况让外头的人知道，却因为被夹在中间，动弹不得。后来，他被押上火车，送往台北。当火车驶经基隆中学旁的铁道时，他又借着擦汗，乘机向窗外挥手上的手帕，想要引起学校的师生注意，无奈他摇了几下，又被特务发现而制止。因此，他无法及时将被捕的情况通知大家。

1949年8月27日深夜，钟浩东妻子蒋碧玉和妻妹戴芷芳在基隆中学被国民党特务秘密逮捕，关押在青岛东路国民党"台湾省保安司令部"军法处监狱。8月28日早晨，蒋碧玉看到钟浩东由两名难友搀扶着走过牢房，全身都是被拷打过的伤痕，她这才知道，原来钟浩东早就已经被捕。尽管钟浩东已经被国民党特务秘密逮捕，但9月2日晚上，仍有一群穿着便服的国民党特务闯进基隆中学，佯装要抓钟浩东。特务们在钟浩东、蒋碧玉夫妇的住室里翻箱倒柜，带走了一些资料。

钟浩东被捕后遭到严刑拷打，可他坚决不吐露丝毫党组织秘密。特务威胁说："如果你不说实情，我们只好把你们学校的老师、职员和学生统统都抓来……"为了减少损失范围，同时也为

了给台湾地下党员们发出警讯，让他们赶紧转移，避免党组织受到破坏，钟浩东欺骗特务，故意说出与党组织没有任何关系的一名校医和一名教师。特务们果然中计，再次闯进基隆中学，逮捕了这两人（事后查明身份，无罪释放）。因此，基隆中学一些地下党教职员和学生才得以撤离，免遭劫难。

1949年9月9日下午，尚未撤离的基隆中学教职员张奕明、钟国员、罗卓才等人，也被抓进了台北青岛东路的台湾省"保安司令部"军法处监狱。张奕明和蒋碧玉被关在同一间牢房。

拒绝"感训"从容就义

经过长达三个多月的严酷审讯，1949年12月10日，张奕明、钟国员、罗卓才、谈开诚四名中共地下党员被国民党杀害。他们四人中，谈开诚是宜兰中学外省籍教员，张奕明、钟国员、罗卓才是基隆中学外省籍普通教职员，而作为中共基隆市工委书记和基隆中学校长的钟浩东，此时却能免于一死，只被判处"感训"，原因何在？

丘念台在自传《岭海微飚》中写道："从三十八年（1949年）到四十一年（1952年），台省先后破获许多共谍案，重要人犯已枪毙了不少……不过当时所捕获的共谍和嫌疑者，有外省籍的人，也有本省籍人，其中性质自然有所不同。根据我所了解的，本省籍涉案者多属思想犯，只是有左倾思想而已，很少有参与叛乱行动的。他们不独没有到过大陆，或参加过大陆的武装变乱，就连大陆情况都不明了，以为共产党是立宪国家的普通政党。像这样的思想犯，确有值得同情之处。所以在三十九年（1950年）春，我就和省内士绅联名向当局建议，对于本省思想犯，务请稍为从宽处理，给他们以悔过自新之路。这样做，是可以得到台省同胞一致感戴的。"

张奕明等外省籍中共地下党员牺牲后，大约过了三个月，钟浩东等被移送到设在台北内湖小学的"新生总队"接受"感训"。曾经与钟浩东一起接受"感训"的连世贵后来回忆说：钟浩东校长被送去内湖"感训"时，曾以绝食的方式，拒绝接受思想改造。他整天躺在床上，不参加朝会，也不上课。狱方拿他没办法，便问他："你想要怎样？"校长说："我的同志都死了！""我身为领导者，岂有脸面苟活下去？"

与钟浩东一起接受"感训"的台湾大学学生戴传李回忆说：钟校长在"感训"期间，表现得非常笃定、沉稳。他按照规定参加队上的活动，只是在思想上，他的反应却是以沉默来表白他的立场。讨论发言时，因为没有人主动发言，教官只好轮流点名。每次被点到名时，他总说："我没有什么话好讲！"

受"感训"期间，钟浩东一连写了几份申请"退训"的报告，要求国民党法庭重新"发落"，表明拒绝"感训"的坚定立场。可是这几份申诉报告都被"感训队"一名广东梅县客家籍教官截留下来。这位同乡教官劝告钟浩东："政府"认为台湾青年对大陆的状况不明了，只是思想左倾而已；台湾青年都是被误导

的，因此，决定不"打"本省人，只"打"外省人。但钟浩东不为所动，仍然一再要求"退训"。有一次，那位同乡教官恰好出差在外，钟浩东的"退训"申诉报告就被递上去了。

由于钟浩东被捕后，"经半年之感训，思想毫未转变，态度顽劣；上课时称病不到，讨论时拒不发言，不服长官指导。除这些破坏纪律的行为外，他还在感训队暗中从事反动宣传，企图发展同党组织非法团体，继续颠覆阴谋"，国民党高层对此极为恼怒，认为"像他这样执迷不悟的人，再予以感训也不可能有什么效果"。于是，当中共基隆市工委委员李苍降被捕后，钟浩东就被从内湖"感训队"提出，重新送回军法处，与李苍降等一同审理。李南峰回忆说："临走时，钟浩东还用客家话特地鼓励我和邱连球、邱连和说：'他日你们出去后，一定要继续为理想奋斗！希望我们的子孙，也能为理想奋斗！'然后，他又提高嗓音，像呼口号似的大声说：'坚持到底，为党牺牲！'"

蒋碧玉被捕后，在监狱熬过了半年审讯，因为她与钟浩东聚少离多，"涉案不深"，终被释放。当她听说钟浩东被送回军法处重新审理后，感到惶恐不安，担心会出事，于是去找丘念台，希望他能出面设法营救。丘念台安慰她说："你放心，没有审判两次的！"

丘念台不顾个人安危，绞尽脑汁想保护钟浩东这些台湾省籍有为青年，然而他太过"天真"了，对于拒绝"感训""自新"的台湾省籍中共地下党员，国民党同样不会手软，几个月后就对钟浩东等下了毒手！

1950 年 10 月 14 日清晨六时，刚吃过早饭，台北青岛东路国民党"台湾省保安司令部"军法处监狱牢房的门锁咯啦咯啦地响了起来，铁门咣的一声打开了。"钟浩东、李苍降、唐志堂，开庭！"狱警沙哑而冷漠的嗓音喊过后，整个牢房立即陷入死一般的寂静。钟浩东从容地从地板上站起身来，习惯性地用手指卷了卷自己的头发，与同房的难友们一一握手告别，难友们一起唱起了《幌马车之歌》。伴着哗啦、哗啦、哗啦沉重的脚镣声，牢房响起了大合唱：黄昏时候，在树叶散落的马路上，目送你的马车，在马路上晃来晃去地消失在遥远的彼方。在充满回忆的小山上，遥望他国的天空，忆起在梦中消逝的一年，泪水忍不住流了下来。马车的声音，令人怀念，去年送走你的马车，竟是永别……

1950 年 10 月 15 日，国民党军闻社报道称："前基隆中学校长钟浩东、李苍降，前汐止镇军民合作站书记唐志堂……连续共同意图以非法方法颠覆政府而着手实行，各处死刑……经奉国防部核准，昨（14）日上午六时省保安司令部军法处将钟浩东、李苍降、唐志堂三名各提庭宣判，验明正身，发交宪兵绑赴马场町刑场执行枪决。"钟浩东牺牲时，年仅 35 岁。

10 月 15 日早晨，国民党"台湾省保安司令部"军法处派人通知蒋碧玉，要家属到殡仪馆收尸。钟浩东中了三枪，都打在胸部，额头上也有伤，可能是他倒地时碰的，手里还抓了一把土。当钟浩东的遗体送回家时，打开棺板，蒋碧玉惊讶地发现有两封遗书夹在棺板之间，一封是给他母亲的，另一封是给蒋碧玉的。

钟浩东给蒋碧玉的那封遗书结尾处写道："蕴瑜：请不要惊骇，也不要悲伤，……我的着落发生汝最不愿意的情形！那汝将如何呢？我知道汝的心情将会受到莫大的冲击，汝将沉沦于悲痛的苦海中，但是我希望汝能很快就丢掉悲伤的心情，勇敢地生活下去。"

钟浩东牺牲后，身无分文的蒋碧玉强忍悲痛，四处筹钱给他办理后事。当钟浩东的弟弟钟里义从台北捧着哥哥的骨灰回到高雄美浓镇家乡时，73 岁的钟浩东母亲好奇地问："那是什么？""母亲没念过书，不识字，无法从报上得知浩东的消息。我于是骗她说：'这是我去庙里烧香请回来的佛祖的骨灰，放在家里奉祀，可以保庇阿哥的劫难早点消除。'母亲听后频频点头，笑着说：'这样子好！这样子好！'"钟里义听到母亲这样说，心中十分难过，赶忙"跑进屋里，关起门来，先是干号，然后是放声大哭，眼泪流个不停……"直到母亲 1953 年去世，她都不知道自己的儿子钟浩东早在三年前就已经牺牲了。

钟浩东牺牲时，两个幼小的儿子，小的刚满周岁，大的钟继东三岁多。此时的蒋碧玉已经是一贫如洗、生活无着了，而且因为是"匪谍"的家属，四处找不到工作。为了把两个儿子拉扯大，名门出身的蒋碧玉拖着柔弱的身体，在菜市场扫地、泡茶，与他人合伙酿卖客家糯米酒，还当过纸行的会计，做过卖纸的小生意，后来又到台北归绥街摆小摊，卖红豆饼、阳春面……为了活下去，她受尽了屈辱，什么脏活、累活都干过，硬是在极端艰困的情况下，把两个孩子抚养长大并供到大学毕业。但蒋碧玉已经满头白发、疾病缠身了。

寻子传奇

晚年的蒋碧玉，心头最重要的事情就是完成钟浩东的遗愿，把当年流落在祖国大陆的儿子钟继坚找回来。而蒋碧玉寻找儿子的过程，也充满了传奇。

1941年9月，在广东南雄国民党陆军医院，钟浩东夫妇和萧道应夫妇为了前往罗浮山东区服务队参加抗日斗争，忍痛把才七八个月大的儿子钟继坚和萧继诚送人抚养。当时，蒋碧玉只知道孩子被送给了始兴街上一家开瓷器店的萧姓人家。1943年，由于在东区服务队过度劳累且生活艰苦，蒋碧玉肺病复发，遂转到南雄陆军医院疗养，才有机会到始兴街寻访萧氏夫妇。这时，三岁的钟继坚已经不认得自己的亲生母亲了，无论如何也不肯喊她一声"妈妈"，只是跟着他的养父母叫她"蒋姑娘"。随后，蒋碧玉又回到罗浮山抗日前线，从此，"我就再也没有见过我这个出生于战地的长子了"。

1983年底，同样想念自己孩子的萧道应夫妇，通过在美国的一位经常到祖国大陆开会的医生朋友帮忙，经过整整三年的寻访，终于辗转收到了一封来自祖国大陆的署名萧汇丰的信件。他们欣喜万分，以为这很可能就是当年自己留在祖国大陆的儿子。于是，萧道应夫妇又通过在美国的女儿给萧汇丰寄去了一封信和

四张照片。收到信和照片的萧汇丰给萧道应夫妇回了一封信，也随信附了几张全家合照。可是几年过去了，他却一直不见萧道应夫妇回信。

原来，萧道应夫妇收到信和照片后，一眼就认定，照片上的萧汇丰并不是他们的儿子，而是钟浩东、蒋碧玉夫妇的儿子钟继坚，于是他们就把信和照片转寄给了蒋碧玉。

蒋碧玉仔细看过照片后，仍不敢断定，于是亲笔写信给萧汇丰，询问他养父母的情况。这时已是1987年，海峡两岸坚冰开始解冻，两岸同胞可以通过香港通信、会亲。萧汇丰收到蒋碧玉的信后，立即回信告诉她，自己的养父"在始兴街河边开设一家店号叫萧玉利的缸瓦杂货店"。几经周折，蒋碧玉确定无疑，萧汇丰就是她和钟浩东失散40多年的儿子钟继坚。因为蒋碧玉清楚地记得，1943年她到始兴街寻访萧氏夫妇看望钟继坚时，去的就是这家名号为萧玉利的缸瓦杂货店（瓷器店）。

1988年5月5日，蒋碧玉与离散45年的长子钟继坚终于在广州相见。随同钟继坚前来广州的还有蒋碧玉未曾谋面的孙儿。母子喜极而泣，感慨万分！

晚年的蒋碧玉并没有因为经历了人生数不清的劫难而消沉。20世纪80年代，这位满头银发、年近七旬的老人，在台湾销声匿迹近40年之后再次复出。她不忘初心，投身于祖国统一事业，理想信念更加坚定，行动更加果敢。她驼着背，迈着蹒跚步伐，频繁出现在各种场合，满怀激情地参加中国统一联盟组织的反

"独"促统活动，以亲身经历发表演讲，和年轻人一起走上街头，走在游行队伍的最前面，极大地鼓舞教育了年轻一代，成为台湾统派的精神领袖。

"春蚕到死丝方尽"。1995 年 1 月 10 日，蒋碧玉病逝于台北耕莘医院，走完了她光辉而艰辛的一生。

萧明华

　　萧明华（1922—1950），浙江嘉兴人，祖籍广东潮阳。1947年参加冀中军区敌工部，同年加入中国共产党。1948年6月赴台湾从事地下工作。1950年2月被捕，11月8日在台北马场町英勇就义。

选择救国救民的人生道路

1922 年 8 月，萧明华出生于浙江嘉兴。父亲萧子山原是广东潮阳县农民，为谋生只身来到上海，最后落户嘉兴，靠经营手工织袜作坊勤劳打拼，积累了一些家底，生活逐渐富裕起来。萧明华有三个哥哥和一个姐姐，她从小聪明伶俐，是父母的掌上明珠，家人都叫她"华宝"。

萧子山夫妇很重视子女的学习教育，三个儿子上了学堂，萧明华也上了小学。萧明华上小学不久，因大哥萧明新到河南开封工作，父亲就举家迁往开封。从开封小学毕业后，萧明华以优异成绩考取了开封师范学校。1937 年 7 月全民族抗战爆发后，为躲避战火，萧子山于 1939 年携全家逃难到大后方重庆。不久，萧明华考取了重庆师范学校。在这里，她结识了哥哥的朋友朱芳春，受到进步思想影响，阅读了许多进步书刊，思想觉悟有了很大提高。1941 年 8 月，萧明华从重庆师范学校毕业，因为学习成绩优秀，被选送到国民党在重庆开办的中文师资训练班，学习国语注音符号的应用和教学。

根据此时的有关规定，师范毕业生必须任教满两年方可继续深造。1943 年秋起，萧明华当了两年小学老师，又以优异成绩考取了重庆白沙女子师范学院中文系。抗战期间，设在重庆江津县白沙镇的女子师范学院是一所知名高级师范学院，汇集了许寿

裳、台静农、李霁野、魏建功等著名学者，陈独秀也曾在此执教。在学院，萧明华饱受中华文化熏陶和进步思想影响，增进了对民不聊生社会现实的思考，她为中华民族的不幸遭遇而悲痛，为广大底层百姓的痛苦生活而不平，更对日本帝国主义的野蛮侵略非常痛恨，从此立下了救国救民的志向。

积极投身地下斗争

1945 年 8 月 15 日，日本宣布无条件投降，中国人民抗日战争取得胜利。1946 年 11 月，北平师范学院复校开学。一心渴望到北京深造的萧明华，经曾在重庆白沙女子师范学院执教的著名作家台静农介绍、北平师范学院中文系主任黎锦熙批准，从重庆白沙女子师范学院转学到北平师范学院就读。在北平师范学院的两年里，萧明华学习刻苦，才华横溢，陆续在报刊上发表散文、小说，受到好评，中文系老师冰心称赞她"将来一定是中国最有前途的女作家"。

萧明华最终没有成为知名作家，却成为中国共产党在隐蔽战线的无名英雄。在北平师范学院，萧明华遇到了哥哥的老朋友、教育系心理学教授朱芳春。朱芳春是中共地下党员，这时作为冀中军区敌工部重要干部在北平从事地下工作，他是萧明华走上革命道路的引路人。在北平师范大学，朱芳春经常和萧明华交流思想，给她阅读毛泽东的《新民主主义论》、邓初民的

《社会进化史纲》等书籍。看到《新民主主义论》几乎每页都有朱芳春的读书心得，萧明华兴奋地说，"我会仔细阅读每个字"。

1946年12月，美军士兵在北京东单欺凌北京大学女学生沈崇，引发大规模学生抗议活动。12月29日，北平师范大学900多名师生在校园举行抗议示威，遭到国民党军警镇压。12月30日，北平师范大学学生与清华大学、北京大学等学校学生联合组织了5000人的抗议游行，同学们一路高呼"美军退出中国""维护主权和独立"等口号。萧明华参加了这两次抗议活动，深受启发和鼓舞。

1947年9月下旬的一天，朱芳春找到萧明华，郑重地告诉她，冀中军区敌工部根据她多次提出的参加革命工作的愿望，已经决定要接收她到革命队伍中来。他告诉萧明华，在国民党统治区从事地下工作非常艰险，"你现在不必告诉我你的决定，我给你几天时间考虑"。萧明华毫不犹豫地回答："我早就考虑很多次了。请报告党组织，我愿意全力以赴，把我的一生都献给党。"萧明华提到了李大钊与刘和珍烈士，表示要以他们为毕生楷模，"如果一个人能为人民的革命事业而死，那也无愧于父母的养育之恩了"。她热泪盈眶，越说越激动。很快，萧明华就被批准正式加入冀中军区敌工部，在朱芳春直接领导下，在北平开展地下工作。

赴台出色完成秘密任务

1948年春，即将毕业的萧明华收到恩师台静农的邀请信，

殷切希望她到台湾任教，此时台静农已担任台湾大学中文系主任。台静农曾在鲁迅指导下的未名社从事文学创作，是著名文学家、书法家和教育家。1946年10月，台静农应邀到台湾推广汉语普通话。他深知萧明华在中文注音、语音应用方面的功力，且会讲潮州话，而潮州话与闽南语相通，所以几次写信诚邀她赴台教学。经过再三考虑，萧明华认为，如能赴台工作，无疑为开辟地下工作新战场提供了极好机会。朱芳春很赞同萧明华这个富有远见和勇气的想法，迅速报告了上级党组织。上级党组织对此非常重视，很快予以批准，并作出细致安排。

1948年7月4日，萧明华转道广东汕头乘船前往台湾基隆。临行前，她还专程回老家看望了年迈的双亲。为便于开展工作，经党组织批准，萧明华赴台后在台湾大学与台北师范学院之间，选择到台北师范学院执教，并特意租住了一套离学校较远的公寓。按照党组织指示，萧明华广泛结交台湾军政、教育、文化等方面精英贤达人士，积极发展工作关系。同时，萧明华还在《国语日报》兼职，经常发表文章。

1948年8月底，组织上派遣朱芳春到台湾从事地下工作，由萧明华接应，协助解决朱芳春在台湾的生存立足问题。朱芳春化名"于非"，与萧明华以夫妻名义为掩护，共同开展地下斗争。他们筹建了台湾新民主主义青年联盟，积极开展群众工作。萧明华负责台湾大学、台北师范学院及妇女界工作，发展了林范、郑臣严、王隆煜等核心成员。于非、萧明华还按照在北京、天津组织学生运动的方式，以台湾省政府社会科学研究会名义开办了讲习班和读书会，利用专题讲座等方式扩大宣传，考察培养骨干。经过一段时间了解，于非、萧明华从讲习班 60 余名学员中筛选了一批进步青年，把他们分为 21 个学习小组，对他们着力加强思想培养，增进他们对中国共产党的了解和认识，很快就形成了较好的工作基础。

参加讲习班的国民党陆军总司令部体育处上校处长梁锺浚是河北无极人，也是于非在河北正定中学和北平师范大学的同学。于非和萧明华联系上梁锺浚，深入做他的思想工作。后来，梁锺浚成为"台工组"重要成员。

根据形势发展和工作需要，1949 年 8 月，组织上决定撤销台湾新民主主义青年联盟，成立"台工组"，全力开展情报工作，并决定于非为组长，萧明华为副组长。萧明华作为"台工组"的主要组织者和领导人之一，"台工组"的大部分重要情报关系，都是在萧明华及由其联系发展的于凯等人活动的基础上发展起来的。

于凯是山东宁津人，曾在山东参加过中共地下党工作。萧明华发展于凯后，于凯遇到当年在山东一起参加地下党活动的同乡孙玉林和苏艺林。孙玉林介绍了自己在赴延安学习途中因遭遇日寇拦截而失去组织关系、抗战胜利后来到台湾教书和经商的情况。苏艺林 1933 年就加入了中国共产党，参加党领导的抗日救亡运动，也在山东从事过地下斗争。1937 年，苏艺林为抗日考入国民党中央陆军军官学校洛阳分校，曾担任过蒋介石驻安徽黄山警卫营营长，后担任陆军大学教官。1948 年陆军大学计划迁

往台湾时，苏艺林安排妻子张振平联系中共地下党组织，但还没有等到她返回，苏艺林即随校来到台湾，不久转任国民党国防部三厅中校作战参谋，兼管作战处机密资料。于凯将苏艺林和孙玉林的情况向萧明华作了汇报。经考察，苏艺林和孙玉林参加了"台工组"，被确定为"台工组"重点核心骨干，苏艺林很快就发挥了重要情报作用。

1949年8月，人民解放军第十兵团进入福建，全国解放指日可待。败退到台湾的蒋介石集团变本加厉实行高压统治，中共台湾地下党组织面临更加严峻的考验。

"台工组"成员历经万难，搜集到一些重要军事情报。于非、萧明华一面安排"台工组"地下党员转移隐蔽，一面设法与上级党组织取得联系。几经周转，于非经香港秘密回到北平，带回了《台湾蒋军兵力概括》等重要军事情报。上级党组织对"台工组"工作充分肯定，并传达了他们的老首长、中国人民解放军副总参谋长聂荣臻关于"要不惜一切代价收集台湾沿海的军事情报，以便配合解放台湾的战斗工作"的重要指示和要求。

根据党组织指示，于非迅速返回台湾，向萧明华等作了传达和部署，决定将"台工组"的工作重点放到国民党军队上。他们充分利用已有条件，在国民党军队内部发展可靠的关系和渠道。

1949年12月至1950年1月短短两个月时间里，"台工组"就获取了国民党《海南岛防御计划》《舟山群岛防御计划》《台湾兵要地志图》等重要军事情报。这些情报由于非、萧明华分六次安全送出，对人民解放军解放海南岛和东南沿海诸岛起到了重要作用。

《台湾兵要地志图》是日本战败投降时，冈村宁次亲自送给蒋介石的。它是日本殖民统治台湾时期绘制的一份台湾岛地志图，这时保存在国民党"国防部"三厅一间两道铁门的房间里，保管措施十分严密，只有三厅作战计划处的三位参谋可以接触，而且必须两人一起才能打开铁门。在三厅潜伏的内线向于非和萧明华报告了这一情况。有一天恰好是这位内线值班，而管理另一把钥匙的参谋临时有私事，就把其掌管的钥匙私下交给了这位内线。于非、萧明华当即作出安排，先是派人带全套摄影器材潜入三厅，对12张分图及其拼成的全图进行拍照，但冲洗出来的底片图像文字不太清晰。为此，他们又采取更为大胆的行动，再次利用内线一人值班的机会，将图拿出送到事先联系好的一家照相馆，连夜拍照冲洗，直到凌晨四点多才完成。萧明华对所有地图进行了密写、整理和伪装，放入一只军用皮包。为了把情报安全送回祖国大陆，萧明华对一位老妇人耐心做了一个多月工作，最终说服她回上海探亲。于非则化名"赵光"，假扮老妇人的亲戚随她一起回到上海，将情报及时上交给了有关部门。

誓死保护党组织

1949年底至1950年初，国民党对中共台湾地下党组织进行

大搜捕，中共台湾省工委遭到严重破坏，大批地下党员和革命群众被捕。1950 年 1 月 31 日，在国民党警察系统潜伏的"台工组"成员郑臣严、王隆煜等相继被秘密逮捕，但萧明华和于非没有及时掌握到这个情况。

1950 年 2 月 4 日，是萧明华三哥萧明柱的生日，萧明华邀请同在台湾的三哥一家人去她家庆贺。萧明柱也是朱芳春的老朋友，一直在暗中支持萧明华开展地下工作。餐桌上，大家聊得正欢时，突然响起一阵急促的敲门声。面对此一突发情况，萧明华立即让于非从后门撤离，并告诉他："如果没有见到我的通知，千万不要回来，一定要注意门外的晒衣杆！"原来，为了安全起见，萧明华已将宿舍门外的晒衣杆当成信号：上面有晾晒的衣服时，宿舍是安全的；若无衣服晾晒，就千万别进宿舍。开门后，两个陌生人说要找于非教授。萧明华告诉他们于非不在家，这两个不速之客四处张望一阵就离开了。萧明华立即警觉起来，再三嘱咐萧明柱："万一发生什么事，你一定要保持镇定，只说我们是兄妹，其他没有任何牵连。"萧明柱一家人离开后，萧明华马上联系其他"台工组"成员，叮嘱他们注意防范，要把获得的情报安全送出。当大家劝她躲一躲时，萧明华说，"我不能动，我若一动就全都暴露了"。2 月 6 日深夜，萧明华因身份暴露在宿舍被捕。被带走前，她从容地在国民党特务眼皮底下，取下搭在后窗外竹竿上的旗袍，向于非发出了报警信号。

萧明华被捕后，先被关押在台北西宁南路国民党"台湾省保安司令部"军法处监狱。3 月 25 日，与她一同被捕的三哥萧明柱被保释出狱，萧明华则被转押到台北青岛东路国民党"台湾省保安司令部"军法处监狱。在狱中，国民党特务用电椅、老虎凳、捆绑吊打等酷刑，把萧明华折磨得遍体鳞伤，双臂双手多处骨折，使她身心饱受摧残，甚至进行疲劳审讯五天五夜不许她睡觉，妄图在她失去自制力时，能够从她口中得到线索。但萧明华以坚强的毅力，始终坚贞不屈，自己承担了一切，扛住了常人难以承受的酷刑，没有泄露任何机密，没有牵涉一人一事。无论国民党特务怎么拷打，她嘴里说的依然是那句话："我是一个拥护革命、支持共产党推翻国民党反动统治的人，我何罪之有？"曾在《国语日报》与萧明华共事、当过排字工的刘姓难友回忆说，她亲眼看到萧明华被国民党特务吊起来拷打，满脸鲜血，昏死醒来后，仍用一副轻蔑的眼神看着特务打手。就这样，萧明华在特务持续的非人折磨中，度过了她人生最后的278天。

尽管身在狱中，但萧明华仍然牵挂着党组织和战友们的安全。她决心设法将狱中了解到的情况报告给党组织，让他们了解危险并尽快转移。一天，萧明华借放风探监之机，心生一计，将一个还剩七颗鱼肝油丸的药瓶托人带出监狱，说要按照这个牌子再给她买几瓶。这是暗示于非，要他迅速撤离。因为她和三哥萧明柱在家里都说嘉兴方言，口音中"七"与"去"相近，"鱼"与"于"同音，两者连起来便是"于去"。这是萧明华在最艰难的条件下，向党组织报出的最后一份情报。"台工组"战友们知道其中用意，无不为萧明华的忠诚担当而感动。

1950年3月，国民党特务公开通缉于非。面对险恶形势，"台工组"战友们全力掩护于非潜藏。孙玉林和苏艺林共同谋划将于非送出台湾，他们倾其家私，为于非筹措了 20 两黄金，用作路上打点。在战友们的掩护下，历经周折，4 月 1 日于非成功撤回祖国大陆，将一批重要军事情报交给党组织。

5 月 24 日，苏艺林在国民党"国防部"办公室被捕。他在狱中对战友说："行动失败，暴露的不过是我一个人，成功了，就能减少千万人的牺牲。"

9 月，孙玉林被捕。

由于身份暴露，"台工组"大批成员被捕，他们在国民党监狱里遭受了常人难以承受的磨难。

为革命事业壮烈牺牲

1950 年 6 月，朝鲜战争爆发，美国第七舰队侵入台湾海峡。国民党反动派在岛内更加疯狂地残害共产党人和爱国志士，台湾笼罩在一片白色恐怖的肃杀气氛中。

萧明华知道，她的日子不会多了。她在狱中忍着剧痛，艰难地用一支铅笔头和仅有的一张纸，写下了她人生最后 30 篇 669 个字的狱中纪事：

8 月 30 日："离离原上草，一岁一枯荣。野火烧不尽，春风吹又生。"沙包上生青草，白云，蓝天。

9 月 7 日：清晨失声痛哭，瞬息强止。

ᅟ

ᅠᅠ

9 月 24 日：夜梦缭乱，心境较宁……昨天的事仿佛已过了许久，很久很久以前的事却又好像发生在昨天。在失掉自由的日子里，"时间"的观念已不复存在。

1950 年 9 月 24 日，萧明华写下最后一篇纪事，之后直到牺牲前的 45 天里，不知何故再无纪事。这期间，萧明华还用她被打伤的双手，艰难地一针一针给三个侄子、侄女每人织了一件毛衣。牺牲前的最后一个夜晚，她仍在静静地为难友小廖织毛衣。这一针一线，凝结着萧明华对亲人、对战友、对组织、对人生的多少情与爱啊！

1950 年 11 月 7 日深夜，国民党"台湾省保安司令部"军法处监狱办公室的灯又亮了。难友们知道，这间屋子的灯一亮，第二天又要有人被国民党杀害了。大家立刻明白：萧明华明天就要离开了。难友们紧紧地依偎在萧明华身旁，泣不成声。萧明华微笑而平静地对难友们说："我早有准备了，大家该干什么就干什么吧！"

萧明华拿出心爱的黄杨木梳，那是两年前来台湾时母亲送给她的。母亲的万般慈爱都凝结在这把黄杨木梳上，而萧明华与父母的匆匆一别却成为永别！表情平静的萧明华，内心激荡着对亲人们的无限眷恋。但酷刑使她已无法举起木梳了，她请一直帮自己梳头的难友小黄为自己梳了最后一次头。小黄流着泪，解开萧明华的辫子，小心地梳理起来……

夜深了，萧明华脱下囚衣，换上自己的衣服，穿上难友们送的新鞋新袜……默诵着她最喜爱的李清照《夏日绝句》："生当作人杰，死亦为鬼雄，至今思项羽，不肯过江东。"

11月8日凌晨，牢房的门打开了。萧明华从容站起来，整理好头发和衣服，轻轻地向难友们告别：永别了，姐妹们，愿你们早日自由！

萧明华听完"宣判"，从容拿起笔，给在台北的三哥三嫂留下了最后遗言……

柱哥、香嫂：

请你们不要过分地悲伤，千万要保重身体，健康第一。

害你们受冤枉罪，我很不安。我相信你们很快会自由的。

我很平静。我祝福你们和孩子们安好。

不要带我的遗骨回家乡，就让她在台湾吧！

祝福你们，祝福父母。

千万不要哀痛，好好地、健康地生活吧！

也只有如此，才能慰我九泉之心。一定啊！

明华

三十九.十一.八日清晨

于台湾保安司令部军法处

遗书展现了萧明华视死如归的大无畏英雄气概！

台北马场町刑场，萧明华和她的三位战友周哲夫、郑福春、吴国祥大义凛然，慷慨赴死。临刑前，萧明华拒绝跪下，突然挣脱，奋力向前奔去，昂首高呼："中国共产党万岁！中华人民共和国万岁！毛主席万岁！"

枪响了，萧明华和她的战友们倒在了血泊中。

萧明华的生命，永远定格在青春灿烂的 28 岁，留给人们的永远是甜甜微笑的秀美模样！这微笑，诉不尽她对故乡和亲人们的眷恋；这微笑，说不完她对党组织和战友们的思念；这微笑，饱含着她对祖国母亲的深情与美好祝愿！中华民族伟大复兴将梦想成真，祖国统一必将实现！

1951 年 6 月 29 日清晨，苏艺林、孙玉林等 18 名"台工组"成员被杀害于台北马场町刑场。临刑前，他们面无惧色，昂首含笑，挺胸而立，从容就义。

1953 年 3 月，梁锺浚在台北马场町英勇就义。

"归来兮！"在萧明华英勇就义 30 年后的 1980 年，她的灵骨从台湾回到祖国大陆，安葬在北京八宝山革命公墓。书写"归来兮"墓碑大字的，正是当年萧明华的战友朱芳春。

1982 年 9 月，萧明华被追认为革命烈士。

1984 年 11 月，孙玉林被追认为革命烈士。

1986 年，梁锺浚被追认为革命烈士。

1989 年，苏艺林被追认为革命烈士。

萧明华和"台工组"是中共隐蔽战线的传奇英雄和英雄群体。他们为了党的事业，为了台湾人民的解放，为了祖国的统一，勇敢地献出了自己的生命！

他们的革命气节，我们应当永远景仰！

张志忠　季　沄

　　张志忠（1910—1954），本名张梗，台湾嘉义人。1932年加入中国共产党。1933年3月被捕，脱逃后回到祖国大陆。抗日战争时期为八路军冀南军区敌工部干部。1946年4月返回台湾开展地下工作，担任中共台湾省工委委员兼武装工作部部长。1949年12月31日与妻子季沄在台北被捕。1954年3月16日在台北马场町英勇就义。

季沄（1921—1950），江苏南通人。1940年加入中国共产党。1946年6月与张志忠在上海结婚后一起赴台湾从事地下工作。1949年12月31日在台北被捕。1950年11月18日在台北马场町英勇就义。

积极投身反日斗争

1910 年 11 月 26 日，张梗出生于日据时期的台湾台南州新港庄新巷（今嘉义县新港乡福德村）一个赤贫农家。父亲张礼以种菜为生，育有六个子女。张梗排行第三，上有大姐大哥，下有两个妹妹和一个弟弟。张梗幼年在嘉义新港公学校上学。小学毕业后由于家境贫穷，张梗到台南合隆商号当了一名学徒。后私渡到祖国大陆，进入厦门集美中学读书。

1924 年 4 月，张梗参加了同为集美中学同学的台湾进步青年翁泽生等组织的闽南台湾学生联合会，积极参加反日活动，并与台湾省籍同学庄泗川共同主持闽南台湾学生联合会创办的《共鸣》杂志编务工作，报道在日本殖民统治下的台湾青年反抗运动，宣传抗日思想。

后来，由于学生离散及斗争形势变化，闽南台湾学生联合会逐渐有名无实。张梗回到台湾，继续在家乡新港从事反日活动，结识了当地反日组织台湾黑色青年联盟领导人王万得和蔡孝乾。1927 年 1 月，王万得与蔡孝乾在彰化组织台湾无产青年会，张梗和庄泗川被推举为嘉义地区负责人。2 月 1 日，日本殖民当局警察对台湾黑色青年联盟进行残酷镇压，逮捕了包括张梗在内的44 人。10 月，审判终结，张梗等 17 人被判免诉。

1928 年 4 月，中共中央在上海领导成立了台湾共产党。台

湾共产党成立后，在中共中央机关工作的中共党员、台湾共产党中央候补委员翁泽生，经常往返厦门、上海，一方面指导岛内台湾共产党反日斗争，一方面组织领导在祖国大陆的台湾青年开展革命活动。翁泽生非常注意在台湾青年中发现和培养革命骨干。1929年底，翁泽生指派上海台湾青年团成员侯朝宗（刘启光）、中共党员詹以昌和潘钦信（时为中共厦门市委委员，后为台湾共产党领导人）等，在厦门组建社会科学研究会，进行马克思主义理论研究，团结组织闽南地区台湾学生开展反日革命活动，闽南台湾学生联合会又开始活跃起来。这时，张梗又回到厦门，积极参加闽南台湾学生联合会社会科学研究活动。

　　1931年3月，日本殖民当局在台湾岛内对台湾共产党进行镇压，谢雪红、王万得、潘钦信、苏新等台湾共产党领导人陆续被捕，台湾共产党组织遭到重大破坏。翁泽生迅速向中共中央报告了台湾共产党组织受损情况，并根据中共中央指示，积极派遣台湾省籍中共党员干部和青年骨干返回台湾，重建台湾共产党组织。1932年5月，翁泽生从上海来到厦门，特别指派具有共青团与中国革命互济会（赤色救援国际中国支部）身份的集美中学学生、台中丰原人王灯财（后改名王碧光），在厦门负责训练台湾青年，准备派回台湾开展革命工作。

　　1993年6月，王碧光回忆："就在这段期间，从集美中学转到漳州八中就读的张梗来厦门找我，他向我表示他准备回台参加实际工作。"来到厦门后，张梗就与王碧光住在一起。后来，经王碧光安排，通过侯朝宗介绍，张梗加入了中国革命互济会，又通过王碧光介绍，加入了共青团。考虑到张梗年纪比一般学生稍大，又有回台湾工作的决心，组织上决定让他"升大学"（加入中国共产党），并参加中共厦门市委举办的训练班。

翁泽生和张梗是厦门集美中学校友。在厦门集美中学读书时，张梗就参加了翁泽生组织的闽南台湾学生联合会，与庄泗川、蔡孝乾、王万得等台胞青年一起参加抗日活动。他们这些曾经并肩战斗过的战友，后来都加入了中国共产党并成为台湾共产党的重要干部。这种特殊渊源，是张梗返回台湾担当重建台湾共产党组织重要任务的有利条件。王碧光向翁泽生汇报张梗的有关情况后，翁泽生很高兴，亲自同张梗谈话，决定派他回台湾参与重建台湾共产党组织工作。

回到台湾后，张梗写信给王碧光，向党组织报了平安。王碧光把张梗的来信交给厦门市中共党组织，党组织再通过交通渠道把信转交给在上海的翁泽生。在翁泽生的直接领导下，张梗往返台湾和祖国大陆，继续开展革命活动。

1931 年 7 月，针对日本侵略者制造万宝山事件激化中国人民和朝鲜人民矛盾，中共江苏省委组织指导在沪各个社团举行抗议示威游行。日本驻上海领事馆和公共租界日本警察侦获上海台湾反帝同盟反日活动频繁，随即展开搜捕，上海台湾反帝同盟和由闽南台湾学生联合会更名的厦门反帝同盟台湾分盟被破坏。1933 年 3 月，张梗在上海被日本警察逮捕，6 月 29 日被移送日本设在上海租界的检察局后押送台湾受审。张梗在狱中勇敢斗争，闹得日本看守束手无策，只好将他遣送回家乡新港，由当地

巡查和壮丁轮流监视看管。一天，张梗趁看守稍微松懈，就设法逃走了。

张梗先渡海逃到大连，然后转往青岛。后来台湾基隆海关查获了一封张梗从青岛寄出的报平安的家书，这才知道他已经私渡到了祖国大陆。在祖国大陆，张梗到处寻找中共党组织，几经周折辗转，他终于来到了延安，进入中国人民抗日军政大学学习，改名张志忠。

1939 年从抗大毕业后，张志忠被派往八路军一二九师，化名张光熙，在冀南军区敌工部日军工作科担任干事，从事对日军的反战宣传和教育统战工作。从日本早稻田大学毕业的冀南军区敌工部部长、新中国成立后曾担任六机部副部长的张茂林回忆说：在敌工部，只有我和张光熙两人懂日语，他的业务能力较强，个性顽强，不怕困苦，曾经带领日军俘虏秋山良照冒险靠近敌人的碉堡，从事对敌宣传感化。1940 年 9 月，秋山良照被八路军俘虏，他晚年写了一篇回忆文章《西瓜与烧饼》，称：在八路军的俘虏生活中，我跟张茂林和张光熙等会讲日语的人学习到科学社会主义理论、唯物史观国家理论、社会发展史等许多理论。可是当时我并没有全盘接受。"两位张先生就耐心地详细地向我说明。他们说，日本军方用各种借口在中国发动战争，然后告诉你们说是中国排日或抗日。然而，日本军队在中国的各种蹂躏，换个立场的话，日本人也一定受不了。""他们所说的话终于使我了解日本发动的战争是侵略战争。"1941 年 8 月，秋山良照发起组织"日军士兵觉醒联盟冀南支部"，很快盟员就发展到 24

人，反战工作取得很好效果，八路军总司令朱德、一二九师师长刘伯承给予高度肯定和热情赞扬。秋山良照在冀南一带的侵华日军中有很大影响，日军下令通缉并以连升两级作为悬赏。1963年，秋山良照发表文章写道："这些工作都是在张茂林、张光熙等许多中国同志的帮助下进行的。"

革命夫妻潜台战斗

1945 年 8 月 15 日，日本宣布无条件投降，中国人民抗日战争取得胜利。8 月中旬，中共中央对全国工作进行了研究部署，决定在台湾建立党的组织，布局开展党在台湾的工作。经过慎重研究，决定由八路军政治部敌工部部长、台湾省籍中共党员蔡孝乾负责这项工作，并由中共中央华中局具体负责筹备和领导，选调一批干部赴台参加组建党组织的工作。8 月 28 日，毛泽东、周恩来、王若飞等赴重庆进行和平谈判。在重庆谈判期间，周恩来通过协助董必武工作的中共中央南方局宣传部干部许涤新，指示即将赴台参加台湾光复受降典礼活动的台湾省籍中共党员、《大公报》记者李纯青，了解日据时期台湾共产党组织和老台共党员情况，向台湾进步人士阐明中国共产党的政治主张和政策立场，为即将成立中共台湾省工委及开展党在台湾的工作做准备。

1945 年 9 月，中共中央华中局与山东分局合并组建中共中央华东局。10 月，中共中央决定在江苏淮安设立华中分局，负

责领导苏北、苏中、淮北、淮南地区及国民党统治区党的工作。根据中共中央指示，华中分局重点选择了一些台湾、福建、广东籍干部，也从华中根据地选择了一些有斗争经验的干部，准备派遣赴台开展党的工作。12月底，蔡孝乾到达淮安，与华中分局负责人张鼎丞、曾山、刘晓会面，商量在台湾建立发展党组织的工作。1946年2月，华中分局决定组建中共台湾省工作委员会，由蔡孝乾担任工委书记，并确定张志忠、洪幼樵和许敏兰夫妇、林海光夫妇、庄五洲、林昆和蔡孝乾等赴台开展工作。

张志忠长期在一二九师和冀南军区工作，属于军事干部。作为土地革命时期加入中国共产党的台湾省籍党员，张志忠受到中共中央和华中分局的重视，华中分局为开展党在台湾的组织工作，决定抽调他参加组建台湾省工委工作。洪幼樵是广东揭阳人，1937年加入中国共产党，曾担任中共潮阳中心区委委员，1941年转调华中抗日根据地和新四军工作，曾担任中共涟东县委副书记、滨海县委书记等职。

1946年初，根据中共中央指示，成立了中共中央上海局，由刘晓担任书记，负责领导上海及国统区党的地下工作。刘晓致电中共中央华东局，建议把华中分局相关工作关系交给上海局。经中共中央批准同意，有关台湾省党的组织指导工作就由中共中央上海局负责和领导。

1946年2月至3月，蔡孝乾、张志忠、洪幼樵、许敏兰、林昆等从淮安出发到达上海。在上海地下党组织安排下，蔡孝乾与台湾省籍中共党员、上海台湾同乡会会长李伟光接上关系，李伟光向蔡孝乾介绍了台湾岛内的有关情况。

李伟光是台湾彰化人，早年在台湾投身反抗日本殖民统治的斗争，是反日团体台湾文化协会的创始人之一，1925年领导过轰动全岛的反日农民暴动，史称二林蔗农事件。1932年，李伟光在厦门加入中国共产党，1935年在上海开办伟光医院掩护地下党活动，他组织的上海台湾同乡会和伟光医院成为地下党组织的秘密联络站。中共中央上海局成立后，在上海局负责人张执一直接领导下，李伟光担负了与中共台湾省工委的联络和交通工作。

1946年4月初，张志忠、洪幼樵、许敏兰和林英杰作为中共台湾省工委第一批赴台干部潜抵台湾，随即开展建立发展地下党组织工作。张志忠联络了已在台湾的中共党员、台湾义勇队队员张英（骆耕漠之妻，骆耕漠是著名经济学家，此时是华中解放区重要负责干部）、王正南（又名林云，台湾义勇队少年团团长，二二八起义后潜回祖国大陆，在华北军政大学担任教员，曾代表华北军政大学台湾队即第三野战军台湾队向毛泽东、朱德献旗），寻求公开职业掩护身份。张志忠还结识了曾参加过台湾义勇队的崔志信和李妈兜。同时，张志忠还积极联络日本殖民统治时期的台湾共产党党员、台湾农民组合和台湾文化协会成员，在彰化永靖找到集美中学同学王天强，在台北找到原台湾共产党党员林梁才。张志忠在台湾南北跑了一趟又一趟，接触关系、寻找同路人、吸收党员、发展组织，只用了两个月时间，就在台湾许多地方建立了党的地下组织。其间，张志忠还通过王天强与谢雪

红取得联系，沟通情况，通报上级党组织指示。

中国人民抗日战争胜利后，原台湾共产党党员欣喜若狂，很快又聚拢了起来。1945年8月18日，谢雪红等发表《告台湾青年书》公开信，欢呼台湾回到祖国怀抱，表达了为民主斗争的愿望。他们达成共识："台湾已回归祖国，我们不能自己恢复台湾共产党组织，要等中共中央派人来处理。"10月5日，谢雪红团结组织原台湾共产党党员和左翼进步人士，成立了台湾人民协会，发行《人民公报》，并积极筹组台湾农民协会和台湾总工会。由于还没有与中国共产党取得组织上的联系，对党的组织形式和工作方针还不了解，1946年1月，谢雪红等成立了中国共产党台湾省委员会筹备会，努力为中国共产党在台湾的组织发展打一个基础。

1946年5月，根据张志忠建议，谢雪红指派原台湾共产党党员杨来传到上海联系李纯青，寻求中国共产党指示。同时，张志忠也赴上海向中共中央上海局汇报了有关工作。吴克泰后来回忆说："上海局把杨来传和张志忠召集在一起，听取了杨来传的来意后明确指示，张志忠就是中共台湾省工委的代表，你们回去后要听从张志忠的安排，'建党筹备会'要解散，党章规定不能集体入党，只能个别审查、个别吸收。"不久，在原台湾共产党党员苏新、潘钦信、廖瑞发等支持下，王万得也从台湾来到上海，通过李纯青与中共中央上海局取得联系，听取了上海局指示。

1946年6月，受中共党组织指派，同为中共地下党员的季沄与丈夫张志忠一起回到台湾。

1921年2月8日，季沄出生于江苏南通一个小资产阶级家庭。父亲季厚庵是交通银行南通支行中高级职员。季沄幼时就读南通女子师范学院附属小学。1931年日本帝国主义制造九一八事变，全国各地掀起抗日救亡浪潮。南通女子师范学院附属小学老师积极向学生宣传爱国主义思想，每天早晨都组织学生唱歌："我们的国家，被人欺负，快救她，快救她！读书要用心，志气要高大，养成实力复兴中华，爱护我们的国家。"10岁的季沄深受感染，她阅读抗日救亡书刊，投身抵制日货的宣传活动。

1937年7月7日，日本侵略者发动卢沟桥事变，全民族抗战爆发。8月13日，日军进攻上海。正在南通中学就读的季沄满怀悲壮之情，参加了战时青年救亡宣达团，投身抗日救亡宣传活动。1938年3月，日军进占南通，季沄父亲携全家逃往上海租界避难，季沄考入上海务本女子中学。1939年8月，原南通中学在上海以通州中学之名复校，季沄立即转入通州中学，并积极参加抗日活动。1940年3月，汪精卫公开投靠日本，成立伪国民政府，季沄投身参加反汪伪斗争活动。由于表现突出，季沄光荣加入了中国共产党。同年夏，季沄考入上海暨南大学。1941年底，日军占领上海租界，上海暨南大学南迁福建。根据中共党组织安排，季沄转入上海大同大学学习。1942年9月，在中共党组织安排下，季沄插班进入设在苏州的汪伪江苏省立教育学院，担任地下党学生党支部书记，其党组织关系隶属中共江苏省委学生工作委员会，继续开展党的地下斗争。1943年1月，季

沄的党组织关系转到中共苏州工委。8月从汪伪江苏省立教育学院毕业后，季沄先后在苏州中学、江苏省立第三中学担任历史和语文教员。1945年8月，抗战胜利后不久，经党组织批准，季沄被调到上海开展地下工作。此时的季沄虽然只有24岁，但她已经是一名成熟的党的地下工作者了。

1946年2月，已确定赴台参加组建中共台湾省工委工作的张志忠来到上海。在上海，季沄与张志忠结识，他们志同道合，一见如故，相亲相爱。6月，张志忠从台湾来上海汇报工作后，中共中央上海局决定季沄随同张志忠一起赴台参加台湾省工委党的地下组织工作。赴台前，季沄通过台湾行政长官公署教育处在上海设立的招聘委员会，顺利受聘为中学教师，以此职业为掩护开展工作。

到达台湾后，张志忠与季沄奔波南北，积极开展中共台湾地下党组织工作。季沄先后在嘉义商业职业学校、台北第一女子中学任教。其间，季沄曾随张志忠回到新港看望生病的公公，全家都非常喜欢她，给予热情款待。

发展组织建立武装

1946年6月17日，从上海返回台湾的张志忠代表中共台湾省工委，召集中国共产党台湾省委员会筹备会代表在台北开会。谢雪红因目标太大没有参加，杨克煌、杨来传、廖瑞发、林梁材四人出席了会议。在会上，杨来传报告了赴上海汇报工作的情况，证实了中共台湾省工委的存在和张志忠的身份。会议作出决定：筹备会即时解散，其成员均接受中共台湾省工委领导；筹备会成员不再发生组织上的联系；筹备会成员基本上均接受为中共党员，由台湾省工委分别接受。会后，谢雪红、杨克煌向张志忠报告了有关人员情况，政治活动和各项工作都同张志忠商量，听取他的意见。张志忠特别指示，谢雪红等的主要任务是做国民党中上层人士的统战工作，要与做秘密工作的中共地下党员切断联系。

1946 年 7 月中旬，蔡孝乾由上海抵达台北，中共台湾省工委正式成立。张志忠担任台湾省工委委员兼武装工作部部长，先是负责开辟嘉义、新竹地区地下党组织工作，后来又领导台北、桃园等地区地下党组织工作。

台湾省工委成立后，根据工作分工，张志忠继续负责联系原台湾共产党成员，指导他们开展国民党中上层人士的统战工作。为防止意外，张志忠与原台共成员联系非常谨慎。张志忠与谢雪红保持单线联系，约定每个星期或 10 日见一次面，取得情报、传达指示、安排工作，必要时通过台中地下党组织与谢雪红保持联系。按照张志忠和台湾省工委要求，谢雪红、杨克煌等主要做公开的工作，积极开展对国民党中上层人士的统战工作。经张志忠同意，谢雪红利用 1925 年在杭州参加过国民党的经历，重新登记了国民党党籍。杨克煌也编造一段历史，加入了国民党。张志忠还把一些国民党军政上层关系介绍给谢雪红，让谢雪红通过

结识国民党上层人士和参加国民党中上层人士的社交活动获取情报信息。在张志忠指导下，谢雪红等对国民党《和平日报》（原国民党国防部机关报《扫荡报》）秘密开展团结争取工作，安排杨克煌等10多人进入报社工作。通过张志忠的渠道，谢雪红清楚了解了曾在上海一起参加抗日斗争的旧友李友邦及其妻子严秀峰的有关情况，彼此建立了密切的秘密联系。张志忠还指示谢雪红，利用她担任的社会职务，如台湾妇女运动委员会委员、台湾妇女联合会理事、台中建国工业学校校长等身份，开展社会联络工作，并要求她参选国民党"国大代表"。经过实际考察，张志忠和台湾省工委吸收了杨克煌、简吉、廖瑞发、孙古平等原台湾共产党成员加入了中国共产党。

1946年夏，王万得从上海听取党组织指示后回到台湾，与张志忠取得联系。王万得带回了一批祖国大陆解放区进步刊物，计划在岛内出版，得到张志忠的支持和鼓励。

1946年六七月间，通过考察，张志忠介绍李妈兜加入了中国共产党。不久，李妈兜担任中共台南市工委书记。9月，张志忠与日据时期台湾农民运动领袖、原台共党员简吉取得联系，指导他在高雄组织开展农民运动。随后，简吉也来到嘉义、台南地区，与张志忠一起开展群众运动，在台湾工农群众中发展力量，积极准备建立游击区。

张志忠非常重视台湾青年工作。刚到台湾不久，经中共中央上海局安排，张志忠就与奉派回台的吴克泰取得联系。刚刚20岁的吴克泰（本名詹世平，台湾宜兰人）抗战胜利前被征到祖国大陆为日军当翻译，不久日军战败投降。抗日战争胜利后，吴克泰考入复旦大学，目睹了国民党的腐败无能，他对中国共产党心生向往，通过辗转努力，找到了党组织。中共上海地下党组织对吴克泰进行了思想教育培养，决定吸收他加入中国共产党，并派其回台湾开展革命工作。1946年3月，吴克泰回到台湾，进入台湾大学读书。4月，张志忠来到吴克泰家中，宣布已批准他加入中国共产党。在张志忠直接领导下，吴克泰在台湾各高校及新闻界积极开展工作，发展党的地下组织。12月，北平发生美军强暴女大学生事件，引起北平数万名大学生游行示威抗议，中共中央指示国统区地下党组织在各大城市发动游行示威。根据中共中央上海局指示，中共台湾省工委决定在台北发动学生举行反美游行。张志忠将组织示威游行的任务交给了吴克泰，并很具体地指示他，"组织游行时最重要的是组织纠察队，从游行队伍两旁保护队伍不受冲击"。1947年1月9日，在中共台湾地下党组织领导下，台北各高校万名大学生走上街头，举行反美游行示威，同学们高唱《义勇军进行曲》，高喊"反对美帝干涉中国内政""反对内战、要求和平"等口号。这次学运汇入了全国反暴爱国运动洪流。1月10日，张志忠找到吴克泰，代表台湾省工委对他予以表扬，并交代给他一项重要任务，成立台北市学生工作委员会，由吴克泰担任党支部书记。

1947年2月28日，台北市人民为反抗国民党暴政，抗议国民党军警枪杀市民，举行大规模示威游行，台湾各地人民纷起响应，夺取武器进行起义。这就是二二八起义。中共台湾省工委和

台湾各地地下党组织积极参加了起义斗争。二二八起义发生时，正在嘉义开展群众运动的张志忠听到台北人民暴动的广播消息，立即与简吉、许分前往东石，与《和平日报》东石负责人张荣宗组织当地青年，接收了当地警察局，释放了所有被关押的人，并从东石区公所兵器库夺取武器，把群众武装起来。

与此同时，经张志忠指导，中共台湾地下党组织在嘉义电台职员中建立了一个以黄文辉为核心的外围组织，负责联系嘉南地区广大城乡自发群众武装，并进行统筹指挥，与国民党开展武装斗争。1947年3月2日，张志忠把嘉南地区自发的武装群众组织起来，建立了台湾民主联军（嘉南纵队），简吉担任政委。其中，台南地区由李妈兜负责，斗六地区由陈篡地负责，嘉义地区由许分负责。3月4日前，在台湾民主联军大规模进攻下，国民党在嘉义、台南的党政军机关，以及水道、电力、广播电台、铁路交通等均很快掌握在民主联军手中。3月4日，张志忠赶到桃园，了解台北、桃园地区武装斗争情况。3月5日，张志忠又赶到台中与谢雪红见面，肯定了谢雪红在台中武装斗争中发挥的作用，提出了武装斗争策略。他们商定，一旦国民党军反扑，嘉义、台中民主联军分别撤入埔里和竹山。根据张志忠的意见，3月6日，谢雪红、杨克煌把台中群众武装编入民主联军（台湾称二七部队）。随即，张志忠赶回嘉义，指挥民主联军进攻嘉义机场。3月7日，国民党从台北派飞机向嘉义机场投掷弹药和粮食，国民党守军才得以冲出重围，反守为攻。由此，战斗形势发生了逆转。3月12日下午，大批国民党军队被空运到嘉义，孤立无援、弹尽粮绝的民主联军逐渐不支，战斗终至失败。国民党随即大肆逮捕、屠杀参与起义的共产党员和革命民众。张志忠指挥民主联军浴血奋战到最后一刻，书写了台湾人民在这场反抗国民党专制独裁统治的斗争中最为光辉的一页。一直以化名开展武装斗争的张志忠，起义期间自始至终没有暴露其真实身份。

1947 年 3 月底，中共中央上海局派遣负责统战工作的张执一和交通员林昆从上海赶到台北，向台湾省工委传达了中共中央和上海局"不能存在及暴露的干部应尽量撤走"的指示。按照党组织要求，张志忠安排高雄左营要塞司令部海军上尉蔡懋棠掩护谢雪红、杨克煌、古瑞云（周明），登上一艘国民党海军巡逻艇，安全撤离了台湾。1947 年 6 月 4 日凌晨，季沄和张志忠的孩子出生，而张志忠自己却继续留在台湾坚持斗争，做了大量卓有成效的工作，特别是他领导的地下武装斗争有了新的进展。8 月 22 日，张志忠率领 18 名武装骨干，袭击了台南县西螺镇国民党警察分局，夺取了数挺机枪。

1948 年初，为振奋台湾同胞革命斗志，中共台湾省工委决定号召全省人民继承二二八起义革命精神，建立爱国民主统一战线。二二八起义一周年之际，在张志忠指挥下，台湾大学医学院中共地下党组织负责人萧道应，指令黄培奕与石聪金前往桃园，在莺歌下坡路段前两公里处的坡坎上，用红漆涂写了"毋忘'二二八'，血债血还；记住'二二八'，台湾青年起来"等大字标语。这使国民党大为震惊。此后，张志忠就以黄培奕为骨干，在莺歌一带发展党的地下组织。5 月，张志忠前往竹山，成立了

武装工作队。

1948 年 6 月，为全面总结党在台湾的工作，布置之后一段时期的任务，中共中央上海局在香港分局协助下，在香港召开了台湾工作会议。中共中央上海局刘晓、张执一、李伟光，香港分局章汉夫，台湾省工委书记蔡孝乾、副书记兼组织部部长陈泽民、工委委员兼武装工作部部长张志忠、工委委员兼宣传部部长洪幼樵，岛内各地地下党组织代表郭绣琮、孙古平、李妈兜、李武昌、陈福禄、朱子慧、计梅真，以及已在香港工作的谢雪红、杨克煌出席会议。张执一在会上作《二二八斗争的总结》报告。会议讨论决定了台湾省工委组织发展工作，强调坚决反对"托管论"和"台独"主张，要求台湾省工委紧密团结台湾工人、农民、革命知识分子，号召包括外省人和台湾少数民族同胞在内的全省各阶层人士组成最广泛的爱国爱乡统一战线，共同反对国民党专制腐败统治，反对美国侵略，并建立台湾人民武装力量，为配合人民解放军解放台湾做准备。

原由洪幼樵负责的中坜义民中学党小组，由张志忠领导后发展很快，吸收了一批党员，在中坜、杨梅分别建立了党支部，在湖口、毛利沿海一带建立了据点。上海解放后，台湾省工委积极准备迎接人民解放军解放台湾。1949 年 5 月，张志忠指示义民中学地下党组织负责人黎明华，务必把迎接解放台湾的政治口号转为配合解放台湾的实际行动，要求黎明华编写一本武装斗争的材料以教育干部。

1949 年夏，张志忠来到台北县海山区、桃园县大溪和龙潭地区、新竹县关西和新埔、竹东地区，以及苗栗县大湖地区，大力整顿地下党组织，进行深入隐蔽的群众运动，编组小型武装工作队，开展地下武装活动，队伍不断扩大，成效显著。7月，台湾师范学院学生自治会理事林希鹏因其地下党员身份暴露而被迫逃亡。张志忠将林希鹏移交给陈福星领导，负责开辟桃园至新竹铁路以西海岸地带的地下党组织和地下武装斗争工作。

正当中共台湾省工委各方面工作日趋扩展之际，国民党也加紧了对中共台湾地下党组织的侦防和破坏。

1949 年 8 月下旬，基隆中学"《光明报》案"爆发，中共基隆市工委遭到破坏。中坜义民中学教师黎明华因身份暴露，被迫潜逃，将中坜地下党支部书记姚锦交由张志忠领导。张志忠把姚锦交给竹东林场地下党员殷启辉，并将黎明华交由陈福星带到三湾地区隐蔽。

1949 年 10 月，张志忠前往海山区莺歌镇乌涂窟山区，召集台湾各地地下党员开办训练班，建立起乌涂窟训练基地，游击根据地初具规模。12 月下旬，张志忠召集黎明华等竹南地区地下党员，在神桌山举行了一个星期的学习培训。学习班以毛泽东的《将革命进行到底》《新民主主义论》《论人民民主专政》、刘少奇的《论共产党员的修养》、陈云的《怎样做一个共产党员》等为教材，张志忠详细讲述了怎样做一个共产党员、怎样做群众工作的道理和方法，使党的基层干部在认识上、思想上有了很大提高。随后，张志忠还在三峡地区十三份办了一次地下党干部集体学习会，着重研究了台湾山乡地形及游击战术等问题。

然而，国民党特务通过侦破中共基隆市工委，获得了中共台湾省工委的线索，随即展开大规模严密侦察。1949年10月31日下午，国民党特务在高雄逮捕了台湾省工委副书记陈泽民。12月31日晚，张志忠和妻子季沄在台北被捕。

铁骨铮铮壮烈双英

张志忠、季沄夫妇被捕时，他们年仅两岁半的儿子小羊（杨扬）也同时入狱。曾与季沄母子一起被关押的难友萧素梅回忆："小羊很可爱，也很可怜。""小小年纪的他，应该生活在自由的社会里，但是，无辜的他却跟着母亲被禁锢在监牢里头，受这种人间地狱的罪，他不但没有活动的空间，两条大腿还被蚊子、臭虫、虱子叮咬得像红豆冰棒一样，花花的。"另一位同牢被关押的难友冯守娥回忆："那些心理不正常的国民党监狱看守经常把杨扬当玩具玩，还打骂他。"母亲季沄怒骂，看守就寻机报复，给季沄戴脚镣。杨扬被关押了近九个月，才被允许由其叔叔张再添接回新港老家，和比他小两岁的妹妹张素梅一起生活，由张再添代为抚养。

国民党特务没有从季沄嘴里得到他们想要的任何东西。1950年11月18日清晨六时，季沄等六名中共地下党员在台北马场町被国民党杀害。季沄牺牲时年仅29岁。国民党特务没有通知她的亲人张再添夫妇，直到现在，人们仍然不知道季沄的忠骨埋在何处。

1993 年 5 月 27 日，20 世纪 50 年代台湾白色恐怖受害者曾梅兰历经数十年的辗转寻找，终于在台北六张犁的乱草堆中找到了当年被枪杀而尸骨无踪的二哥徐庆兰的墓塚，同时还挖出 201 个被枪杀而无人收尸的墓塚，其中一块很小的碑石上刻写着"李云"的名字。不知道这是否就是"季沄"的误写？至今，季沄烈士的遗骨仍然无处寻找。

国民党杀害了季沄，却留下张志忠暂时不杀，完全是狡诈的阴谋诡计。张志忠被捕后，原本属于其领导的台湾北部地区地下党组织并没有停止活动。1950 年 1 月，他们以陈福星为首，开始重整中共台湾省工委，在乌涂窟成立了台湾省工委临时领导机构，并转变方式，继续开展地下斗争。经过艰苦努力，5 月，在台湾西部平原以东的丘陵地带，地下党组织重新建立起了武装游击基地。

为了搜捕中共台湾地下党武装组织，国民党特务一方面对张志忠施以惨无人道的酷刑，企图逼迫他说出陈福星等地下党员的隐蔽线索，但遭到张志忠严词拒绝；另一方面，国民党特务又假冒张志忠的签名，与叛徒蔡孝乾、陈泽民、洪幼樵联署登报"自新"，企图诱使中共地下党员放弃斗争，向国民党"自首"。国民党妄图用这种卑鄙伎俩，剿灭重建后的台湾省工委组织。为达此目的，蒋经国曾亲自出面，先后两次到监狱劝降张志忠。蒋经国对张志忠说："张先生，你有什么困难需要我帮助的吗？"张志忠很坚决干脆地回答："你如果想帮助我，就让我快死！""让我

快死，就是对我最大的帮助！"

1950年2月，台湾北部海山地区中共地下党组织已被全部破坏。6月1日，国民党统合特务机关组建特种联合小组，加大力度侦破重整后的中共台湾省工委。8月，重整后的台湾省工委被迫从桃园、新竹转移到苗栗地区。

1952年4月下旬，国民党特种联合小组利用秘密"自新"的叛徒范新戊卧底，在苗栗山区鱼藤坪游击武装基地逮捕了陈福星、曾永贤、萧道应等重整后的台湾省工委领导人，陈福星等很快"自新"，地下党组织遭受重大损失，台湾省工委被彻底破坏。8月，国民党调查局成立"肃奸工作项目小组"，集中全力"清剿"台北县山区的中共台湾地下党游击武装组织。

据曾与张志忠一起被关押的难友们回忆，张志忠在狱中经常用喊口号、唱革命歌曲来鼓舞大家，每次看到有人被关进来，他就大声喊："早说早死，晚说晚死，不说不死！"张志忠的这三句话，至今在台湾统派中广为流传。

1953年春，国民党调查局制定所谓"肃清残匪计划"，利用"自新"的叛徒策动"逃匪"投案自首。在走投无路的困境下，在苗栗山区流亡的一些中共台湾地下党员被迫陆续出来"自首"。地下党员石聪金坚持不肯自首，但不久也被捕了。石聪金后来回忆说，当他进入牢房时，见到张志忠也在里面。"张志忠看到我，立刻走过来，把我紧紧地抱住，他一再叮嘱，要我坚决否认参与过组织。"

台湾民众党秘书长陈其昌原被关押在国民党"台湾省保安司

令部"军法处东所监狱楼下的牢房，后来移到楼上，恰好与张志忠在同一牢房。张志忠安慰他说："石聪金来这里没几个钟头就被调走了，你的事情我很清楚。我已经告诉石聪金，让他不要说你的事情！"张志忠又和陈其昌谈到了家里的情形，说要写信给亲戚，交代如何安排好孩子们。张志忠说："我每天都等着他们来枪毙我！"陈其昌回忆，他看到张志忠每天一早起来，总是如常地唱着《赤旗歌》或《国际歌》来鼓舞其他难友，然后就安静地看书。陈其昌想，张志忠说不定明天就要被杀害了，怎么今天还看得下去书啊！几天后陈其昌被转往西所监狱，在牢房窗口可以清楚地看到法庭审讯情形。他算了算，不到一个月就有50个难友被判了死刑，庆幸的是还没有看到张志忠。

张志忠的坚强表现，不仅让难友们十分敬佩，就连国民党刽子手也表示尊敬。向来杀人不眨眼的国民党特务头子谷正文在他的回忆文章中说："在我与这些人的交手经验里，蔡孝乾的人品最令我不满；而张志忠后来虽然被判死刑，但是我对他的评价却最高。""蔡孝乾久经中共长征及对日抗战，吃尽苦头，故返台后即生活腐化，思想动摇，失去领导能力……张志忠与蔡孝乾不和，四人先后被捕后，蔡孝乾、陈泽民、洪幼樵皆投降，唯张一人不降，虽多方诱导，但坚持一死。后蔡、陈、洪全为保密局聘为匪情研究室研究员，张则未供一人，未供一事。"谷正文的材料证明，张志忠是一个铁骨铮铮、坚贞不屈的中国共产党党员。

石聪金被捕后，台湾北部地区原由张志忠领导的中共台湾地下党组织基本上被国民党破坏。对国民党来说，始终拒绝投降的

张志忠已经没有存活的价值和必要了，终于对他下了毒手。

1954年3月16日下午二时，国民党特务带着武装军警从狱中提押张志忠上刑场。他们担心张志忠会反抗，准备五花大绑押他上路，但张志忠义正词严地说："无需绑了，我自己会走。"到了刑场，张志忠昂首挺胸，视死如归，他向前走了十几步，随后转过身来大声道："你们可以开枪了！"一阵枪声之后，张志忠倒在了血泊中，时年44岁。两天后，他的遗体在台北火化，骨灰由其弟张再添领回新港家乡安葬。

国民党在张志忠生前无法使其屈服，却在他英勇就义后颠倒黑白，在一些公开资料中诬蔑他在狱中变节。直到20世纪80年代末台湾当局解除"戒严"，开放台湾老兵回祖国大陆探亲，海峡两岸交流往来逐渐热络，张志忠在狱中坚贞不屈的表现才逐渐为世人所知。

1987年2月，台盟中央副主席吴克泰赴美国洛杉矶参加二二八起义40周年纪念活动。与张志忠同案的中共台湾地下党外围同情者杨克村老先生，专程从台湾赶到洛杉矶参加纪念活动。他对吴克泰讲述了张志忠被捕前后直到英勇就义的那段历史。他说，张志忠和妻子季沄发生危险后，即搬到住在台北的李振芳（因张志忠案被捕）家中隐蔽暂住，但国民党特务最终还是发现了张志忠夫妇的住处，并对他们守候跟踪了一个多月，到1949年12月底，才在台北万华区老松小学外面的马路上，开着吉普车撞倒骑自行车的张志忠，随即予以逮捕。张志忠被捕后，特务审问他，要他招供，但他坚贞不屈，只是连声说"你打死我好了"，特务、狱吏都拿他没有办法。杨老先生还郑重地说，李振芳临终前特地嘱咐他，"张志忠和季沄是坚持到底、坚决不投降的。他们没有出卖任何同志，是英勇牺牲的，此事一定要向党组织报告"。李振芳妻子卢碧霞临终前也对杨克村作了同样的嘱咐，"张志忠、季沄没有咬任何一个人"。

回国后，吴克泰立即向有关部门报告了此事。后来，吴克泰在北京又遇到一位叫苏东兰的台湾同乡。苏东兰说他曾与张志忠在台北南昌街国民党保密局监狱里一起坐牢，张志忠在狱中坚贞不屈，没有任何变节行为。

经过有关部门调查核实，1998年1月，张志忠和季沄被追认为革命烈士。

张志忠、季沄烈士的儿子杨扬和女儿素梅的命运，也十分坎坷。杨扬初中毕业后不久，被迫去当了国民党兵。他在部队常常受欺负，后来国民党又要派他到祖国大陆当特务。在万般无奈、走投无路的情况下，1968年元旦当天，杨扬在台北星光旅社自杀身亡，年仅21岁。素梅只有几个月大时父母就被捕坐牢，她长大后就读高雄工业专科学校，毕业不久患了大肠癌，前后动过三次手术，26岁不幸病逝。可以说，在中共台湾地下党员这个群体中，张志忠、季沄夫妇一家最为悲壮，最令人惋惜。

台湾嘉义新港通往云林北港的公路旁，有一个杂乱无章、蔓草丛生的墓地，安静地坐落着一处矮小而不起眼的红砖砌成的坟墓。这座立于1968年的墓冢，墓碑上仅写道："死者祖先的原乡来自福建诏安，内葬逝者张公梗、季氏沄夫妇，附男杨扬。"随

着尘封的中共台湾地下党组织历史逐渐解封，人们才知道，这座墓冢里竟然埋葬着当年中共隐蔽战线坚贞不屈、英勇牺牲的革命先烈张志忠、季沄（衣冠冢）夫妇和他们的爱子杨扬！后来墓地被辟为公园，坟墓已不复存在，张志忠的骨灰由其侄儿重新安放在一处灵骨塔中。

张志忠、季沄夫妇的英勇事迹，彰显了他们忠诚于党、忠诚于人民的大无畏牺牲精神！他们不怕牺牲、勇于斗争的品格，值得我们永远铭记！

郭琇琮

　　郭琇琮（1918—1950），台湾台北人。日据时期反抗日本殖民统治的台湾青年领袖。1947年6月加入中国共产党，担任中共台北市工委书记。1950年5月被捕，11月28日在台北马场町英勇就义。

时刻铭记自己是中国人

1918 年 11 月 28 日，郭琇琮出生在台北士林一个富裕的士绅家庭。父亲郭坤木，曾担任彰化银行板桥分行行长。1926 年至 1936 年，郭琇琮在主要招收日本人子弟的贵族学校桦山小学（今台北福星小学）和台北一中（今台北建国中学）就读，从启蒙开始接受了 10 年的"皇民化"教育。1938 年，郭琇琮考入台北高等学校，1941 年以第一名的成绩考入日本东京工业大学，1942 年又转入台北"帝国大学"医学部第六届就读。除了学业优秀，郭琇琮还在骑马、游泳、田径、音乐等方面展现出极高天赋和才华。

郭琇琮没有成为被"驯服"的"皇民"，而是走上了反抗日本殖民统治的道路。郭琇琮的祖母具有强烈的中华民族和中国人意识。在祖母的殷殷教诲下，郭琇琮时刻铭记自己是中国人，中华传统文化在其幼小的心灵留下了深深的印记。在台北"帝国大学"医学部就读期间，郭琇琮主动向从祖国大陆北平来台北执教的徐征教授求教，学会了一口流利的国语（普通话），他还跟着徐征研读鲁迅、巴金、老舍等人的作品，他的中国人意识进一步增强。同时，郭琇琮还经常到台北港町的广东赴台就读学生宿舍兴亚寮，与他们交流研讨，了解祖国大陆情况。为了加深对祖国大陆社会的了解和认识，认清日本帝国主义的侵略本质，郭琇琮

利用暑假专程到上海、厦门和广州等地进行实地考察，从此义无反顾地走上了抗日救亡、光复台湾的道路。

英勇反抗日本殖民统治

1941 年 6 月，日本"总督府"在台湾各地推动成立"皇民奉公会"机构，台湾同胞反"皇民化"运动斗争形势更加严峻。郭琇琮决定加入台北"帝国大学"医学部同学何斌组织的进步青年团体士林协志会，团结有志台胞青年，推动地方乡土文化启蒙活动，抵制"皇民化"。他和何斌等较具抗日思想倾向的学生骨干，在手书"孙中山遗嘱"上按指印，成为结拜兄弟，并组织读书会，一起研读《孙文学说》。为便于公开开展中华文化宣传活动，他们巧妙地将具有反日性质的士林协志会包装成文化团体并以此名义申报获得批准，何斌担任首届会长。从 1941 年 8 月 23 日起，士林协志会在士林学校校园连续举办了三天士林文化展，利用乡土展推介台湾乡土文化，直接用中华传统文化对抗日本殖民当局推动的"皇民化"。

为扩大影响，郭琇琮与何斌等学生骨干继续利用士林协志会阵地，尽力汇聚台北士林地区青年学生，开展各种形式的中华文化宣传活动。他们组织了有男女混声部的合唱团，邀请士林长老教会传道师陈泗治指导，练唱世界名歌，还到广播电台和台北公会堂举办演唱会，以此团结台湾进步青年，反抗日本"皇民化"。

同时，郭琇琮还经常用国语演唱《满江红》和《苏武牧羊》，宣传中华传统文化。

1941 年 12 月，太平洋战争爆发。郭琇琮与台北"帝国大学"医学部同学蔡忠恕秘密筹组反日团体，准备配合在岛内发动武装起义。随着日军节节失败，日本殖民当局对台湾不仅加大物资掠夺，加紧征兵，而且还更加疯狂地进行文化奴役和武力镇压。1944 年 1 月，台湾"总督府"公布"鼓励台湾人改用日本人姓名办法"。从 4 月 15 日起，日本宪兵在打入反日学生组织内部密探的配合下，以"研读汉文、习北京话和抗日"等罪名，在台北展开逮捕行动，早就被监视的徐征和郭琇琮、蔡忠恕等先后被捕。

日本宪兵对被捕学生进行了残酷拷打，郭琇琮的肋骨被打断。日本宪兵盘问："像你这样殷实生活家庭，又是帝国大学高材生，何以抗日？"郭琇琮坚定地回答："身为一个在日本帝国主义统治下的中国人，尽管个人的生活比别的台湾人安定富裕，但这种个人与日本人的'平等'，不过是在不平等的制度下被同化的耻辱罢了。"最后，郭琇琮等被以"大学内抗日民族运动首领"的罪名判处五年徒刑。1945 年 5 月 31 日，盟军空袭驻台日军，炸弹落在台北监狱，郭琇琮不顾一切把蔡忠恕从牢房拖救出来。然而，此时蔡忠恕病情已经非常严重，郭琇琮无法挽救这位老同学的生命。6 月初，蔡忠恕最终未能等到日本宣布无条件投降那一天牺牲了。

找到人生的道路

1945 年 8 月 15 日，日本宣布无条件投降，台湾同胞奔走欢庆。郭琇琮出狱后，切掉被打断而化脓的肋骨，康复后通过补考，9 月取得台北"帝国大学"医学部毕业证书，成为第七届毕业生，到台湾大学附属医院第一外科室担任临床医生。

此时的郭琇琮已成为台湾青年学生心目中的领袖。1945 年 10 月，战后台湾第一个自发性学生组织台湾学生联盟在台北市公会堂成立，主办了以"脱离日治、迎接祖国"为主题的宣传演讲活动。士林协志会也空前活跃，举办国语学习班，帮助台湾青年了解祖国大陆。郭琇琮还组织学生学唱爱国歌曲，他教唱的第一首歌曲就是《义勇军进行曲》。

台湾光复之初，随处可见残垣断壁和堆积如山的垃圾，天花、霍乱、鼠疫等传染性疫情也在各地出现。郭琇琮与台北"帝国大学"医学部毕业的詹涌泉等同学，主动放弃当临床医生，转到台北市民政处卫生局防疫科当技士，从事台湾社会迫切需要的防疫工作。经过几个月的努力，他们在台湾全省巡回防疫成效甚佳，有效阻遏了疫情传播。然而，生活物资匮乏，物价飞涨，给台湾民众带来巨大困难，社会民怨不断累积，逐渐汇集起对国民党统治的强烈不满，对贪官污吏的无比痛恨，最终在 1947 年 2 月爆发了二二八起义。

　　1947 年 2 月 28 日，郭琇琮召集新店乌来少数民族同胞和社子一带蕉农、淡水河域渔民、士林一带学生，一起加入抗争队伍，壮大了反抗国民党反动统治的声势。3 月 4 日，中共台湾地下党组织派地下党员李中志与郭琇琮、陈炳基、叶纪东等青年骨干，一起研究如何组织台湾大学校本部、台湾大学法商学院、延平学院以及台湾师范学院等校学生，共同举行反抗国民党统治的暴动。他们将暴动时间定在 3 月 5 日凌晨二时，三支队伍同时进行集结。第一大队由陈炳基率队，在台北建国中学集结；第二大队由郭琇琮指挥，在台湾师范学院集结；第三大队由李中志指挥，在台湾大学集结。李中志担任总指挥，郭琇琮担任副总指挥，在中共台北市工委书记廖瑞发家中设立总指挥部。入夜，台湾师范学院操场陆续聚集了四五百名学生。由于天下大雨，预定由万华方向前来会合的乌来少数民族同胞没有到来，郭琇琮一直等到凌晨三时。由于天气变化，暴动指挥部联络员叶纪东冒着大雨来找郭琇琮，要他取消暴动计划。但郭琇琮仍坚持到黎明，确定没有起义可能时才解散队伍。

　　1947 年 3 月 9 日，国民党宪兵到处搜捕学生，台北随处都能听到枪声。郭琇琮逃到三重埔躲了一个多月后，接到父亲郭坤木病危的消息，他改成工人装扮，冒险潜回台北士林老家。5 月 6 日，父亲病逝。按照民间习俗，郭琇琮和相恋一年多的林雪娇需在百日内成婚。红喜也许可以冲淡生活中的白色丧感，却无法挥去暴动失败萦绕在心头的愁云，郭琇琮的情绪十分低落。中共台北市工委书记廖瑞发一直关注着郭琇琮。一天下午，因患麻风

病住在台北新庄南郊乐生疗养院的廖瑞发，刻意提了一盒蛋糕到士林看望郭琇琮。蛋糕盒里装的其实不是蛋糕，而是一大沓钞票。廖瑞发想借此进一步考察郭琇琮是不是贪图小利之人。郭琇琮看到廖瑞发留下的盒子后，连夜骑着脚踏车按照字条上的地址把蛋糕退了回去，直到次日凌晨三四点钟才返回家中。郭琇琮激动地告诉林雪娇，他遇到了一个好朋友，感到找到了新的生活归宿，脚下的路看得更清晰了。由此，他心中的苦闷阴影一挥而去。

为党奋斗英勇就义

1947年6月，经廖瑞发介绍，郭琇琮光荣加入了中国共产党，成为一名光荣的共产党员。10月，中共台北市工委正式成立，廖瑞发担任书记，郭琇琮、吴克泰、孙古平担任工委委员。在吴克泰家中召开的台北市工委会议上，明确了组织分工，大家讨论了发展党员问题，研究了党的外围青年团体新民主主义同志会和爱国青年联合会工作问题，并对暴动失败的原因进行了总结。经会议研究决定，新民主主义同志会改为台北市工委所属支部，由郭琇琮直接领导。至1949年冬，在郭琇琮的参与领导下，台北市工委在台北各地建立了11个支部、1个党小组，发展党员50多人。

1948年5月，根据中共台湾省工委安排，郭琇琮前往香港。

6月，郭琇琮参加了中共中央上海局在香港召开的台湾工作会议，台湾参会人员包括蔡孝乾、张志忠、孙古平等11人。6月底返台后，郭琇琮担任中共台北市工委代理书记、书记，直接领导台湾大学附属医院党支部（支部书记许强）并指导所属各支部开展工作。

香港会议后，郭琇琮在台北策划演出了歌仔戏《白蛇传》。1949年3月，在地下党组织的主导下，设有音乐、戏剧、舞蹈、美术、文艺和总务等六个部门的台湾乡土艺术团，在台北市长游弥坚的支持下正式成立，地下党员徐琼二（本名徐渊琛）担任艺术团团长。7月，艺术团获得台湾省教育厅颁发的歌剧《白蛇传》上演登记证。7月22日晚上，首场演出在台北中山堂举行，台湾省监察委员陈庆华、省教育厅副厅长谢东闵、台北市市长游弥坚和岛内文化界、艺术界人士一起观看了演出。在这出戏里，郭琇琮作为编剧，署名"周树文"，将旧戏荒唐无稽的迷信故事，改写成打破迷信、宣扬医学科学的戏剧故事：白素贞和小青不再是传统旧戏里的蛇精，而是实实在在的人物；法海也不再是力能除妖的方丈，而是一个谋害好人、夺取药书的坏蛋。通过这出歌仔戏的演出，郭琇琮希望能启蒙台湾民众的阶级意识，激发出他们的斗争意志。

1949年8月，基隆中学"《光明报》案"爆发，中共台湾地下党组织面临的斗争形势更加严峻。10月，郭琇琮将台湾省地图和中共台北市工委工作报告交给地下党员林秋兴，准备由其带往香港，但林秋兴不久在基隆被捕。国民党保密局特务随即根据

线索，搜捕郭琇琮。为躲避搜捕，郭琇琮转移到宜兰罗东一带，建立了中共兰阳地区工委。但由于中共台北市工委委员吴思汉暴露，1949年底郭琇琮又转移到阿里山吴凤乡乐野村蕃社隐藏，继续坚持进行地下斗争。

1950年1月，国民党保密局特务逮捕了中共台北市工委所属和尚洲党支部委员张秀伯，并根据他的交代扩大侦查。4月，郭琇琮夫妇转移到嘉义，在台湾大学法律系学生安排下，以杂货商为掩护，潜入少数民族部落，继续开展斗争。

1950年5月2日深夜，郭琇琮夫妇被捕。5月13日，许强、胡宝珍、苏友鹏和胡鑫麟四位台湾大学附属医院医师被捕。8月15日，郭琇琮被移送到台北青岛东路国民党"台湾省保安司令部"军法处监狱等待判决。9月7日，郭琇琮与许强、吴思汉等15人被判处死刑。9月21日，台湾省"保安司令部"将郭琇琮等人的判决书上报国民党"国防部"审核。11月25日，国民党"国防部"核定对郭琇琮等人的死刑判决。

1950年11月28日，郭琇琮32岁生日。这天清晨4时30分，郭琇琮、许强、吴思汉等15人，被国民党特务一一点名，男监牢房里随即响起一连串的呐喊声，在监狱通道久久不息。林雪娇知道，那是郭琇琮和他的战友们赴死前的最后呐喊。她奋力爬到关了一半的窗口，朝着楼下嘶声叫唤着郭琇琮的名字。她看到，穿着白衬衫的郭琇琮，呼喊着口号，壮烈从容慷慨赴死。

20世纪50年代，在台湾的中共地下党员中，不乏一批家境优越、土生土长的台湾精英，他们是旧时代的叛逆者，他们寻找人民解放的真理，认识到只有中国共产党真正为人民谋幸福。他们毅然走进中国共产党的队伍，为争取台湾人民的解放，为实现祖国的统一，英勇奋斗，流血牺牲。他们是劳苦大众的贴心人，是台湾的好儿女，是中华民族的骄傲！郭琇琮作为其中的一员，为党的事业、为台湾人民的解放无怨无悔地拼搏斗争，不惜牺牲宝贵生命。这种精神，必将激励一代又一代共产党人为信仰、为人民奋斗，激励一代又一代台湾爱国同胞为实现国家统一、民族复兴奋斗。

张伯哲

　　张伯哲（1920—1950），原名张开明，广东普宁人。1938 年加入中国共产党。1944 年参加东江纵队。1947 年 1 月赴台湾从事地下工作，担任中共台中地区工委书记。1950 年 4 月 5 日被捕，12 月 8 日在台北马场町英勇就义。

积极参加抗日斗争

1920 年 4 月 10 日，张伯哲出生于广东普宁县燎原镇泥沟村一个殷实大户人家。父亲张声通，母亲许淑真，育有六男一女。张伯哲在兄弟六人中排行第四。1934 年 2 月，在家乡弥高学校读完小学后，张伯哲随三哥张伯发前往武汉汉口读高小，毕业后考入汉口博学中学。1938 年初张伯哲回到家乡，就读于普宁县兴文中学。1938 年下半年，从小就怀抱强烈抗日救国思想的张伯哲，慕名来到广东揭阳南侨中学学习。

南侨中学是中共潮汕中心县委创办的一所红色学校。1937 年 7 月全民族抗战爆发后，在中国共产党推动下，潮汕地区抗日救亡运动迅猛发展。不满国民党顽固派消极抗日、积极反共的普宁县兴文中学进步教师，在中共潮汕中心县委组织领导下，以延安抗日军政大学和陕北公学为榜样，于 1938 年在揭阳石牛埔创办了西山公学。学校以"一切为了抗日，一切为了救国"为办学方针，主要招收潮汕地区及南洋青年学习文化课和军事课。不久，西山公学改名为南侨中学。在中国共产党领导下，南侨中学为抗战培养了大批人才。

张伯哲深受南侨中学抗日风潮和先进思想影响，结识了一些共产党员。他认真学习，努力训练，表现积极，很快就受到党组织关注。经地下党员杨少任介绍，张伯哲光荣加入了中国共产党。

1939 年，国民党顽固派掀起反共高潮，中共揭阳县委决定南侨中学收缩阵地，安排部分身份暴露的教师和学生转移。在党组织安排下，张伯哲转入潮州韩山师范学校学习。在这里，张伯哲与詹益庆、马家泉、廖烈南等地下党员都是学校抗日救亡宣传活动的领头人。后来同为中共台湾地下党员的陈仲豪，就是张伯哲在韩山师范学校的同期同学。

1942 年 9 月，张伯哲考入从广州搬迁到粤北坪石的中山大学，继续从事抗日救亡宣传活动。

1944 年 7 月，根据党组织指示，张伯哲和一批中山大学学生投笔从戎，参加了广东人民抗日游击队东江纵队。后经党组织安排，张伯哲调回家乡开展革命斗争，担任潮汕人民抗日游击队韩江纵队第二支队第二大队政治委员，转战潮汕、惠州、普宁、揭阳地区。1945 年，受中共潮汕惠州特委委派，张伯哲担任潮安县工委书记。1946 年 10 月，张伯哲被党组织调到香港筹办培侨中学。

赴台开展地下斗争

1947 年 1 月，中共中央上海局和香港分局决定派遣张伯哲前往台湾开展地下工作。临行前，张伯哲悄悄回到普宁家乡拜别父母。这次团聚，成为他与亲人的最后一别。

2012 年，张伯哲的侄子张仲岳已年过七旬，但他对四叔张伯哲的印象仍停留在那次团聚上。他回忆说："当时四叔即将离家赴台，匆匆回来与爷爷（张伯哲父亲）一起吃早餐。而我自己当时还不到 10 岁，只觉得四叔看上去瘦瘦的，却非常精神。四叔的腰间还别了一把小小的驳壳枪。那时自己想伸手去摸，并恳求四叔让自己玩玩。可四叔半开玩笑地拒绝了。当时自己对四叔的革命事业毫无概念，但是四叔离去后，却一直挂念着他。"

张伯哲赴台前先赴上海，特地到复旦大学与正在那里就读的陈仲豪见面。张伯哲是陈仲豪走上革命道路的引路人，他们是韩山师范学校高中部同学。陈仲豪晚年回忆说："我和伯哲同窗三载，如兄如弟。我跟着伯哲，请教伯哲，伯哲帮助我进步。这三年的同窗，我得益于伯哲非常多，念念不忘。"张伯哲赴台时，抗战胜利已经一年多，距离他们从韩山师范学校高中部毕业也已过去了四年多，此时陈仲豪还有半年时间就要毕业。张伯哲说："仲豪啊，你再过半年就要从复旦毕业，当前形势越来越紧张，如果你没有其他工作任务，还是去台湾。我先走一步，台湾刚光复，那里非常需要人。"

1947 年 9 月，陈仲豪从复旦大学毕业后，听从组织召唤，准备前往台湾工作。此时，张伯哲的公开身份是台湾省林业试验所莲花池分所科员，秘密身份则是中共台中地区工委书记。陈仲豪还没有动身去台湾前，张伯哲就已通过地下党员王致远把他推荐给了基隆中学校长钟浩东。陈仲豪到台湾后不久，就由张伯哲引见，认识了中共台湾省工委委员刘志敬（洪幼樵化名）和林英杰，并由他们介绍加入了中国共产党。钟浩东调任中共基隆市工

委书记后，陈仲豪接替他担任基隆中学党支部书记，并负责协助林英杰编印中共台湾省工委机关报《光明报》。

张伯哲和战友们密切配合，做了大量卓有成效的工作。国民党保密局档案"匪台中地区工委会张伯哲等叛乱案"记载："三十七年（1948年）九月，共匪台湾省工委会委员洪幼樵与其（张伯哲）取得联系，并由洪指派工作，与李匪乔松等，在台中组织支部，充任干事，嗣又扩大为南投区工委会，张匪升任工委。三十八年（1949年）二月，在洪幼樵策划指导下，成立台中地区工委会，先后由陈福添、张伯哲任书记，下设台中市工委（书记邓锡章，工委李炳昆），北部工委（兼负责人施部生，已另案处理）、南区工委（兼负责人吕焕章，另案处理），及分别设立农院支部、师范学校支部、第一中学支部、丰原支部与北斗支部等机构；由谢桂芳、黄伯和、刘贞松、陈汝芳、黄庆聪、王德胜、张彩云、王如山、吴约明、陈孟德、江汉津、李继仁等负责主持，秘密吸收匪徒，发展组织，从事叛乱活动。"

国民党保密局档案详尽罗列了中共台中地下党组织的"阴谋活动"和"活动方式"："一、阴谋策略：（一）加强积蓄力量，巩固匪党组织，计划发展300党员，团结2000群众于各生产部门中，建立党的堡垒，并进一步争取上层，强化统一战线工作，配合匪攻台；（二）加强群众观点，群众路线教育……；（三）加强党内教育，提高党员认识……；（四）加强培养各项工作干部……""二、活动方式：（一）积极巩固支部，使支部正规化，提高其战斗能力……；（二）建立统战的俱乐部及进修会——以台中市国校教员为对象，借研究六年级教员进修问题为名而组织。互助会——如南投佃农互助会。土地公会——以永靖乡公开组织之外围农民团体为基础，进行活动。并利用各种各式形态，在学校中设立公开群众团体：如研究会、自治会、流动图书馆、同学会、校友会、球队等，领导活动，进行群众组织工作；（三）大力进行渗透工作，第一阶段企图打进台中市总工会，控制草屯乡公所，及掌握永靖、草屯两乡之国术馆；（四）展开军事、政治、经济等调查研究工作；（五）成立台中武装工作委员会，开辟中部武装基地；（六）煽动佃农，企图掀起大规模暴动；（七）利用台中市教育会，煽动知识分子进行反政府活动，并鼓励各国校教员，以请愿罢课方式，进行反对欠薪运动；（八）运用台中糖厂内匪谍所组织之糖友会，发动要求增加工资事件；（九）散发匪党传单标语，扩大反动宣传；（十）操纵台中市举办之国校教员讲习会，煽动罢考。"

国民党保密局在"综合检讨"中写道："匪在台中地区，自三十六年（1947年）起至三十八年（1949年）止，三年之间发展党员达240余人……其组织遍布丰原、东势、员林、北斗、彰化、南投、大屯、竹山、台中市等地区，先后曾掀起减租暴动、反对欠薪运动、要求增加工资运动及罢考、罢教、暗杀、抢劫等事件，且已建立武装基地，拥有武器。就以上情形而论，奸匪在台湾中部之组织工作，与煽动技术，可谓均已获有相当成效，并已奠立叛乱基础。"

由此可知，张伯哲等领导的台中地区地下党工作成绩斐然。

碧血英雄死犹生

正当台中地区党的各项工作顺利开展之际，1949年8月，"《光明报》案"爆发，钟浩东等10多名基隆中学教职员和学生先后被捕。危急时刻，侥幸脱逃的陈仲豪根据中共台湾省工委委员林英杰指示，乘火车南下到台中找张伯哲商讨对策。于是，陈仲豪在张伯哲和地下党员谢汉光的安排下，在阿里山下的一个林业试验所隐蔽起来。

随着被捕的地下党员愈来愈多，林英杰通知张伯哲，由其负责安排陈仲豪撤回祖国大陆。于是，张伯哲和谢汉光将陈仲豪带到台中市郊外的一个实验农场，由地下党员、场长梁铮卿安置在一个鸡寮中隐蔽下来。不久，张伯哲和梁铮卿帮助陈仲豪通过化妆成功撤回了祖国大陆。

安排陈仲豪撤回祖国大陆后，张伯哲继续留在台湾坚持斗争。1950年3月，国民党特务根据破获线索展开严密调查，破坏了台中地区地下党组织。由于形势十分危急，张伯哲安排人紧急通知谢汉光安全转移。4月5日，张伯哲不幸被捕，先后囚于台中、台北监狱，受尽酷刑，始终坚贞不屈。10月20日，国民党"台湾省保安司令部"军法处出具判决书，12月4日经国民党"国防部"核定，以所谓"意图以非法方法颠覆政府而着手实行"的罪名判处张伯哲等人死刑。12月8日，张伯哲在台北马场町英勇就义，年仅 30 岁。

2014 年 5 月，台北人间出版社出版的《无悔——陈明忠回忆录》对张伯哲在狱中的斗争表现进行了详细记述："张伯哲告诉我，基隆中学案外省人都枪决，本省人都判感训，让本省人产生了不该有的幻想，以为国民党对本省人比较宽大，加上大家以为台湾快解放了，于是许多人被捕后就坦白交代关系。他说，其实这是国民党一贯的欺骗手法，没有国民党统治经验的本省人太天真了，国民党对共产党是绝对不会手软的。"张伯哲一再嘱咐陈明忠："法官并没有掌握你的任何证据，一定要咬紧不承认，无论如何不能承认加入地下党。"果然，以后的判决证实了张伯哲的说法。陈明忠说："我看他（张伯哲）每天都很平静，好像等待的不是死亡，我问他：'你不怕死吗？'他说：'孔子不是说过吗，朝闻道，夕死可矣。'对他来说，'道'就是共产主义。张伯哲是广东普宁人，地主家庭出身，家境蛮好的，全家只有他一个人参加革命。他写了遗书，给我看过，其中有一段大意是：你们反对我参加共产党，可是你们看，星星之火可以燎原，这证明我是对的。那时候共产党在大陆已经打赢了内战，建立了新中国，所以张伯哲觉得革命已经成功，他死而无憾。"陈明忠说，张伯哲把遗书交给了一个被判五年徒刑的人，"也不知道遗书是否送到了张伯哲家"。

20 世纪 50 年代初，陈仲豪从中共中央华南分局有关人员那里得知，钟浩东、张伯哲、林英杰等已先后在台湾牺牲。1993 年，在中央人民广播电台台播部工作的徐森源偶然在香港《大公

报》上看到一则消息，详细报道了40年前台湾白色恐怖的真相，不仅对国民党大逮捕、大屠杀的经过进行了解密，还报道了死难者家属在坟场发掘出写有死难者名字的石碑，一共挖出163块，163位死难者的名字和死难日期都被登在报上，张伯哲的名字位列其中。

徐森源把报纸邮寄给了在汕头的陈仲豪。不久，曾任中共天津市委台湾工作办公室主任的徐懋德，也给陈仲豪寄了一份台湾《中国时报》，报纸上的文章同样写道："台湾一批社会人士和白色恐怖时期政治受害者的家属，在台北公开举行记者会，宣布最近在台北市郊六张犁荒冢发掘出一批受害者的石碑。石碑经过清洗，显示出受害者姓名、籍贯、职业及枪决日期。"

悲痛之余，身为老同学、老战友的陈仲豪，将这些材料交给了有关部门，并找到曾与张伯哲同窗或共事过的老战友，一起联名写了报告。1996年1月，张伯哲亲属收到《革命烈士证明书》，张伯哲被追认为革命烈士。

1996年清明节，普宁县人民政府隆重举行追悼张伯哲烈士暨颁发烈士证书大会。2012年6月15日，普宁县人民政府在泥沟村隆重举行张伯哲烈士骨骸魂归故土安放仪式。89岁高龄的陈仲豪怀着沉痛的心情，专门写了一副挽联：孤岛战顽敌，志在填海，壮烈牺牲家国恨；弥高吊忠魂，满目青山，碧血英雄死犹生。

梁铮卿

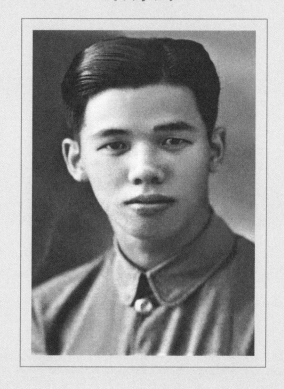

梁铮卿（1918—1951），广东梅县（今广东梅州梅江区）人。1939年春加入中国共产党。1947年9月赴台湾从事地下工作，担任中共台中市工委直属支部书记。1950年3月29日被捕，1951年1月24日在台北马场町英勇就义。

勤奋好学的客家少年

1918 年 6 月 11 日，梁铮卿出生于广东梅县白土堡（今广东梅州梅江区三角镇）龙子村一个传统客家家庭。父母为人做厨，家里生活靠在印尼的伯父寄钱寄物接济。梁铮卿共有兄弟姐妹六人，他排行第四。梁家虽不宽裕，但仍尽力供六个孩子读书，后来大哥梁育卿、三哥梁卓卿、姐姐梁定英三人不得不中途辍学，漂洋过海到印尼谋生，赚钱贴补家用，供弟弟们读书。在家乡的梁铮卿和二哥梁焕卿、五弟梁欣卿三兄弟深知家庭供他们读书不易，都倍加用功，成绩优异。

梁铮卿幼年在家乡白土堡小学就读，1933 年至 1936 年在梅州中学读初中。其间，梁铮卿勤奋好学，努力分担家务，生活的艰辛练就了他坚毅的品格，为以后走上革命道路打下了坚实基础。

追求真理的热血青年

1936 年 9 月，梁铮卿初中毕业，以优异成绩考入梅州中学高中部。1936 年 12 月西安事变后，全国形成反抗日本侵略的热潮。在中国共产党领导下，梅县抗日救亡运动迅速高涨起来。梁

铮卿受革命思潮影响，勇敢投身抗日救亡运动。

1937 年 7 月全民族抗战爆发后，梁铮卿抗日斗志大增。在抗日救亡斗争中，梁铮卿结识了中共党员梁集祥、廖伟。在他们的影响下，梁铮卿阅读了不少革命理论书籍，如《大众哲学》《革命三民主义》《中国革命运动史》等。他在思想上发生了重大变化，对中国共产党有了深入的认识与了解，自觉接受了马克思列宁主义，坚信只有中国共产党才能挽救民族危亡。

1937 年 10 月，在中共梅县工委领导下，梅县东山中学、梅州中学、学艺中学等学校联合成立了梅县学生抗敌同志会。梁铮卿积极参加抗敌同志会剧社、歌咏队、读书会、演讲会、辩论会等活动，投身开展抗日宣传动员工作。1938 年 4 月，梁铮卿参加了中共梅县中心县委组织的回乡工作队，利用春节祭祖等机会，向水南、白土堡一带的乡亲们宣讲抗日道理，教少年儿童演唱抗日救亡歌曲。

1939 年春，经梁集祥、廖伟介绍，梁铮卿在梅州中学光荣加入了中国共产党，从此踏上新的革命征程。入党后，梁铮卿积极宣传党的抗日主张和抗日民族统一战线政策，大力发动群众救亡图存，表现优异。

百折不挠投身革命

　　1938 年 10 月日军占领广州、武汉后，抗日战争进入战略相持阶段。国民党统治集团内的投降、分裂、倒退活动日益严重，以蒋介石为代表的国民党顽固派抗日态度日趋消极，反共倾向明显加强，各地接连发生袭击、杀害共产党领导的抗日军民等反共摩擦事件，大批共产党人被残害。

1939 年初，国民党秘密颁布《限制异党活动办法》，国民党顽固派掀起第一次反共高潮。根据抗日斗争形势发展，中共梅县中心县委决定改变斗争策略。9 月，经党组织安排，政治身份已有所暴露的梁铮卿从梅州中学转学到东山中学继续读高中二年级，他的组织关系也由地下党员卢梅轩安排转到东山中学，并担任东山中学第一党支部书记。在东山中学，梁铮卿广泛团结同学，积极培养进步青年，秘密发展了一批党员，扩大了党的队伍。10 月，为支援抗战前线，东山中学发起征募棉衣活动，学生们按地域分为 18 个工作大队，梁铮卿为第六大队队长，负责白土堡募捐工作。他带领队员大声疾呼、四处奔走，争取全乡各阶层人士捐款捐物支持抗日斗争。梁铮卿不仅倾己所有带头捐献，还动员妻子捐出了嫁妆。通过努力，在梅县各界人士支持下，东山中学共征募棉衣款项 1165 元银元。

1939 年春，为贯彻执行向潮梅新区发展的方针，中共闽西南潮梅特委决定将特委机关由闽西转移到梅县，特委书记方方夫妇、秘书许韵松和交通员郭玉意等四人，转移到特委副书记陈卜人家中暂住。同年冬，特委领导决定特委机关向梅县附城转移，并将特委机关选址任务交给梅县中心县委负责，梅县中心县委领导接到指示后，又将此重任交给了住在梅县附城白土堡的梁

铮卿。

接到任务后，经过慎重考虑，梁铮卿建议党组织将白土堡地下党支部书记熊秋魂在泮坑桃树下体仁居的住家作为特委机关办公地，很快得到了上级批准。于是，特委书记方方对外以王先生自称，说是熊秋魂在南洋的侨商朋友，是为躲避日寇而逃难到此地的，他们四人以家庭的形式入住了体仁居。特委机关迁入后，机关的安全保卫、日常生活用品供应等事项，由熊秋魂、梁铮卿负责，梁铮卿还承担了不少特委领导交办的其他任务。梁铮卿等到体仁居与特委领导会面，由其过继给熊秋魂哥哥的侄女梁腾玉观察周围动静，放风警戒。在熊秋魂、梁铮卿的精心安排下，特委机关在体仁居安全隐蔽到 1940 年 6 月，后迁至大埔西河。

全力营救被捕学生

1940 年 5 月，国民党顽固派掀起的第一次反共高潮波及梅县，国民党梅县党部悍然下令解散抗敌同志会等抗日救亡团体。

在中共梅县中心县委领导下，1940 年 5 月 30 日，抗敌同志会召集梅县各学校学生代表 200 多人，在民众教育馆召开大会，向国民党梅县党部示威请愿，遭到国民党军警镇压，李鸣铮、潘佛章、何孟琳等七名学生代表（其中六人为中共党员）被捕，史称梅县七君子事件。为营救被捕学生，6 月 4 日，中共梅县中心县委在东山中学召开紧急会议，决定组成学生救援会，以梁铮卿、卢梅轩、陈国谋、李秋英、林宏元（原名林密）、廖鸿英、邓频喜、梁道新、李书贤等中共党员和进步青年为主要成员，组成救援小组，大力开展营救工作。他们发动各校师生，动员群众捐款捐物，争取各阶层人士声援，支持慰问被捕学生。6月15日，迫于各界强大压力，国民党梅县党部不得不释放了被捕学生。梅县七君子事件后，抗敌同志会被迫解散，中共梅县中心县委决定将政治身份已经暴露的学生骨干疏散转移。

1940年夏，根据党组织安排，梁铮卿离开梅县东山中学，转移到江西赣州继续求学。1941年10月，梁铮卿考入广西大学农学院，先后就读于森林系和畜牧兽医系，与谢汉光、陈仲豪等是同系同学。

矢志不渝为党工作

1941年1月皖南事变爆发后，广西大学校园内白色恐怖阴云笼罩。梁铮卿考入广西大学后，由于斗争环境恶劣，他的组织关系未能从梅县东山中学及时转到广西大学地下党组织。在与党组织失去联系的情况下，梁铮卿继续独立坚持斗争。1945年7月，梁铮卿毕业留校担任助教不久，在桂林师范学院就读的中共地下党员郑风（原名郑子明，解放后曾任广州外贸学院党委书记）帮助下，他与广西大学地下党组织接上了关系。根据党组织勤学、勤业、勤交友的"三勤"工作指示，梁铮卿刻苦学习专业知识，

教学上取得优异成绩，在学生中树立了很高威信，在广西大学迅速站稳了脚跟。

在地下工作中，梁铮卿与林宏元、李启光（原名李岗）等中共地下党员同学虽无组织关系，但配合默契。他们广泛阅读《新华日报》《群众周刊》等报刊，根据斗争形势发展和党的中心任务，宣传抗日救亡，反对投降倒退，依靠进步同学，团结一般同学，积极运用各种方式推动广西大学爱国学生运动，努力串联影响动员周围群众，争取了何卓芬、梁碧寰等进步学生参加革命。1945年7月22日，梁铮卿在给广西大学同学李汝欣的毕业赠言中写道："大学又毕业了，学了些什么东西且不管，总算在个人的人生旅途中又了结了一件心事。离开学校后，对现实不满的感觉当更强烈。今后要以更坚决的斗志去应付一切的事件，同时也不要忘了着眼于大众利益才是事业成功的有力保障。因为只有与大众利益相符合，在事业征程上才不会孤立。"在党组织处于艰难困苦的时期，梁铮卿真正做到了"共产党员一定要像黄金一样，埋在地下永不变色生锈"。

1947年，国民党统治区反卖国、反内战、反饥饿、反独裁、反暴政、反特务恐怖的人民运动如火如荼。6月2日，在桂林地下党组织领导下，广西大学等大中学校2000多名学生，高举反饥饿、反内战、反迫害旗帜，走上街头，举行抗议国民党反动统治的示威游行，把广西爱国民主运动推向高潮。这就是六二大游行。6月10日，广西大学爱国学生运动被国民党反动派镇压，学校恢复上课。但六二大游行后，广西大学被国民党严加监视。

7 月 9 日，200 多名国民党军警特务突然闯入广西大学搜捕游行示威组织者及学生，抓捕了七人（其中两人为中共党员），史称七九事件。7 月中旬，梁铮卿接到党组织通知，告知他身边有同学身份暴露，为避免牵连，要求他撤离广西大学。按照党组织指示，梁铮卿潜回广州，在广西大学同学李汝欣住处隐蔽，一个多月后与党组织接上了关系。

淡水血清制造所的总务科长

1947 年 9 月，党组织决定，派遣梁铮卿到台湾从事地下工作。此时，梁铮卿的妻子陈凤琴刚刚生下女儿梁静玉。尽管上有老下有小，家庭生活艰难，但梁铮卿仍然按照党组织安排，舍弃小家，毅然赴台。

梁铮卿从广州乘船经汕头到台湾后，先来到台中，在老同学谢汉光当场长的农林总场担任技术员，并在谢汉光的引荐下，与台湾地下党组织接上了关系。1948 年 8 月，根据党的工作需要，梁铮卿被调到台北县淡水血清制造所（台湾省农林处畜疫血清制造所），以总务科科长的公开身份为掩护，积极开展地下工作。

1948 年底，中共台湾省工委委员兼宣传部部长刘志敬（洪幼樵化名）组织成立台中地区工委和台中地区武装工委，决定调梁铮卿返回台中农林总场，协助洪幼樵、张伯哲开展工作。1949 年 1 月，梁铮卿以父亲病重为由，向台北县淡水血清制造所递交

了辞呈，随即返回台中农林总场畜牧分场，担任技正。2月，中共台中地区工委成立，张伯哲担任工委书记。4月，梁铮卿与刘志敬建立直接组织关系。10月，梁铮卿与地下党员黄蹈中、周碧梧等成立中共台中市工委直属支部，梁铮卿担任支部书记，受张伯哲直接领导。

据国民党"台湾省保安司令部"军法处"匪华东局潜台组织梁铮卿等叛乱案"记载：梁铮卿"1948年4月间，于台中市经在逃奸匪谢汉光介绍，与匪帮台湾工作委员会取得联系，先后归另案被告刘志敬、张伯哲领导，与黄蹈中、周碧梧等同为一小组"。黄蹈中与周碧梧均为台中地方法院推事，梁铮卿与他们"以同乡、同学、同事等关系，进行煽惑吸收，并利用法院宿舍为掩护建立组织活动据点，以展开叛乱工作。吸收联勤司令部及飞机制造厂人员，以利获取有关军事配备情报，并从事策反海军舰长工作。调查研究全省畜牧生产情形，以供匪军攻占台湾后施政之参考"。

1949年夏，梁铮卿曾奉命返回祖国大陆向中共中央华东局汇报工作。8月梁铮卿再次返回台湾时，恰逢"《光明报》案"爆发，陈仲豪被国民党通缉。9月下旬，张伯哲与谢汉光按照中共台湾省工委委员林英杰指示，将"《光明报》案"中逃脱的陈仲豪转移到梁铮卿任职的台中郊外一个偏僻畜牧场隐蔽。梁铮卿将陈仲豪安置在畜牧场的鸡寮里，铺床挂帐，一日三餐，亲自送饭送菜，尽心尽力保护。同时，梁铮卿和张伯哲还为陈仲豪制作了假身份证，帮助他顺利撤回到祖国大陆。

被秘密杀害

1950 年 3 月，中共台湾省工委遭到破坏。3 月 29 日，中共台中市工委被国民党破获，梁铮卿、黄蹈中、周碧梧、郭鲁林、赖河汾、马慰常等台中市工委直属支部地下党员相继被捕。为躲避抓捕，梁铮卿曾到居住在台北县淡水镇的广西大学同学、畜疫血清制造所同事李崇道（诺贝尔奖得主李政道哥哥）家中暂住。后来，李崇道和母亲张明璋因掩护"匪谍"受到牵连曾一度入狱。

在狱中，梁铮卿面对国民党特务的严刑拷打，始终咬紧牙关、大义凛然，没有吐露半点党组织的秘密。国民党特务软硬兼施无一奏效，遂将梁铮卿作为重要政治犯，从台中押解到台北关押。1950 年 10 月 21 日，经过长达七个月的审讯，国民党"台湾省保安司令部"军法处指控梁铮卿"参加朱毛匪帮，从事传达情报，吸收匪徒，缮制宣传文件，以非法之方法颠覆政府"，判处死刑。1951 年 1 月 24 日清晨六时，梁铮卿在台北马场町被国民党秘密杀害，年仅 32 岁。

英雄气概永世景仰

由于梁铮卿是被国民党秘密杀害的，加之海峡两岸长期隔

绝，外界对于他的生死并不知情。几十年来，梁铮卿在祖国大陆的亲人望眼欲穿，盼着早日得到他的消息。梁铮卿的独生女梁静玉说，祖母每天都在思念她的"四儿"，是念着他的名字辞世的；母亲更是夜夜倚门遥望，哭而又哭，终于致盲致病，再加上长年操持家务，耕田种地，劳累过度，不到60岁就不幸去世了。

20世纪80年代末，台湾当局开放老兵回祖国大陆探亲，两岸坚冰逐渐打破，台湾同胞陆续来祖国大陆探亲访友，但他们带来的却是梁铮卿早已在台湾被国民党杀害的不幸消息。出生后从未见过父亲的梁静玉，终于在1993年找到了在台湾还健在的父亲的老同学李崇道，并与台湾白色恐怖受害者互助会取得联系，了解到父亲当年在台湾牺牲的情况。1994年4月，谢汉光从台湾回到祖国大陆，向梁静玉提供了1993年6月27日香港《大公报》发表的《40年前白色恐怖大屠杀真相》文章，其中写道："（1993年） 6月中旬，在台一批社会人士和200多位50年代初政治受难者暨家属宣布：最近在台北郊区六张犁公墓寻获163座坟塚，是40年之久的政治受难者的冤骨，是50年代初逃台国民党为巩固最后栖身地，连续制造白色恐怖，以所谓匪谍案、匪台湾省工作委员会叛乱案等名义，秘密处决了五六百人中的一部分。埋存这块乱葬岗的殉难者名字是当年的刑场工，从翻开一块块刻着死者姓名的简陋的墓碑中清理出来的。"其中，大陆籍人士33人，梁铮卿的名字也在此列。

1997年4月，梁铮卿家属收到了《革命烈士证明书》。梁静玉潸然泪下、百感交集。家人们商议后，用领取的抚恤金改造家园，并在大门门楣上镌刻"铮卿楼"三个大字，让梁家子孙后代继承先辈遗志，永世瞻仰。近年来，在当地党委、政府的重视下，梁铮卿烈士故居得到修缮、保护，成为对青少年进行革命传统教育和爱国主义教育的基地。

简 吉

　　简吉（1905—1951），台湾高雄人。日本殖民统治时期台湾反日农民运动领袖。1926年6月组建台湾农民组合。1929年8月加入台湾共产党。1947年参加二二八起义，担任台湾自治联军政委。1947年冬加入中国共产党。1950年4月被捕，1951年3月7日在台北马场町英勇就义。

出身穷苦的农家子弟

1905 年 5 月 20 日，简吉出生在台湾高雄凤山一个穷苦农民家庭。由于家庭贫困，简吉从小帮忙农事，入学较晚，15 岁时才从凤山学校毕业，考入台南师范学校。

1921 年，简吉从台南师范学校毕业后到母校凤山学校任教。在四年执教期间，简吉热爱教师职业，关爱学生，希望农村孩子能够像他一样，通过学习知识过上新生活。然而，简吉发现，学生们几乎都要参加大量农事劳动，来到学校疲倦不堪而无力上课，农忙时无法来上课的孩子更多，但即便这样也无法获得基本温饱。在日本残酷殖民统治下的台湾，广大农民生活普遍处于困境。简吉深刻认识到："问题不是出在孩子身上，实在是农民无法生活！" 1925 年 11 月，他毅然辞去教职，投身台湾农民解放运动。在 1929 年二一二事件公审时，简吉作了如下陈述："在村庄做教员的时候，生徒们概由学校归家，都要再出田园劳动，因为过劳所致，以致这样的儿童，虽有往学校就读，但教习效果便失其大半，为此我想在那里当教员，确是月俸盗贼，为这样的原因，而辞去教员之职……台湾制糖后壁寮工场，在该地极端榨取蔗农们的膏血，故此该地的住民，概是赤贫如洗，更困穷的，莫如在会社自作畑的赁银劳动者，一日劳动的报酬，不能维持家族的生计，其惨淡的生活，时常目击，在这周围过日的我，不觉感着无限的伤心……"

反抗日本殖民统治的台湾农民运动领袖

20世纪20年代，受民族主义和社会主义思潮影响，台湾文化协会在岛内开展启蒙运动，台湾农民逐渐对自身权益有所认识，对日本殖民当局制糖会社的经济压榨和侵犯农民土地权益产生抗争意识。

1924年4月，为抗议日本林本源制糖会社台中溪州工厂压低甘蔗收购价格，台中二林蔗农们推举溪州二林庄庄长林炉和当地较有名望的医生许学为代表，出面与日本工厂交涉，要求日本制糖会社提高收购价格获得成功，鼓舞了全岛蔗农抗争斗志。12月20日，台湾文化协会到二林庄举办农村讲座，进一步提高了蔗农们的斗争觉悟。1925年1月1日，当地素有"侠义之风"的医师李应章（后改名李伟光）和詹奕侯、刘崧甫等积极分子在二林庄召开农民大会，决定成立蔗农组合。6月28日，二林蔗农组合正式成立，会员400余人，李应章等当选为理事。10月6日，李应章等代表二林庄蔗农，向林本源制糖会社提出公布收购价格、肥料由蔗农自由选购、双方共同监督过磅等诉求，遭到无理拒绝。10月22日，日本殖民当局警察和溪州工厂原料股长矢岛与100多名二林庄蔗农发生冲突，大肆抓捕抗争农民，激起民变，日本殖民当局逮捕了93人，控以"妨害公务"等罪名，史称二林蔗农事件。

二林蔗农事件发生后，为支持台湾农民抗争，1925年11月，简吉与黄石顺等筹划成立了凤山农民组合，以"土地和农民""咱们兄弟怎样自觉""劳动与团结""资本家的毒手可惊"等为主题，在凤山农村进行巡回演讲，带领当地农民反抗日本制糖会社收夺蔗农土地，最终赢得了胜利。凤山农民组合的成功经验，极大地鼓舞了台湾各地农民，纷纷邀请简吉前去介绍"凤山经验"。由于台湾农民抗争频起，简吉也四处奔波，指导各地农民开展斗争，大甲、虎尾、竹崎等农村地区相继成立了农民组合。

随着台湾各地农民组合不断增多，为进一步团结广大农民，加强联系、交换经验、共同抗争，1926年6月，台湾各地农民组合代表在凤山召开会议，决定建立一个全岛性农民组织，讨论通过了简吉、黄石顺提出的成立台湾农民组合的建议。简吉被推选为台湾农民组合中央委员长，陈连标、黄石顺为中央常任委员。台湾农民组合的成立，使广大农民逐渐团结起来，力量迅速发展壮大，到1927年12月，从成立时的5个支部、1000多名会员，发展成为23个支部、4个联络处、2.4万名会员的台湾最大社会运动组织。

面对日益严重的土地和竹林争议，1927年3月，简吉与台湾农民组合争议部部长赵港前往日本东京陈情请愿，虽然没有获得任何结果，但他们却目睹了日本农民运动，并与日本农民组合、日本劳动农民党等左翼组织建立了联系，学习了很多抗争方法。简吉还向日本劳动农民党提出派遣指导员常驻台湾的请求，不久日本左翼进步律师古屋贞雄赴台开设了律师事务所，为台湾农民运动提供斗争经验，为农民争议案件进行辩护，对台湾农民

运动发展起到了推动作用。

1927 年 12 月 4 日，台湾农民组合第一次代表大会在台中乐舞台戏院召开，岛内各地农民代表 800 多人参加了会议。大会讨论了"劳动农民党支持案"，肯定了日本劳动农民党对台湾农民组合的指导和支援，同时就台湾农民组合的思想政策、运动方针等作出说明。大会指出，"我们的运动业已度过从事于所谓自然发生运动的时期"，"于当今阶段，我们非展开全体无产阶级的政治斗争不可"。大会提出，要"促进工农结合"，"依照马克思主义指导支持无产阶级之方法，宜待之于解决农民问题之方针"。在这次大会上，简吉当选为台湾农民组合中央委员。

台湾共产党加强对岛内农民运动的领导

台湾农民组合第一次代表大会召开前后，台湾农民运动达到前所未有的高峰，经台湾农民组合指导的农民抗争案件就达 420 余件。与此同时，日本殖民当局对台湾农民组合的镇压愈加严酷。

1928 年 4 月，在中国共产党领导下，台湾共产党在上海成立。台湾共产党成立后，积极开展台湾农民运动，并深入台湾农民组合指导开展革命活动，反抗日本殖民统治。简吉非常认同台湾共产党的抗日政策主张。为加强台湾共产党对农民运动的领导，台湾共产党与台湾农民组合建立了密切联系。1928 年 7 月，为提升台湾农民组合干部的思想素质和战斗力，在台湾共产党帮助和指导下，台湾农民组合举办了青年干部训练班。简吉在训练班上讲解日本殖民地政策、台湾农民运动及土地放领等问题，台共负责人谢雪红等讲解国际无产阶级运动、社会主义政治机构、大众经济学等问题，介绍了国际共产主义运动的实践方式和斗争方法。

1928 年 8 月 29 日，谢雪红应邀出席台湾农民组合中央委员会会议，代表台湾共产党对台湾农民组合开展革命斗争提出工作建议。谢雪红强调："大陆的五四运动、五卅运动等解放运动，大部分由青年担任，成为解放运动的前驱，因此工农运动与青年运动密不可分。"会议讨论了谢雪红提出的意见，决定按照谢雪红提出的建议开展工作，并决定将在台共领导下起草的《农民问题对策》作为在 12 月间召开的台湾农民组合第二次代表大会的指导性文件。此时，一些台湾农民组合领导人如陈德兴、杨春松、赵港、杨克培等已经加入台湾共产党，台共组织还把简吉作为重点发展对象。

1928 年 12 月 30 日至 31 日，在台湾共产党革命战略和政治方针指导下，台湾农民组合第二次代表大会在台中乐舞台戏院举行，简吉被任命为台湾农民组合书记长。针对日本殖民当局的高压政策，特别是面对日本警察冲进会场强令大会中止，简吉毫无惧色，沉着冷静控制会场、维持秩序，主持大会通过了台湾共产党提出的议案和对策，提出"拥护苏联邦""支援中国工农革命运动"等主张，进一步从民族立场与阶级立场对日本殖民当局提出强烈的政治经济要求，更加坚定了反抗日本殖民统治的政治立场。台湾农民组合在政治上日益成熟。

为镇压台湾农民组合，1929年2月12日，日本殖民当局发出"全岛大整肃"逮捕令，日本警察在台北、新竹、台中、台南、高雄等地大肆搜捕台湾农民组合、台湾文化协会和台湾共产党开办的国际书局骨干人员，调查台湾共产党与台湾农民组合的关系。这次大搜捕，史称二一二事件。由于未能查获相关证据，日本殖民当局便以台湾农民组合印制第二次代表大会宣言违反出版规则为借口，将简吉等13名主要干部交付审判。为保护台湾农民组合干部，简吉自始至终将印刷大会宣言一事说是自己所为，与他人无关，承担全部责任。8月20日，简吉被一审判处监禁四个月。8月31日，简吉被保释后，即与赵港开展台湾农民组合重建工作。此时，简吉已秘密加入台湾共产党。10月，台湾共产党任命杨春松和赵港为台湾农民组合党团负责人，进一步加强台共对台湾农民组合的领导。12月，台湾农民组合在台北召开中央委员会会议，杨春松当选为台湾农民组合中央委员长，简吉当选为中央常任委员。然而，12月20日，日本殖民当局法庭二审改判简吉监禁一年。二一二事件后，由于日本殖民当局全面镇压与破坏，台湾农民组合遭受重大损失。

组建赤色救援会

一年的监禁并没有熄灭简吉的斗志。正如他在狱中日记所言，"官宪认为压抑我们的运动，我们就会改变，这是错误的"。

1930 年 12 月 24 日，简吉刑满出狱，他立即联络台湾农民组合成员，全力支持将台湾农民组合发展成为台湾共产党的外围组织。1931 年 1 月 1 日，简吉刚出狱不久就赴嘉义竹崎参加了台湾农民组合第三次中央委员会扩大会议。这次会议审议通过了《支持台湾共产党案》《提供组织反帝同盟案》《建立赤色救援会组织案》等 17 项议案。会议决定向所有成员公开台湾共产党与台湾农民组合的特殊关系，获得了各地农民组合的大力支持。会后，在各地台湾农民组合的要求下，简吉不畏艰难，四处奔波，致力台湾农民组合的重建与发展。然而，1931 年 3 月，日本殖民当局又发动了一次针对台湾共产党的"大检举"，对台湾共产党、台湾文化协会和台湾农民组合进行了更为疯狂的镇压。

面对日本殖民当局对台湾共产党及其外围组织的全面镇压，根据中共中央指示，台湾共产党决定成立台湾赤色救援会。简吉锲而不舍地与少数未被捕的台湾共产党党员一起，着手开展台湾赤色救援会筹组工作，以期重建台共组织，继续开展革命斗争。1931 年 8 月 9 日，在简吉的召集下，台湾赤色救援会在台中秘密召开会议。简吉在会上表示："本救援会的组织与台湾革命运动有至大的关系，其进展如何将直接影响到台湾革命的消长。当前吾人最紧急的重要工作，就是努力让本会成为国际赤色救援会台湾支部。"会上，简吉被推选为台湾赤色救援会筹备委员会负责人。关于台湾赤色救援会的目标，简吉表示："这是为了救援被日本帝国主义逮捕的同志而做的。这些同志因被捕，家庭生活艰辛，他们为工人农民而受苦，我们有义务照顾他们的家人，有

钱出钱，没钱出力，为他们做一点劳动是应该的。"台湾赤色救援会成立后，简吉把原台湾农民组合嘉义支部编入赤色救援会，组织农民群众参加赤色救援会的抗日斗争。

简吉还创办了台湾赤色救援会机关报《真理》，撰写抗日文章，秘密印刷分发。在自身安全面临危险的情况下，简吉在《真理》报上发表文章，强烈谴责日本帝国主义发动九一八事变，表达台湾同胞对祖国大陆人民命运的关切，号召台湾工农群众与日本帝国主义开展生死搏斗，支持祖国大陆人民抗战。在简吉领导下，台湾赤色救援会团结了许多台湾农民、工人，坚持开展抗日运动，秘密救援了许多被捕的台湾共产党党员和抗日团体成员及家属。

1931 年 12 月，日本秘密警察以台湾赤色救援会机关报《真理》为线索，对台共组织进行大追捕，台湾农民组合、台湾文化协会和台湾赤色救援会被迫解散。简吉作为台湾共产党中央委员、台湾赤色救援会主要负责人被捕入狱，被判刑 10 年，直到 1941 年才出狱。

致力台湾人民解放事业

1945 年 8 月 15 日，日本宣布无条件投降，日本在台湾长达 50 年的殖民统治宣告结束。由于拥有台湾农民组合的深厚基础和广大农民群众的支持，简吉被推选为国民党三民主义青年团高雄分团副主任，主要任务是维护社会治安，防止偷窃，保护农民耕牛，防止各地米粮被无故运出，遏止日本人破坏行为等。在抓好三青团工作的同时，简吉仍然心系广大台湾农民，千方百计保护他们生产的稻米免于被强征，经常带着被殴打致伤的农民打官司，为农民伸张正义。

1946 年初，简吉出任桃园农田水利协会理事，参加组建台湾革命先烈遗族救援委员会，担任常务委员和总干事，对日本殖民统治时期的受难者家属提供救助，包括"奖助先烈子弟升学，指导先烈遗族或革命志士就职就业，协助建立生活基础，救济非常灾害，辅助必须之生活等"。在简吉的推动下，救援委员会在新竹设立了忠烈祠，祭拜英勇牺牲的抗日志士，使抗日英烈有所奉祀，抗日事迹有所传述。

这时，国民党对台湾社会的严密监控进一步加强，对台湾共产党的防范进一步采取高压措施。1946 年 8 月 3 日，国民党保密局呈报，三民主义青年团高雄分团为"奸伪份子"简吉、卢新发等所把持。

中共台湾省工委成立后，非常重视农民工作，也非常重视早期台湾农民运动的风云人物简吉。1946 年 9 月，台湾省工委书记蔡孝乾联系上简吉，安排台湾省工委委员兼武装工作部部长张志忠与简吉见面，简吉从此开始新的革命征程，全力开展地下工作。根据台湾省工委部署，简吉在家乡高雄深入开展农民运动，团结组织台湾农民反抗国民党反动统治。简吉还配合张志忠在嘉义、台南等地开展群众运动，建立地下党直接掌握的力量。1947年二二八起义时，简吉协助张志忠在嘉义组建台湾自治联军并担

任政委，负责指挥云嘉南地区的武装斗争。

二二八起义失败后，1947 年 6 月，根据中共台湾省工委指示，简吉前往台湾农民运动大本营新竹地区，开展宣传群众、动员群众、组织群众、武装群众的工作。他与张志忠辗转台湾各地，拓展党的工作，在新竹、桃园建立了党的基层组织，大力开展武装斗争。1947 年冬，经张志忠介绍，简吉光荣加入了中国共产党，不久担任了新成立的中共桃园地区工委书记。

1949 年 1 月，根据中共中央关于"加紧巩固组织，发展群众工作，进行统战工作"的指示，中共台湾省工委发出《怎样做支部工作》《职工运动提要》《学生运动》《乡镇工作》《关于高山族工作》《怎样做敌军工作》等文件材料。由于开展台湾少数民族工作的急迫需要，简吉被指定筹备成立中共台湾省工委山地工作委员会。根据工作需要，1949 年 2 月，简吉调往台北工作，受台湾省工委主要负责人直接领导。

1949 年 9 月，经过八个月的紧张筹备，中共台湾省工委山地工作委员会正式成立，简吉出任书记，负责策划工作方向和重要方针，开展少数民族工作。简吉认为，开展台湾少数民族工作，就要结合山地民众成立山地组织，建立武装基地，但山地民众的文化、民族性、经济特性与平地汉人不同，因此必须从山地民众利益和立场出发，为他们思考未来的出路。为此，他制定了开展台湾少数民族工作的基本方针："帮助台湾少数民族发扬高度民族自觉性，促进他们自己起来管理自己，挽救自己民族的危机——台湾少数民族人口的逐渐减少，便是这个危机的趋势。因此，在政治上要促进高山族自觉，加强各族之间大团结，发起自治自卫运动。"根据这一工作方针，简吉积极团结争取台湾少数民族乡村头目、部落酋长、知识分子及公务人员，争取他们对中国共产党政治主张包括少数民族政策的认同和支持，并教育吸收他们加入中国共产党领导的革命斗争。1949年11月，简吉推动成立了蓬莱族解放委员会，建立了蓬莱族民主自治联军。与此同时，简吉还大力开展少数民族青年知识分子启蒙工作，积极接触年轻知识分子和学生，组织成立了蓬莱民族自救斗争青年同盟，鼓励青年学生"基于住民必须觉醒并主动参与塑造族群命运的认知和使命感，寻求高山民族的自觉自治自卫等目标"。其间，简吉还发展了一批党员。

在此基础上，为有利于隐蔽和长远发展，简吉和山地工作委员会着手建立山地游击武装组织，开辟了草屯、南投、竹山、国胜、干溪、双冬等游击基地。同时，他们利用山高林密的自然条件，把阿里山变成得天独厚的隐蔽基地。从1949年下半年起，一些被国民党特务追缉而转移的地下党员和进步人士，陆续辗转来到阿里山避难，但这很快引起国民党特务的密切关注，山地工作委员会成为国民党重点侦办的对象。

血染风采永驻台湾人民心中

1950年4月，简吉在台北遭国民党特务逮捕。在狱中，简

吉经历了近 10 个月的严酷拷打和痛苦折磨，但他始终坚守立场，拒不投降。1951 年 1 月 8 日，简吉被判处死刑。国民党"台湾省保安司令部"军法处"安澄字第 0209 号判决书"，指控简吉"意图以非法之方法变更国宪颠覆政府而着手实行，处死刑褫夺公权终身"。判决理由一节，历数了简吉的所谓"罪状"："被告简吉于三十七年（1948 年）二月参加朱、毛匪帮，先后受老吴（张志忠）、蔡孝乾领导，曾介绍林元枝等六人加入匪党。至三十八年（1949 年）匪党建立山地工作委员会任该会负责人，领导陈显富……等订定对高山族重要策略，鼓励民族自决，推动自治自卫，团结各族为匪党解放努力……并将蔡孝乾交陈显富带往阿里山藏匿"。1951 年 3 月 7 日，简吉在台北马场町英勇就义。

从日本殖民统治时期组织开展台湾农民运动，参加左翼反日运动和共产主义运动，到台湾光复后参加二二八起义，加入中国共产党，领导台湾少数民族武装反抗国民党反动统治，简吉的革命生涯贯穿了台湾人民艰辛的革命斗争史。简吉非凡的组织能力和大无畏的革命胆识，彰显了他爱国爱乡的深沉情怀，彰显了他顽强不屈、不怕牺牲的英雄气概。简吉是台湾农民运动的杰出领袖，是反抗日本殖民统治的斗士，是争取实现台湾人民解放的英勇战士，是中国共产党的优秀党员，他的革命事迹将被世人永远铭记！

王臣宾　陈莲亭

　　王臣宾（1924—1952），福建福州人。1947年加入中国民主同盟。1950年2月赴台湾从事地下工作。1950年6月被捕，1952年3月3日在台北马场町英勇就义。

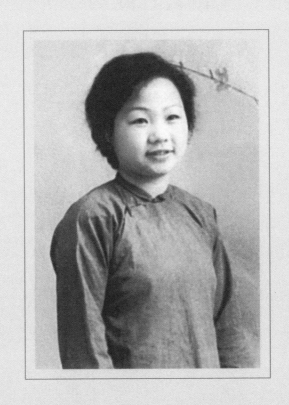

　　陈莲亭（1926—1952），福建闽侯人。1949 年 8 月进入福州市公安局工作。1950 年 2 月与王臣宾假扮夫妻潜入台湾开展地下工作。1950 年 6 月被捕，1952 年 3 月 3 日在台北马场町英勇就义。

向往新中国

王臣宾 1924 年出生于福州郊区一户贫困农家，为家中独子。由于世代务农，家庭贫困，父母身患疾病无钱医治，生活苦不堪言，加上地主盘剥压迫，全家常常饥寒交迫，不得不搬迁进城讨生活。王臣宾在自传中写道："父亲是受尽了封建社会和地主剥削的可怜虫，也许在乡间被压榨得喘不过气，才把一家三口像逃难般接向这城市来。"饱尝艰辛的王臣宾懂事早，知道要刻苦读书上进，年纪轻轻就自食其力，艰辛前往上海等地求学，接受了高等教育，成为全家的希望。

凭借学历，王臣宾在福州周边的县政府谋得了一份职员的差事，但他内心十分反感厌倦："我出来做事，几年来，吃的都是机关饭。在从前，我总不喜欢做事，因为旧政府机关里的事是人事，不是公事，只要能应付得开，事就迎刃而解。一纸公文交织成官僚形式和人情意味，所以做了两三年县市政府的公务员，我始终跳不出纸上谈政的圈子。"随着阅历增多和知识增长，王臣宾开始了对人生、家庭和社会的思考。他在自传中写道："到了二十二三岁，我出来做事，我才开始受社会的熏陶和时代的锻炼，我慢慢地开始接触新事物，憧憬着新的事景，我常常想，中国地这么大、人这么多、物产这么丰富，为什么不能发愤图强，为什么还是这么一穷涂地？在起始怀疑的时候，我总认为自己

不争气，自己不去开发，自己没有这种技能，以后我才慢慢想通了。横在这些决心和技能的问题以外，是美国和其同类的帝国主义经济侵略的窒息、阻挠和破坏，其余就是受了资本主义国家宣传的毒素，轻视工人的劳力，不能尽其所能的应用于生产建设上面。"

于是，王臣宾积极靠近革命，有意识地接触共产主义思想，在马克思主义理论的启迪下，思想觉悟不断提高。渐渐地，王臣宾看清了旧社会的黑暗和自己家庭痛苦的根源。他分析道："城市在农民眼里是一个天堂，在资本主义社会性质的商人（眼里）也许认为是个淘金窟。爸爸虽然脱去乡村佃农的枷锁，可是他不知不觉又重新走进剥削别人且被别人剥削的资本主义商业社会，他辛辛苦苦地经营、奋发、苦干，可是他仍不能尽其所用、尽其所能地发挥他的商业抱负。"

经过深入思考，王臣宾决心走向革命阵营。他辞掉在县政府的工作，决定回到福州办报，向旧社会腐败官场投出一颗颗"爆烈弹"。"大前年，我在福州办《轰报》的时候，得了友人的启示，投进革命的阵营。我知道我过去一切的缺点，我一方面埋头苦干，一方面极力改造自己。虽然办报的时间不久，可是在新闻笔阵里，我曾投下一颗革命的爆烈弹，（成为）轰动旧政府的一切腐化残余的命伤。"原来，王臣宾曾在《轰报》发文，揭露国民党中统经营的一家公司黑幕和官僚张翰仪的贪污劣迹，在福州轰动一时，迫使张翰仪辞职。王臣宾也因此被捕入狱，被关了两个多月。

　　1947 年 7 月，王臣宾加入中国民主同盟福建省委员会。在中国共产党领导下，王臣宾积极开展组织示威游行、罢工罢课、张贴红色宣传标语等反抗国民党反动统治的革命工作。10 月，国民党宣布民盟为非法组织，民盟福建省委被迫转入地下。王臣宾一度潜往香港，直到新中国成立后才回到福建。此时的王臣宾异常兴奋，对社会主义充满美好憧憬，立志干出一番事业。

　　与王臣宾的人生轨迹类似，陈莲亭同样出身贫苦，为家中长女。她从小自立自强，幼时随叔父离家到黑龙江经商四年，很早就认识到知识能够改变命运，因此学习非常刻苦，不仅习得一手好字，写得一手好文章，而且文如其人，端庄、整洁、干练，是一位才女。1937 年 7 月全民族抗战爆发后，家庭虽因战乱辗转，但陈莲亭仍然坚持读书学习。1943 年高中毕业时，"半限于家庭经济，半束于父母之命，谓我稚弱女子，未便他往工作，故我既不得深造，又不得服务社会，（终）日仅在家佐我病母，操理家务，及督导弱弟幼妹功课。光阴荏苒，如是者四载"。面对旧社会对女性的束缚，陈莲亭深感荒废光阴，"坐困依赖家庭，诚非青年人所宜"，遂毅然要求父母同意自己前往住家附近会计补习所，学习一技之长。"幸所学兴趣尚感浓厚，甚有心得，半年期满时，成绩亦佳。"适逢福建闽清中学有会计助理员职缺，经友人函介，陈莲亭获得了一次难得的工作机会。"我初出社会工作，一切唯矢勤矢慎，甚得校长暨各教师同仁称许。我亦具意勃然有加，未敢稍息。"不料两个学期后，学校减缩职员编制，陈莲亭被裁减而失业。后来，她又应聘林森县（1944 年闽侯县改名林

森县，1950年恢复为闽侯县）警察局会计办事员等职，屡遭挫折艰辛，慢慢看清了"国民党一切腐败政治恶习"。

陈莲亭历经困顿挫折，却不屈服于命运。她向往和追求自由、平等、解放，逐步坚定了投身革命的决心。1949年8月17日，福州解放。陈莲亭欣喜地认为："瞻望中国前程，已光明在望，而中国之纯正青年，更踏上光明大道。薄海欢腾，共庆来兹。"她报名参加了福州市政府举办的短训班，满腔热情期待加入为人民服务的行列。但不幸的是，"家中来函，谓我父失业，一家生活濒危，欲我在榕帮理，作榕田间来往之小生意，以维持家庭"。而短训班又通知学员"尚须再待集中学习后，始行指派工作"。为解家庭燃眉之急，陈莲亭不得不放弃学习机会，做些小生意补贴家用。她却不曾想到，福州郊野一带经常发生拦路抢劫事件，且福州频遭国民党军空袭，"生意之途陷于停滞"，陈莲亭"蛰困在榕，居诸坐废，追悔莫及"。但她坚信："新中国已诞生，绝不至无青年人适当之投效之机缘。故决在榕过我窘迫之生活，期待曙光之来临，以我一片之赤诚，为人民而服务。"很快，陈莲亭得偿所愿，进入福州市公安局工作。不久作为局里的骨干，她被派往台江区参与社会改造工作。

福建解放后，处在对台工作最前线。福建与台湾隔海相望，方言相通，开展对台工作具有独特的便利条件。1949年9月，根据中共中央和华东局指示，中共福建省委成立解放台湾工作委员会（福建省委台工委），主要任务是加强对退踞台湾的蒋介石集团的政治军事斗争。根据王臣宾、陈莲亭的个人情况和政治表现，组织上决定派遣他们假扮夫妻潜入台湾开展地下工作。

为赴台精心制定计划

1950 年初，王臣宾、陈莲亭接受了赴台前的培训。王臣宾年轻俊朗、坚毅执着，陈莲亭端庄秀丽、真诚大方，他们参加革命前素不相识，但为了党的事业，他们愿意把彼此的命运交织在一起。他们赴台的主要任务是通过关系，打入国民党台湾省党部电台。培训期间，按照党组织要求，他们撰写了自传，详细汇报了自己以前的工作、生活经历和家庭历史等情况。他们表示："解放台湾谁都认为是一种难事，但是天下间的难事并不是不可以克服的，不过在于怎样克服的方法和克服的精神，在于人为，而不是空说……"

在福建有关部门指导下，王臣宾、陈莲亭精心制定入台工作计划，提出工作思考，还收集整理了在台湾的工作对象情况，写出了书面报告。他们在工作计划中提出，解放台湾既要依靠外部力量，更要发动内部力量，"解放台湾，内在的力量一定要比外在的力量强"，"除了要（有）庞大的军事力量外，应当不要忽视了台湾内部能掀起一种革命的作用"。他们指出，必须详细掌握台湾当前时事走向、经济状况、军事形势、民心向背、兵力配备等情况；要向台湾多渗透力量，赴台要发挥带头和引领作用，加速国民党的末日到来和军事的崩溃。

王臣宾、陈莲亭还根据工作对象的履历情况，着重围绕其家庭的现实困难和思想状况，周密准备了政治争取方案。他们有针对性地对工作对象亲属开展工作，晓之以理、动之以情，引导其认清人民解放事业的光明前景，不要再犹豫徘徊苦闷，英勇沉着大胆地参加革命斗争。由于历史原因，王臣宾和陈莲亭留下的工作档案大多已经销毁，但从仅存的史料中，依然可以看出他们极其认真的工作态度和扎实细致的工作作风。

献身祖国统一事业

王臣宾、陈莲亭打算先以赴台经商为掩护潜入白犬岛，然后进入台湾本岛，伺机打入国民党台湾省党部电台。出发前，王臣宾向党组织表达了坚定的信念："我发誓，要为新中国担起创造的责任，受着新时代革命的启迪，要重新踏上血一般红的路。"陈莲亭满怀深情地向党组织表示："要让生命像火一样燃烧，温暖民众，照亮社会。"这些铿锵有力的话语，表达了他们为党的事业赴汤蹈火、在所不辞的决心和意志。

"海畔尖山似剑铓，别时处处割愁肠。"因是家中独子，父母年事已高，体弱多病，王臣宾不忍将自己即将赴台之事告诉他们。王臣宾变卖自己的家产，拿出所有的积蓄，还向朋友举债，全力为赴台经商掩护做准备。王臣宾深知此行的困难和危险，但没有向组织上提出任何个人要求，只是提出为他赴台的渔船放行，让他可以早日完成任务胜利归来。陈莲亭隐约感到此次赴台可能再也回不到故乡、见不到父母，她没有与父母告别，而是到附近的照相馆拍了一张全身照，在照片后写下"我要奋勇向前"几个苍劲有力的大字，将照片寄给了父母。在前往白犬岛的途中，陈莲亭用肥皂刻章制作了她与王臣宾的结婚证件。

1950 年 2 月初，王臣宾与陈莲亭在福州台江码头上船，船只缓缓驶向海峡彼岸，他们站在甲板上久久地凝望着故乡……

经过 20 多个小时的航行，王臣宾与陈莲亭抵达福建外海白犬岛。到达白犬岛后，他们想方设法取得入台证明，同时对白犬岛的敌情进行了深入调查。王臣宾通过关系与工作对象联系，陈莲亭则忙于联络交友，以建立情报来源，编织关系网。他们向组织上报回了长乐县国民党残匪的情况和有关东沙外岛的一些重要情报。1950 年 3 月 25 日，他们前往东沙岛收集情报时，被国民党驻军察觉行踪，6 月 25 日同时被捕，7 月被押解到台北。

在国民党"台湾省保安司令部"军法处魔窟里，王臣宾与陈莲亭经受了严刑审讯。从派出赴台的历史档案与后来国民党披露的案情记载看，国民党特务始终没有掌握王臣宾与陈莲亭赴台的具体任务和真实工作对象，他们与组织上的联络路线也没有遭到破坏。经过长达一年九个月的刑讯逼供，国民党特务一无所获，决定将他们杀害。1952 年 3 月 3 日，王臣宾与陈莲亭在台北马场町英勇就义。王臣宾年仅 28 岁，陈莲亭年仅 26 岁。

已故民盟中央副主席吴修平曾回忆，福建解放后，民盟福建省委员会曾参与派遣盟员赴台从事地下工作，知悉他们在台湾被

国民党杀害，民盟盟员心里十分悲痛。

    王臣宾是民主党派人士，陈莲亭是刚参加革命工作的热血青年，他们是新中国成立后由组织上派遣赴台的一对"特别夫妻"，他们在地下工作中保持着纯洁的革命友谊，在最绚烂的青春岁月为党和人民献出了自己宝贵的生命。他们是人民的英雄！他们是祖国的好儿女！他们的英勇事迹，我们应当永远铭记！

徐新杰

　　徐新杰（1924—1952），又名机贤，化名迈东、阿华，广东蕉岭人。1943 年参加中共外围组织民主抗日同盟。1946 年 4 月赴台湾从事地下工作，加入中国共产党。1949 年 7 月身份暴露后潜藏深山老林达三年。1952 年在苗栗大湖山区鹬婆山与国民党特务英勇搏斗时壮烈牺牲。

投身抗日救亡斗争

徐新杰 1924 年出生于广东省蕉岭县兴福乡（今蕉城镇）黄田村洋桥，起名机贤。由于小时候经常生病，神婆说卖给别人家才能养活，徐机贤三四岁时就被卖给堑垣村寨上徐泉霖为子，更名徐新杰。此后，徐新杰在寨上长大成人，上学读书。

1942 年冬，徐新杰从蕉岭中学初中部毕业，考入学校附设的简易师范科。读书期间，他积极参加中共地下党领导组织的抗日宣传活动。1943 年，在同村中共党员徐森源引领下，徐新杰奔赴惠州博罗抗战前线，参加了台湾抗日志士丘念台领导的抗日救亡团体东区服务队。同年秋冬，入队不久的徐新杰又在徐森源的介绍下，与钟浩东、蒋碧玉、李南峰、李伟英、刘炎曾、叶捷新等一起，秘密加入中共外围组织民主抗日同盟，成为中共地下党组织开展抗日救亡活动的积极分子。在此后的几年时间里，徐新杰在战地小学和罗浮中学从事教学工作，与东区服务队战友们一起转战惠州横沥和罗浮山前线，经受了抗日救亡斗争的艰苦磨炼与考验。

奔赴台湾开展地下斗争

1945 年 8 月 15 日，日本宣布无条件投降，东区服务队解散。

9月，按照中共地下党组织指示，徐新杰与徐森源和潘佩卿夫妇、钟浩东和蒋碧玉夫妇，以及李南峰、刘邹炽等一起从蕉岭前往罗浮山参加东江纵队。由于东江纵队此时已经转移，他们遂转往广州，在旅居广州的台湾青年中开展革命宣传等活动。

1946年4月，根据党组织指示，徐新杰与徐森源夫妇、钟浩东夫妇、钟国辉、丘继英等一起前往台湾开展地下工作。5月，徐新杰化名徐迈东，与徐森源夫妇来到基隆中学。8月，钟浩东接任基隆中学校长，徐森源担任训导主任，徐新杰担任庶务组长。基隆中学地下党支部成立后，钟浩东担任支部书记，陆续安排了一批从祖国大陆来的人员在学校工作，其中有不少人是中共党员，基隆中学成为台湾北部地区地下党组织的重要活动据点。

1947年二二八起义后，经东区服务队战友、广东梅县人黎明华介绍，徐新杰与蕉岭县同乡钟履霜离开基隆中学，转往新竹中坜义民中学任教，秘密开展革命工作。11月，化名"郭先生"的中共台湾地下党组织负责人陈福星和洪幼樵等先后来到义民中学，徐新杰向黎明华介绍"他们都是钟浩东的朋友，是自己人"。不久，化名"吴先生"的中共台湾省工委领导人张志忠来到义民中学，给黎明华办理了重新入党手续，恢复了他的组织关系，并由黎明华、徐新杰、钟履霜组成地下党小组。此后一段时间，张志忠每星期都来义民中学，指导他们开展地下工作。

据台湾已解密档案资料，徐新杰在基隆中学任职期间已是中共党员，到新竹义民中学和商业学校任教后，成为新竹地区中共地下党组织的重要成员。一是台湾省警务处档案《呈复钟浩东案办理情形》记载："已获奸犯吴振祥、戴传李等二匪供出，现任基隆中学校长钟浩东及教职员蒋蕴瑜、戴芷芳、蓝明谷及新竹商业学校教员徐新杰等，均系奸匪份子。"二是国民党"国防部"档案保存的一封毛人凤信函称："又据吴振祥、戴传李二匪供出，现任基隆中学校长钟浩东（系戴传李姐丈，抗战时期在内地工作，与本党有关）、蒋蕴瑜（钟浩东之妻，戴传李之姐，幼为舅父蒋渭水抱养）、戴芷芳（戴传李之妹，现充基隆中学事务员）、蓝明谷（基隆中学教员）、徐新杰（新竹职业学校教员）等五名，均为共党分子……复经详密调查属实。"三是在国民党"国防部"军情局《洪幼樵供词》档案中，原中共台湾省工委委员兼宣传部长刘志敬（洪幼樵化名）被捕"自新"后供述："新竹方面：新竹县工委系老张（张志忠）领导，主要干部有简吉、林乡长及黎某（曾在中坜私立中学充教员）、徐新杰（徐森源堂兄弟，在新竹商业学校任教）等。"

积极宣传组织群众

新竹义民中学中共地下党组织成立后，订购了《观察》《文萃》《民声报》《公论报》等进步书刊供师生们阅读，并利用课堂教学等机会，向学生和教职员工介绍时局，宣扬中华民族意识和辩证唯物主义观点方法。义民中学学生范荣枝后来回忆："二二八事件后好几个月，陆续有几个外省老师来学校教书。私

299

立学校校长有权力雇用教员。黎明华、钟履霜、黄贤忠、徐迈东、丁洁尘，这一批来教书的外省人都是姚老师（姚锦，义民中学教务主任）聘雇的。印象里，义民中学的外省老师教起书来都非常优秀又用心。事后我们才知道，这些老师都是抱着社会主义思想的。""黄贤忠老师很有文采；黎明华老师可以很生动地演出曹禺的《日出》；徐迈东老师把魏晋南北朝的历史讲得非常生动；姚锦老师会讲一些时事。"另一名学生刘鄹昱回忆："学校有一间钢琴室，黎先生经常在弹旋律优美的曲子，我上台北师范时才晓得是《少女的祈祷》。有时候听到黎明华、钟履霜、徐迈东三位老师引吭高歌，合唱雄壮的歌曲，现在猜想也许是《国际歌》吧。"在此基础上，义民中学中共地下党员们积极发展党组织，建立了中坜和杨梅两个党支部。他们还深入农村，在新屋、青埔、湖口海岸线建立起一些据点。

徐新杰在义民中学工作半年时间后，为进一步发展革命力量，党组织安排他转往由林启周（延安陕北公学毕业，中共党员，原东区服务队队员）担任校长的新竹商业学校任教。在林启周、徐新杰等努力下，学校很快成为地下党组织新的重要活动据点。黎明华回忆说："1948年，在张志忠直接领导和指示下，我采取稳步前进的工作方法，将工作重心放在中坜支部和杨梅支部，并单线领导中坜农校的钟蔚璋和新竹商校的徐新杰。"

1949年4月，人民解放军百万雄师横渡长江，南京、上海很快解放。根据中共中央和华东局指示，中共台湾省工委决定把工作重心从"迎接解放"转到"配合解放"上来。5月，张志忠专程到中坜布置工作任务，"要求党员干部尤其是农村干部，应熟悉周围地形、道路交通状况、海岸线和丘陵山地的一般情况，并通过各种关系做好普通群众的工作"。7月初，学期刚刚结束不久，徐新杰随同黎明华爬狮头山，在新竹车站意外遇到坐同一班火车南下的钟浩东、蒋碧玉、钟国员、戴芷芳等人。他们这次爬山，实际上就是为了勘查台湾西部沿海山地地形而特意安排的。

潜藏深山密林

1949年6月23日，新竹商业学校校长林启周因身份暴露，撤回祖国大陆时在台北松山机场被捕。为保证安全，在蒋碧玉安排下，7月中下旬，徐新杰紧急转移到钟浩东表兄邱连球的家乡屏东长治隐藏。由于徐新杰在屏东仍不安全，8月中旬，黎明华南下屏东，把徐新杰从邱连球家中接出来，安排到杨梅山上一个胡姓同事家里隐蔽起来。

1949年8月下旬，基隆中学《光明报》案"爆发，新竹中坜中共地下党组织遭到破坏。在地下党组织安排下，黎明华等已事先转移到苗栗三湾乡内湾村村民孙阿泉家，建立起新的工作据点，并在神桌山、狮潭、大河底及狮头山一带开展活动。不久，徐新杰和钟蔚璋由地下党组织安排，也转移到三湾地区，在神桌

山和大河底村民家里隐藏。

9月下旬，黎明华从报纸上看到北京正在举行中国人民政治协商会议的消息，但苦于无法得知详情，便与徐新杰等在神桌山一位村民家里，设法自制了一台十分简陋的手摇发电机，用人工手摇发电，以极其微弱的信号时断时续艰难地收听新华社新闻广播。9月21日晚上，他们收听了毛泽东主席在中国人民政治协商会议上的讲话，当听到"占人类四分之一的中国人从此站立起来了"时，大家激动得热泪盈眶，心情久久难以平静。第二天，他们又分别把新中国即将成立的消息告诉了其他地下党员，大家都为之兴奋不已。10月1日，新中国开国大典在北京举行，竹南地区的中共地下党组织分别举行了小型庆祝集会。

12月中下旬，在神桌山村民刘鼎昌提供的山寮里，张志忠亲自主持举办了一个包括徐新杰在内的15人参加的学习班。经过一个星期的系统学习和讨论，大家在理论上、思想上充实了许多。

1950年2月农历年除夕，国民党派出100多名宪警特务，突然包围了三湾地区中共地下党组织活动据点，幸亏黎明华、徐新杰事先识破了国民党特务企图诱捕他们的诡计，才提前安全分散转移。按照事先安排，徐新杰与黎明华、江添进、钟蔚璋忍饥挨饿，在高山密林艰难跋涉隐藏了半个多月，直到3月才与曾永贤取得联系，辗转来到苗栗铜锣地区，由曾永贤安排住进芎蕉湾村民谢发树家里。由于从外地转移到这里的地下党员越来越多，为了解决大家的吃饭问题，谢发树带着黎明华、徐新杰到苗栗头屋与嘉盛之间的后龙溪抓鱼，除自己吃外，他们还把剩下的鱼挑到苗栗街上卖。隐蔽期间，徐新杰等还在苗栗天花湖、公馆、九份、鱼藤坪一带山区开辟了劳动基地。这些基地的建立，不仅疏散了地下党员，还通过与当地农民共同劳动，密切了与农民群众的关系。

由于基隆中学"《光明报》案"持续发酵，台湾各地中共地下党组织相继遭到破坏，被捕的地下党员越来越多。至 1950 年3 月，中共台湾省工委负责人均被逮捕，陈泽民、洪幼樵、蔡孝乾先后变节，台湾地下党组织系统几乎遭到彻底破坏。但残存的共产党人仍然坚持斗争，艰难地重整地下党组织，建立游击武装。徐新杰和战友们的生存环境越来越险恶。

1951 年 4 月，国民党调派宪兵对中共台湾地下党组织展开密集进攻。6 月，国民党整合特务机构，组成特种联合小组，采用收买叛徒充当"卧底"和利用被捕"自新"的台湾地下党组织原领导人出面"劝降"等招数，企图破坏、瓦解各地仍在坚持斗争的地下党组织和共产党员。

1951 年 7 月 17 日，黎明华在桃园龙潭村被捕后"自新"，徐新杰开始了更为恶劣、更为艰难的藏匿生活。他化名阿华，先在苗栗狮潭七股林一带躲藏，其后转移到大湖山区鹬婆山，在密林中搭建草寮聊以栖身，坚持不出山"自首"。藏匿期间，徐新杰仍不忘动员群众、发展党的组织。

壮烈牺牲

1952年春夏，国民党特务侦知徐新杰的行踪后，随即采取行动进行搜捕。原苗栗地区中共台湾地下党员罗坤春回忆：根据一名被捕后"自新"的人讲，在鹞婆山上，徐迈东（徐新杰化名）在那里干活。情报单位听说有一位外乡人在山里干活，苗栗宪兵队特务戴金水就带几个人去搜山围剿，结果走到山里面也没看到有人，本来就想要转（回）了，谁知刚走几步而已，却听到里面有鸡在啼，特务就讲，有鸡啼就一定还有人家。就因为这样，又再倒转去里面，正好看到徐迈东一个人在山上割草。特务走近向他要身份证，徐迈东就将锄头挥过去，特务的牙齿被挥断二三颗，徐迈东起脚就跑。特务拔枪就打，徐迈东脚部中枪不能动弹。他被生擒后带到苗栗，因失血过多最终不治身亡。

20世纪90年代台湾白色恐怖受害者家属整理的《战后政治案件及受难者》资料中，国民党档案记载：徐新杰，男，确定刑期"死刑"，执行刑期"死刑"，案号99199，而其他重要项目诸如出生年月日、籍贯、教育程度、职业、案情略述、涉案关系人等栏目都是空白，不像其他许多"案犯"填得都很详细。可见，特务们抓到徐新杰时已非"活口"，无法进行审讯，所以连最基本的情况都没有掌握。

2019年4月，原中共台湾地下党员张皆得寻找到国民党

"台湾省保安司令部"军法处一份刘添喜的判决书载明:"刘添喜于三十八年(1949年)九月间,明知已死叛徒阿华(徐迈东)及自首叛徒彭南华为叛徒,而故准留宿一夜。""被告刘添喜,对于三十八年(1949年)九月间由已死叛徒阿华(徐迈东)及另案判决确定之叛乱犯曾荣进介绍参加叛乱组织……"再据原承办此案的苗栗县警察局刑警队政治组组长周德标称:"只有阿华晓得本案被告参加共匪组织之情形,但阿华于拒捕时被打死。"判决书明确写道:"查阿华系拒捕被击毙之叛徒。"

以上资料证明,徐新杰是在拒捕时壮烈牺牲的。上引判决书,落款日期为1952年7月28日。由此可以推断,徐新杰牺牲时间应该是1952年夏。

徐新杰牺牲时年仅28岁,未婚。

章丽曼

章丽曼（后排左二）与家人

　　章丽曼（1924—1953），江西南昌人。1950年3月赴台湾从事地下工作。1953年2月28日被捕，8月18日在台北马场町英勇就义。

夫妻双双被捕

1953年元宵节，台中万家灯火通明，鞭炮声此起彼伏。王晓波全家老少在等待父亲王建文从台北回来过团圆节，可久等不归，小孩子熬不住，只好先睡了。"第二天醒来，只见家中一片凌乱，外婆不知所措地在那哭，妈妈不见了，刚满月不久的小妹也不见了，只剩下还在熟睡的大妹王巧云、二妹王巧玲。经外婆解释才知道，昨天深夜来了一批宪兵，抄遍全家后，把妈妈带走了。为了喂乳，妈妈把小妹一起抱走了。爸爸也在宪兵司令部被扣押了，所以没有回家过元宵节。"已故台湾大学哲学系教授王晓波曾回忆。

王晓波的父亲王建文、母亲章丽曼，在这一天双双被捕。

章家大小姐反对内战

章丽曼1924年出生于江西南昌一个地主家庭。章家与国民党渊源极深，章丽曼祖父章子昆，与蒋介石"文胆"陈布雷交好；父亲章壮修，北伐军尚未进入南昌时就在城内做内应，是国民党党员，北伐后曾担任国民党南昌市土地局局长；三叔章益修，曾担任国民党江西省党部代理主委，抗战时期担任国民政府

军事委员会新闻处少将处长，赴台后任"国大代表"。王晓波的父亲王建文，则是号称蒋介石"铁卫军"的宪兵营长。可就是这样一个出身于与国民党渊源极深家庭的章家小姐，却和许多爱国青年一样，坚决反对蒋介石集团在抗战胜利后发动内战。

据和章丽曼关系密切的章仲禹说，章丽曼幼年就读于南昌市环湖路小学。日寇入侵后，章丽曼和同学们迁到福建，住进设在福建永安的流亡学生收容总站，过着极其艰苦的生活。从九江高等师范学校毕业后，章丽曼与国民党军官王建文结婚，尔后随丈夫调防到重庆，先后在临江门小学和朝天门邮局工作。抗战胜利后，章丽曼到了上海，先后在上海北站邮局、上海邮政储金汇业局工作。1948年，王建文被派往台湾花莲训练新兵，章丽曼亲自把儿子王晓波、两个女儿和母亲陆佩兰送到台湾，而她自己由于在上海的工资收入较高，为了养家糊口舍不得丢掉这份工作，又从台湾回到了上海。

思想进步受命赴台

由于战乱，1949年春，章丽曼失去了工作。5月，上海解放。8月，上海华东新闻学院招生，章丽曼闻讯后积极报考。1953年5月11日，国民党"宪兵司令部"判决书写道："迄同年8月，上海新闻专校改为上海华东新闻学院，开始招生，章以原职辞退，且素爱文艺，思想左倾，乃考进就读。迨年底结业，匪认章为小资产阶级，思想模棱，被派为预备队工作，心殊怏怏。"判决书还称，1950 年 2 月，华东新闻学院教务主任黄忠，"侦知其（章丽曼）思家心切与家庭环境，遂乘其弱点，利用其来台为匪工作。当时章以丈夫个性固执且自性（认）不适此项工作而与婉辞。惟匪干黄忠多方诱惑鼓励，勉予应承。"

对于章丽曼从上海华东新闻学院结业后的工作去向，她的姐姐章丽丝后来在一份材料中说，章丽曼"解放后仍在上海工作，她在上海写信告诉过我，说她到华东新闻学院学习，后在新华社做记者，派至台湾（省）工作委员会工作"。章丽丝在写这份申述材料时，并不知道章丽曼早已在台湾牺牲，也不清楚章丽曼的真实身份。1953 年 5 月 11 日，国民党"宪兵司令部"判决书中对于章丽曼曾经当过"新华社记者"，并"派至台湾工作委员会工作"，这样重要的经历也没有掌握，这显然是章丽曼被捕后故意隐瞒了自己的真实身份。

上海华东新闻学院的前身并非上海新闻专校，而是人民解放军华东新闻干部学校，是一所为中国共产党培养新闻人才的学校，后并入复旦大学新闻系。中共台湾省工作委员会是中国共产党在台湾的最高领导机构。倘若章丽曼身份真如她姐姐所说，再结合章丽曼被捕后的表现，那她之所以赴台，恐怕就不单单是"思想左倾"和"思家心切"那么简单。

国民党"宪兵司令部"判决书写道：章丽曼"应承"此事后，"由匪黄忠介谒上海匪干于任，转由于任询其丈夫性格如何？并嘱函约其夫来港，以便当面说服。遂给章由上海至广州路条及

函介于广州爱群酒家匪干张玉辉（张玉惠，化名熊玉辉）。抵穗与张匪见面，而张匪仍如于匪相同垂询其夫个性，并嘱其抵港时电嘱其夫来港，即便当面说服，一面大施其利诱之伎俩。订明通信暗号：如以'我们都好，都平安'，即是丈夫不肯，没有情报；'三个孩子闹病'，即是情报寄出；又如寄情报用一本书，在其最前的几页或最后的几页用铅笔轻点所要的字为情报传递之方法。并嘱探其夫办何案、跟踪何人？及劝其夫于匪打台湾时叛变。章由穗返港，静候五天，仍未见其夫来港。嗣接张匪来信约在九龙弥敦道一旅邸见面。章趋见时以实相告，张匪遂给与广州匪方通信地址，章即于同年 3 月 17 日抵台。"

使命未达身陷囹圄

1950 年 3 月中下旬，人民解放军正在厉兵秣马，紧锣密鼓准备解放台湾。在台湾岛内，正是国民党残酷绞杀中共地下党组织的危急时刻。其时，中共台湾省工委书记蔡孝乾被捕叛变，中共台湾地下党组织遭到严重破坏，大批地下党员或被杀，或入狱，或逃亡，风声鹤唳，白色恐怖弥漫全岛。而正在此时，章丽曼来到了台湾。

1950 年 3 月 17 日，章丽曼到达台湾，全家在乱世中再次团聚，一家老少喜气洋洋。此时，王建文已从花莲迁往台中。3 月 20 日，他们特意到照相馆拍了一张全家福，以资纪念。然而，章丽曼身负的重任却没有完成。国民党"宪兵司令部"判决书写道：章丽曼抵台后，"未几，果向其夫王建文煽惑，为匪联络，表现工作，否则最低限度在台打仗时不要对匪牺牲太大"。

其实，早在章丽曼赴台之初，国民党特务就已盯上了她。国民党"宪兵司令部"判决书写道："本部以章丽曼来自匪区，自始即予严密监视，获悉其不无嫌疑之处，遂将乃夫王建文迁调附员，用以防患于未然。"王建文从营长改调附员，被削去了带兵权。经过长达近三年的秘密监控，1953 年 2 月 28 日元宵节，国民党特务在这一天对王建文、章丽曼夫妇下了毒手。

王晓波回忆说："妈妈被捕后，起先被关押在台中宪兵营部，那是前不久我父亲在那当营长的地方。也许是由于父亲出身宪兵、官阶中校的缘故，妈妈关押在台中时，还准许外婆带我去会面。妈妈在解送台北之前，告诉外婆，只当她车祸死掉，要外婆带大我们。当时小妹在吃奶，我还记得妈妈对外婆说：'如果带不了那么多，就把她（小妹）送掉吧。'妈妈说着就哭了出来，并摸着我的头说：'要好好听外婆的话，帮外婆带好妹妹。'当时我似懂非懂地含着泪点了头。从此我们就没有再见到妈妈，再见到妈妈的时候就只剩下一坛骨灰了。"

视死如归壮烈牺牲

王建文、章丽曼夫妇被捕后，经过两个多月的关押与审讯，

直到 1953 年 5 月 11 日，才由国民党"宪兵司令部"军法处合议庭作出宣判："章丽曼煽惑军人逃叛，处死刑，褫夺公权终身，全部财产除酌留家属必需生活费外没收之。王建文明知为匪谍而不检举，处有期徒刑七年。"8 月 18 日，章丽曼在台北马场町英勇就义，年仅 29 岁。

1991 年 6 月 3 日，台湾《中国时报》发表了王晓波悼念母亲章丽曼的文章：我们从来没见到过母亲的判决书，也不知道母亲是怎样遇害的。直到我台湾大学研究所毕业后，那年料理母亲后事的表兄来家过年，拉着我到户外去，跟我说，"你已经学成毕业了，应该知道你妈是怎么死的"。他才把将近 20 年前在宪兵部队里四处打听母亲遇难的经过告诉了我。妈妈被捕后，曾两次自杀，一次是吞金项链，一次是吞下一盒大头针，但都没有成功。我们已无法知道，妈妈是处在何种境遇，而必须以自杀来保卫自己。临刑前，要她喝高粱酒，她拒绝了，她说，她生是一个清清楚楚的人，死做一个清清楚楚的鬼。要她下跪受刑，她也拒绝了，她说，她对得起国家，对得起民族，上对得起天，下对得起地，她是无罪的。最后，她是坐着受刑的，临刑前还是一直高呼口号，口号声是被枪声打断的。

章丽曼，一个充满活力的年轻生命，四个可爱孩子的母亲，就这样悲壮地牺牲在国民党的屠刀之下。一个其乐融融的家庭，自此家破人亡，过着凄惨的生活。

"匪谍"家属饱受欺凌

母亲英勇就义时王晓波只有九岁多，大妹王巧玲才七岁，二妹王巧云才六岁，小妹王学昭还未满周岁。那时，外婆望着他们兄妹，想到女儿的牺牲和往后的日子，就悲从中来，哭泣不止。一个外省老太婆，不要说闽南话不会讲，就连国语（普通话）也不会讲，带着四个尚未成年的外孙和外孙女，在人地两生的台湾怎么生活？王晓波全家顿时陷入了绝境。后来经人介绍，王晓波和大妹王巧玲到台中育幼院申请挂了个"院外学童"的名义，每人每月可以领到 20 元救济金。在 20 世纪 50 年代物价飞涨的台湾，这点救济金犹如杯水车薪，难以养活一家五口。于是，外婆就叫兄妹几人每天到菜市场去捡一些菜叶子回来，好一点的晒成干盐叶，差的就喂几只鸡鸭。王晓波说："我们从来就没有吃过外婆养的鸡鸭，那是逢年过节卖来换取一点现钱的。"

母亲章丽曼牺牲后，王晓波就背负着"匪谍儿子"的罪名，常常因此和同学打架，虽然每次都是瘦小的王晓波被打得鼻青脸肿、头破血流，但是，老师追究起来，被处罚的都是他。王晓波因为是育幼院的学童，在学校的一切费用都可免缴。小学五年级时，王晓波选择了投考班。但由于幼稚的虚荣心，王晓波从来不敢跟同学说自己是免费生。一天中午，老师要大家回家去拿补习费，王晓波怕一个人留在教室而曝光，就陪着同学回家去拿补习

费。不想回到教室迟到了，那位同学交上 20 元补习费后就回到座位，老师则要王晓波伸出手来，用竹扫把的竹枝抽他，一面抽一面说："你这个匪谍的儿子从来不交补习费，还跟别人回去拿补习费！"王晓波说："当时我感到像是在大庭广众前被剥光了衣服般地被羞辱，我咬紧了牙根，忍住了眼泪，不知被抽了多少下，老师才要我回座位，我实在忍不住向他说：'老师，您好狠，我记得！'结果又换来一顿毒打，抽得两手鲜血淋漓，但我一直没吭一声，也没掉一滴眼泪。"

有一次，王晓波大妹王巧玲发高烧神志不清，外婆带着他把大妹抱到台中医院求救，医生说要住院，但他们交不起 300 元的保证金。外婆拉着王晓波向医生跪下叩头，请医生救大妹一命。为了救大妹的命，王晓波拼命在水泥地上叩头。可是这位医生却毫无恻隐之心，猛然起身出去，把门关上了。外婆和王晓波只好把高烧中的大妹又抱了回去。后来，幸亏好心的里长帮他们出具证明，办了贫户就诊，才挽回了大妹的性命。王晓波念中学时离家较远，同学有时问起他的母亲，他都谎称是"病死的"，但"匪谍儿子"的阴影还是摆脱不了。有一次，他不服老师的"管教"，跟老师抗辩，老师理屈词穷，辩不过王晓波，就在同学面前脱口而出："你是匪谍的儿子，不要以为我不知道！"1973 年"台湾大学哲学系事件"发生后，王晓波被关在国民党"警总"地下室，侦讯员劈头就恐吓："你不要像你母亲一样，子弹穿进胸里的滋味是不好受的！"王晓波从小心中就埋藏着一个理想，希望自己能像白蛇娘娘的儿子一样，长大以后中状元，替囚禁在

316

雷峰塔下的母亲平冤。"有妈的孩子是无法体会没妈孩子心头的滋味的！"王晓波说。

几十年里，王家都是所谓"列管户"，户口簿上的"记事"栏中写着：章丽曼"因叛乱案经宪兵司令部判处死刑，于四十二年（1953年）八月十八日执行死亡"。王晓波兄妹们，常常在半夜睡梦中被查户口的警察用手电筒照醒。后来，王晓波到台北教书，户口也转到台北，但警察还是半个月查一次户口，直到20世纪80年代末"戒严"解除后才终止。

继承遗志致力两岸统一

章丽曼为人民解放事业而牺牲，给儿子留下了为国家为民族奋斗的精神遗产。王晓波总结自己充满苦难、与命运抗争的人生，深有感触地说："也许是由于幼年生活的经验，我对社会底层生活的民众充满了'我群感'和温馨的同情，并曾矢言：我来自贫穷，亦将回到贫穷。""经过'自觉运动''保钓运动'，对中国近代史的研究，更让我理解到，我们家庭的悲剧仅是整个中华民族悲剧的一部分"；"我们不怨天尤人，我们只恨中国为什么不强大，自己为什么不争气。我们只应抹干眼泪，为中国的明天而奋斗，希望我们的悲剧不要在我们的子孙身上再重演"。

王晓波从学生时代开始，就继承母亲的遗志，坚定实践自己的誓言，不懈追求社会进步和公平正义，积极投身爱国统一事

业，从"保钓运动"、推动老兵返乡到批判"台独"课纲无役不
与，始终冲在坚决反对"台独"、坚决反对外部势力干涉中国内
政、坚定推进祖国和平统一伟大斗争的最前列。他参加编辑《夏
潮》《海峡评论》杂志，大力传播爱国主义思想，号召台湾同胞
共同致力于祖国统一和民族复兴。王晓波是台湾岛内统派德高望
重的旗手，是忠诚的爱国主义者，是台湾同胞的杰出代表，是台
胞爱国阵营的杰出领袖和理论家、社会活动家。

2001 年 8 月 18 日，在章丽曼英勇就义的台北马场町，章丽
曼女士追思纪念会隆重举行，海峡两岸各界人士的唁函唁电如漫
天雪片飞至台北。

2011 年 1 月 10 日，章丽曼亲属收到《革命烈士证明书》，
章丽曼被追认为革命烈士。

王冠民

王冠民（1915—1954），字植三，浙江东阳人。1939年1月加入中国共产党。抗战胜利后加入人民解放军，为某部联络干部。1947年初赴台湾从事地下工作，担任中共嘉义市工委书记。1953年9月被捕，1954年8月10日在台北马场町英勇就义。

投身抗日第一线

1915 年 4 月 8 日，王冠民出生在浙江东阳李宅地塔畈村一个贫苦农民家庭，从小受父母熏陶，热爱劳动，同情苦难乡亲。王冠民八岁进私塾，12 岁进入家乡李宅小学读书，后经当地名望之士介绍和资助，到吴淞口上海劳动大学附属中学、杭州陈阳中学求学，考入杭州师范学校。1935 年 7 月，王冠民从杭州师范学校毕业后，被分配到杭州市郊菩萨小学教书。

1935 年 10 月，中央红军长征胜利到达陕北，中国共产党号召全国团结抗日。受进步思潮感染的王冠民，十分认同中国共产党的抗日政策主张。在中国共产党的影响下，王冠民积极联络进步青年开展抗日救亡宣传，组织读书会，在报刊上发表文章批判国民党对日本帝国主义的妥协退让。

1937 年 7 月，全民族抗战爆发。王冠民积极参加抗日活动，组织学校学生演唱抗日歌曲。1937 年底杭州沦陷，正在萧山县政府教育科任职的王冠民挺身而出，主动担负起转移儿童保育院的重任。后来，保育院许多儿童参加了新四军，他们都还记得王冠民。

1938 年 7 月，中共浙江省委在杭州萧山成立了青年工作委员会和第二流动施教团，积极宣传党的抗日民族统一战线政策。在中共地下党组织的动员下，王冠民参加了第二流动施教团，担

任干事。与王冠民一起担任干事的杨源时，是中共萧山县委书记，一位从延安派来的干部。1939年1月，经杨源时介绍，王冠民加入了中国共产党。

1940年2月，国民党萧山县政府决定恢复萧山县民教馆。中共萧山县委决定占领这块阵地，安排王冠民和秦其寿两位中共党员参加民教馆招聘考试。他们两人都是琴棋书画高手，果然都考上了，秦其寿还当上了馆长。秦其寿和王冠民利用这块阵地，举办了战时青年训练班、战时青年座谈会、抗日建国研究班、抗战画展等活动，推动了萧山抗日救亡运动发展，扩大了中国共产党的政治影响。这迅速引起国民党萧山县党部注意，并派特务抓捕秦其寿。王冠民发现了特务动向，立刻向杨源时作了汇报，安排秦其寿迅速安全转移。王冠民则继续潜伏在民教馆，坚持开展地下斗争。

1941年1月，国民党顽固派掀起第二次反共高潮，中共萧山县地下党组织遭到破坏。王冠民奉命紧急转移到丽水，进入浙江儿童保育会第一儿童保育院工作。在儿童保育院的四年时间里，王冠民组织儿童剧团常年活跃在抗日斗争一线，他们宣传抗日、宣扬正义，还积极在云和、平阳等国民党统治区开展活动，为新四军和抗日根据地培养输送了许多进步青年。

1945年8月抗战胜利后，王冠民光荣加入中国共产党领导的人民军队，成为某部联络干部。根据党组织指示，他继续在湖州、杭州等地开展群众宣传动员工作，反对国民党专制独裁统治。

1946年春，根据党组织安排，王冠民前往杭州高级商业学校（今浙江工商大学）任教，组织带领广大学生开展反饥饿、反迫害、反内战的爱国民主斗争，继续从事地下工作。

秘密赴台

1947 年初，中共中央上海局为充实加强台湾地下党的组织领导工作，选派王冠民赴台湾开展工作。出发前，王冠民匆匆回家与亲人告别。父母、妻子劝他留在家乡教书，过几年安稳日子，但王冠民已下定决心执行党组织决定。王冠民外表很安详，耐心向亲人们解释去台湾对自己成长有益，"等到全国解放了，我一定会回来"。

到台湾后，王冠民利用原有的社会关系，先后在基隆民教馆、台中女子中学、台湾省教育厅获得公开职业。他一面工作，一面了解当地情况，结交当地朋友，很快就站稳了脚跟，逐步打开了工作局面。

因为忙于开展地下工作，王冠民一段时间未与家人通信联系，令家人十分担忧。父母亲对儿子的思念与日俱增，便托浙江名流、淳安县县长李文凯帮忙，安排王冠民回淳安县担任教育科科长，并以"家人病重"为由在报纸上刊登寻人启事，将王冠民"骗回"老家。然而，王冠民回家后发现了真相，表示"国难当头，共产党员岂能苟且偷安"，坚定拒绝了父母的好意，又迅速回到了台湾。

在王冠民的三名子女中，儿子王家对父亲的记忆最模糊。而爷爷奶奶有意设计的这趟"骗局"，是王家记忆里唯一同父亲相处的日子。此时，王家六七岁，刚刚能记事，然而没过几天，父亲又出远门了。这次见面竟是王冠民与儿子王家的永别。

三名子女中，同王冠民交流最多的是大女儿王斐。王冠民曾把她从家乡带到自己从事地下工作的儿童保育院，让她与孩童们一起生活。远赴台湾后，王冠民一直以通信方式教导王斐为人处世的道理，要她用功读书，将来考高中；教导她"在用钱方面，绝对不能去揩朋友的油"。在王冠民的教导下，王斐成长为一位独立坚强的女性，15岁就参加了革命队伍，后来成为一名出色的医生。

掩护战友

1947年2月，就在王冠民从家乡浙江返回台湾不久，二二八起义爆发，国民党对起义进行了残酷镇压。面对白色恐怖，王冠民凭着多年从事地下工作的丰富经验和机智勇敢，自然地隐蔽在台湾普通群众之中，并设法保护了一些地下党员安全撤回祖国大陆。此时，中共中央华中分局联络部上海敌后特遣组派遣的共产党员唐戍中，刚到台湾就与王冠民取得了联系，王冠民立即向他通报了岛内险恶的形势，催促并设法帮助他迅速返回祖国大陆，向党组织汇报二二八起义后岛内敌我斗争态势。王冠民却留在台湾继续开展地下斗争。唐戍中后来每忆及此事，总是激动地说："若不是王冠民，我继续滞留台湾，难免遭敌毒手。其实，王冠民也是刚到台湾的，他叫我赶快离开，却没有考虑自己的危险。他对同志的那种深情，决非一般人都有。"

1949 年 7 月，为拓展党的地下组织工作，根据党组织指示和安排，王冠民到云林县虎尾镇筹建台湾糖业公司虎尾分公司子弟小学并担任校长，很快在学校建立起党的地下组织。实际上，王冠民的真实身份是中共嘉义市工委书记，他以台湾糖业公司虎尾分公司子弟小学校长的公开身份为掩护，全面领导嘉义市党的地下组织工作。王冠民在军警如林、特务如麻的恶劣环境中，通过艰辛努力，发展了党的地下工作组织，团结、动员、组织了一批台湾工农群众。

隐蔽斗争

王冠民的妹妹王秀兰是他在台湾开展党的地下工作的见证人。但几年里，王秀兰却懵懵懂懂，并不知道哥哥从事的是什么工作，甚至全然不知自己曾完美地掩护了他。

王冠民一贯严守党的秘密，家人一直不知道他从事地下工作。自从王冠民去了台湾，王秀兰就一直想去看望他，但鉴于二二八起义后台湾的混乱局面，王冠民始终没有同意。1948 年 2 月，王冠民战友、浙东地下党员张佐戴的妻子乐楚珍，因被国民

党特务追捕，难以在家乡生存，王冠民获知有关情况后，便让妹妹王秀兰陪同乐楚珍来到台湾。

安顿好乐楚珍后，王冠民让妹妹陪伴在自己身边，每逢节假日就带着她一起高高兴兴地"走亲访友"，而实际上却是以妹妹为掩护进行革命活动。有妹妹在身边，比自己单身一人到处行走反而不易引起国民党特务注意，也更加方便开展工作。王秀兰回忆说："哥哥从未向我透露过共产党员的身份，我一贯认为他是一位爱国爱人民的进步青年，坚持正义，乐于助人，却不知道他是一名共产党员，更不知道他是一位党的市委书记。在浙江、福建沿海解放后，他还兼任了中国人民解放军的联络员，为配合我军准备解放台湾收集提供了大量情报，所有这些都是后来才知道的。我并不责怪哥哥当时对我如此保密，而是深深感到他的一切都是以革命利益为重。由于我并不知道他的这些秘密，所以在陪着他接触各方面人士时，内心从不紧张，坦坦荡荡，不露形迹，确实起了很好的掩护作用。"

王秀兰随哥哥王冠民在台湾生活的一年多时间里，岛内敌我斗争形势日趋紧张，国民党军警特务会，随时进行突击搜查。王冠民严格执行党的"隐蔽精干"方针，加上他的斗争艺术和群众关系，常能化险为夷。有一天夜晚，王冠民住处遭到搜查，一位知情的糖厂工友事前把他叫走，这才避免了麻烦和事故。同样，王冠民也十分注意同糖厂工友们互通信息，经常帮助、保护工友们摆脱险情。

被捕入狱

1950 年 3 月，中共台湾省工委书记蔡孝乾被捕叛变，党在台湾的地下组织遭到破坏。王冠民因未直接受蔡孝乾领导，也没有发生过横向联系，所以一时没有暴露。但王冠民非常清楚自己的处境日趋险恶，行事更加谨慎。他让妹妹王秀兰离开台湾回到祖国大陆，自己却留下来继续坚持斗争。在台湾白色恐怖最为严酷的日子里，王冠民顽强地保护党的组织，继续开展地下工作。

但不幸的事情还是发生了。1953 年 9 月，中共台湾省工委在岛内发展的一名地下党员被捕叛变。这名叛徒曾奉台湾省工委委员兼武装工作部部长张志忠的指示，与王冠民接触过，王冠民也给他看过一些台湾省工委的秘密文件。但王冠民并没有表露自己的身份，而是表现得非常热情诚恳，给叛徒的印象似乎是与地下党"断了关系的同路人"。这名叛徒向国民党特务机关供述时，并不清楚王冠民的组织关系和真实身份，但还是把他出卖了，王冠民不幸落入魔掌。由于王冠民机警防范，国民党特务未抓到任何物证，只能对他进行严刑审讯。王冠民处危不惧，沉着应对，守口如瓶。国民党特务把王冠民押到嘉义、台南、新竹等地对质，并以"只要承认是共产党，放弃共产主义信仰，即可不予追究，并委以重用"等进行利诱，都被王冠民巧妙应付和严词拒绝。

王冠民被关押在监狱近一年，受尽了酷刑折磨，但他意志坚强，没有一丝消极沉沦，依然保持着共产党人的昂扬锐气。在狱中，王冠民先后给台湾糖业公司虎尾分公司子弟小学同事和学生寄出24封书信，没有流露出丝毫悲观和畏惧情绪，而是对他们的关心表示感激和安慰。信的主要内容是请他们购买书籍、纸笔等，用以帮助狱友读书学习，他把牢狱变成了课堂。王冠民在信中写道，"坐牢短期内恐无法结束""趁此机会修补一些工作上所必备的技能""一年来大大小小读了百把本书，在我的一生倒也不是没有意义的收获"。他还坚持锻炼身体，对未来充满信心和希望，准备迎接更为艰巨的战斗任务。

王冠民在狱中的表现震惊了国民党特务。他们动用酷刑，用锋利的竹签钉入王冠民的指甲缝，甚至将他的10个手指甲拔掉。他几度昏死过去，可始终紧咬牙关，没有透露党的半点机密。1954年8月10日，国民党特务以"赤匪死不悔改罪"，将王冠民残忍地杀害。王冠民牺牲后，台湾有关报刊披露了他被害的消息，他在台湾的一些同乡、同事得知后，仍然认为"王冠民不可能是共党""王冠民是共党是冤枉的"。台湾糖业公司虎尾分公司子弟小学同事出面收殓了王冠民的遗体，并出资将其骨灰予以保存。

英灵回乡

国民党特务决定下毒手时，王冠民预感到自己的生命将要结束。牺牲前两天，王冠民以非常平静的心情给同事写了最后一封信。王冠民在台湾举目无亲，与祖国大陆音信断绝，只有随同他一起到台湾的学生章福兴冒着生命危险，主动承担起"亲属"的义务。在这封信里，王冠民嘱托了自己的身后事，要章福兴"把寄存的物品如数领回"，以作为最后的告别。申领的遗物总共有八件，排在第一位的是一只公事皮包。这只皮包，王冠民在信中曾经提道："我来时带来的公事皮包一只，如有来台北的便人，拟托其带回归还校方。"就是这么一件公物，王冠民在生命的最后时刻，仍念念不忘要物归原主。

王冠民牺牲后，鉴于台湾岛内险恶的环境，"为了保护更多的隐蔽着的王冠民"，有关部门对他在台湾从事地下工作英勇牺牲的情况一直未予公开，直到 1972 年才追认他为革命烈士。

2001 年 9 月，王冠民亲属将烈士忠骨迁回祖国大陆。2002 年 10 月 7 日，在浙江东阳革命烈士陵园，东阳市委、市政府举行了隆重而庄严的王冠民纪念碑和骨灰安放仪式。纪念碑碑文写道：

> 我们纪念王冠民同志，就要像他那样胸怀革命理想和共产主义远大抱负，树立革命的人生观和价值观；像他那样脚踏实地、埋头苦干、精通业务、增长才干；像他那样依靠群众、相信群众、关心同志、乐于助人；像他那样自觉遵守党的纪律、严守党的秘密，无论何时何地始终把党和人民的利益放在高于一切、重于一切的位置，为了党和革命的事业不惜牺牲自己的一切，甚至生命。

侯文理

　　侯文理（1916—1958），江苏萧县（今安徽萧县）人。1935年参加革命。1937年受党组织指派打入国民党军汽车团。1942年参加中国远征军赴印缅对日作战。1949年9月赴台湾从事地下工作。1953年被捕，1958年7月8日在台北马场町英勇就义。

地下党联络员

1916 年 3 月 5 日，侯文理出生在江苏萧县（今安徽萧县）赵楼镇新庄村一个贫寒农民家庭，为家中长子。侯文理自幼自立自强，坚持读书，刻苦学习。为补贴家用，从少年起，侯文理就边读私塾边干农活，做些小生意，养成了吃苦耐劳、机智灵活的优秀品质和顽强作风。

侯文理的堂姐夫孙象涵，安徽宿州人，曾留学法国，早年参加革命，抗日战争时期组织彭南游击队，担任大队长，打鬼子除汉奸，威名传扬苏豫皖鲁。1935 年，19 岁的侯文理怀抱理想，跟随孙象涵参加革命。不久，侯文理接受中共地下党组织指示，打入国民党军队，成为一名国民党青年军官，开始了常居虎穴的传奇生涯。

1937 年，中共陕西省委负责人、参与八路军西安办事处工作的徐彬如，请孙象涵介绍一位信得过的在国民党军队任职的青年人，作为地下党组织秘密联络员。侯文理受到推荐，按照党组织安排，化名侯灿章，进入国民党陆军辎重兵学校军官队学习，结业后安排进入国民党辎重汽车六团，成为六团三营八连连长、中共地下党员曹艺的单线联络人。

曹艺，又名曹聚义，黄埔军校六期毕业，是长期潜伏在国民党军队的中共地下党员。曹艺曾想脱离国民党军队回到延安，朱

德总司令知情后，利用国共合作的便利之机，专门接见了他。朱德总司令一方面赞扬曹艺百折不挠的抗日精神，一方面要求他"坚守岗位，很不容易有你这样的人进入国民党机械化部队，我军很快要机械化了，缺乏的是技术人员，你要注意为党培养、输送专业技术人才"，并嘱咐"回去后，你要很好地隐蔽，不要在连队发展任何组织，不要与我党人员来往，我们会派人同你联系的"。对朱德总司令的嘱托，曹艺铭记在心。于是，侯文理就作为党组织派到曹艺身边的联络人，担任了八连二排排长。在国民党辎重汽车六团，曹艺和侯文理开始了长期的隐蔽战线潜伏斗争生涯。

往返延安的国民党军汽车排长

由于在国民党陆军辎重兵学校接受过专业训练，侯文理有着精湛的驾驶技术，被派到汽车六团八连顺理成章。这时正值国共合作，八连主要负责向西安运送抗战物资，后来又奉命到八路军西安办事处协同八路军运送物资。西安办事处原是八路军联络处，驻地在西安七贤庄，由叶剑英负责，后改为办事处，由董必武负责。到西安办事处报到后，侯文理主要由徐彬如直接领导。此时，汽车六团八连已有曹艺、侯文理（侯灿章）、傅正文（傅正明）等多名中共地下党员，他们利用协运粮食任务为八路军做了大量工作，为革命圣地延安开辟了一条红色运输通道，为进步青年奔赴延安提供了便利，为掩护中共党政军领导往返于国民党统治区和陕甘宁边区之间提供了重要保障。一次，侯文理执行护送首长回延安任务，遭到国民党特务追踪，但他凭借高超的驾驶技术，飞驰在羊肠般的盘山道路上，将国民党特务远远地甩在了后面，圆满完成了护送任务。

这时，中国汽车界有一位赫赫有名的专家张富天，曾编著《汽车制造》《汽车修理学》，对制造滑艇飞机也很有研究，他看透了国民党的腐败无能，痛恨国民党残害百姓的暴行。在跟随八连转运途中，张富天被共产党爱国爱民、勇敢杀敌、官兵一致所感动，主动向曹艺提出去延安的请求。经过周密安排，曹艺让侯文理引荐张富天见到董必武，这进一步坚定了张富天去延安的决心。不幸的是张富天身体不好，在赴延安途中突发疾病，一代汽车专家英年早逝。

赴缅甸参加对日作战

1942 年，中国远征军赴缅对日作战，侯文理、曹艺等奉调随部队入缅保障。曹艺担任辎汽六团少将团长，侯文理担任六团三营八连连长。1943 年，辎汽六团官兵 4000 余人从昆明分批飞越驼峰，被空运到印度边陲。他们远离祖国，投入异国抗日战场，为中国军队运送物资，维护盟军运输通道，参加了无数次对日作战。在著名的密支那战役中，辎汽六团别动队立下战功，得

到盟军赞扬。六团将士们参加了缅北大反攻所有战役，配合盟军工兵修建史迪威公路，圆满完成了人员和物资运输，为抗战胜利作出了重要贡献。

在异国他乡艰苦的抗战岁月里，侯文理以苦为乐，始终保持着昂扬向上的乐观精神。为了鼓舞抗日士气，曹艺在六团组建了一支篮球队，侯文理担任领队，队员都是连排级以上军官。他们还经常与驻印缅盟军球队开展友谊比赛，多次获得冠军，深受盟军官兵称赞。

参与策动金华起义

抗日战争胜利后，中国驻印缅远征军回到祖国。侯文理随国民党部队回到西安，继续在辎汽六团执行潜伏任务，秘密行走于西安和陕甘宁边区之间。1946年，侯文理所在三营部分官兵前往山西运城执行任务。1947年运城解放后，胡宗南怀疑曹艺、侯文理是中共地下党员，下令通缉捕拿他们。经过周旋，侯文理离龙潭入虎穴，从辎汽六团转移到浙江，继续开展潜伏斗争。

1948年，根据人民解放军第二野战军敌工部指示，侯文理前往浙江金华，在汤恩伯二线兵团新组建的203师潜伏。203师师长金式（又名金知人），毕业于国民党陆军大学第十期，是曹艺的表弟。侯文理继续用化名侯灿章，担任203师特务营中校营长，兼203师警卫大队长。

1949 年初，人民解放军渡江战役迫在眉睫。在 203 师潜伏期间，侯文理多次与金式接触，开展影响争取工作，促使金式萌生了弃暗投明之意。他们逐步达成共识，金式择机率部起义。为确保起义成功，1949 年 4 月，侯文理邀请曹艺前来金华进一步帮助策动 203 师起义。曹艺到金华后，与中共金华地下党组织及金萧支队代表取得联系，并与金式见面，居中协商了起义具体方案。经过三次紧张协商，获得浙东四明纵队同意后，金式决心率 203 师弃暗投明，约定会同金华支队于 5 月 9 日拂晓起义，迎接人民解放军开进金华城。

1949 年 5 月 6 日，人民解放军第三野战军提前进入金华地区。由于 203 师阵前起义，人民解放军没有遇到任何阻力而顺利进入金华城。金华解放后，侯文理将 203 师部分官兵和机械化装备移交给了人民解放军。1949 年春，侯文理又被党组织派往大西南，做瓦解国民党机械化部队的工作。

别妻离子到台湾

1949 年夏，组织上决定派遣侯文理赴台湾，利用他在国民党军队的旧有关系，开展争取策反工作，配合人民解放军解放台湾。

赴台前，侯文理分别回到萧县老家和徐州，见了长子侯希贤和妻子张励凡最后一面。"那天，平时言语不多的父亲和我谈了

很久，枕在一个枕头上睡了一晚。"侯希贤后来回忆起当时的情景。侯文理搂着上高小的儿子侯希贤说："爸爸马上要到外面执行任务，可能要两三年时间才能回来……"

侯希贤总忘不了那个夜晚，觉得父亲似乎心事重重。父子俩聊到深夜，窗外月光如水银般泻满整个院落，把院子照得敞亮。清晨醒来，侯希贤发现平时不抽烟的父亲在院子里抽烟。离别之时，侯文理默默地从军用挎包里拿出两本字帖交给儿子。至今，侯希贤还珍藏着这两本字帖。此时14岁的侯希贤并不知道，这是他今生与父亲的最后一次见面。

几天后，在徐州火车站，29岁的妻子张励凡带着三个孩子，将丈夫侯文理送上南下的火车。临上车前，侯文理分别亲了三个儿女，深情地对妻子说："先保国，后保家！我此行不到三年就会回来与你们团聚。"为了这句承诺，张励凡苦苦等了56年，直到生命的最后一刻，仍然不知丈夫生死，带着深深的遗憾离开了人世间。

1949年10月，侯希贤收到了父亲侯文理从香港写给他的最后一封，也是唯一的一封家书。在信中，侯文理除叮嘱侯希贤练字、做日记，照顾好弟弟妹妹，做好榜样外，还教育侯希贤："现在我们的国家是要在新民主主义的号召下，来建设新的人民共和国了，那是要人尽其才物尽其用了……我虽做事多年，终落得两袖清风，仍不失清贫，值得你们学习的就是不贪不拍。"这封家书的落款日期是1949年9月30日，第二天中华人民共和国就将成立，而侯文理义无反顾离妻别子，为了党和人民的崇高事业，踏上了秘密赴台的征途。

侯文理离开后，侯希贤自觉按照父亲的要求，每天练习写小楷、记日记，这个习惯一直保持到 1996 年他从江苏邳县体育局局长岗位上退休。侯希贤牢记父亲的嘱托，清清白白做人、老老实实做事，一辈子勤勤恳恳为党和人民工作，深受单位领导和同事好评。

深入虎穴抛洒热血

其实，侯文理赴台有很大风险。由于先前策动国民党 203 师在金华起义，侯文理的行迹有所暴露，所以领受赴台任务后特别小心谨慎。他把自己装扮成一名国民党的旧军官，混迹在逃港逃台的人群中，甚至在遇到自己人时也不表露真实身份，为此还吃过不少苦、受过不少罪。但侯文理隐忍以行，为了祖国统一大业，他义无反顾，以大无畏的英雄气概和坚强决心再次探身虎穴。

侯文理历经艰辛，先到达广州。根据党组织指定的方式，他找到单线联系人，商量拟定了入港赴台的联系方式及具体工作内容和程序。他从广州前往香港，开始进行赴台前的周密准备。在香港期间，侯文理写信给台湾的堂姐和堂姐夫，希望他们帮忙办理入台证件。同时，他还广泛联络旧部，了解他们的近况。香港物价昂贵，侯文理人地生疏，经济拮据，孤独无依，但他靠着坚

定的信念、坚强的意志，忍受困顿，终于拿到了入台证件，开始了新的战斗征程。

到台湾后，侯文理利用亲戚朋友在国民党高层的关系，在危机四伏的环境中艰苦地开展地下工作。1951年，他成功打入国民党"国防部"保密局，担任了"江苏反共救国军"副司令，搜集了台美合作、国民党潜伏特务破坏活动等重要情报，并策反多名国民党军现役军官，为迎接人民解放军解放台湾努力做好准备。

1953年，侯文理被国民党"国防部"保密局同僚举报出卖，遭国民党特务秘密逮捕，自此经受长达五年非人的牢狱折磨。原本英俊健硕、爱打篮球的侯文理，变得身体单瘦、面容枯槁，浑身血渍斑斑，唯有一双深陷的眼睛闪烁着不屈的光芒。他坚守革命信仰，保守党的秘密，始终没有暴露自己的真实身份，没有泄露一点党的秘密。国民党"国防部"保密局经过五年的反复审查，迟迟难以给侯文理定论，直至发现国民党军203师金华起义"罪证"才上报蒋介石。蒋介石接获呈报后大怒，亲批"处以死刑"，还斥责"查报本案何以拖延如此之久"？

1958年7月8日，侯文理被五花大绑、头插草标押赴台北马场町刑场。为验明正身，刽子手为侯文理留下了最后一张照片：年仅42岁的侯文理，被折磨得像六七十岁的风烛残年的老人，但一双眼睛仍是那样镇定坚毅，宁死不屈。

由于两岸长期隔绝，侯文理到台湾后，他的家人一直没有得到他的任何消息，组织上因对他的生死状况不明，一直没有作出结论。史实查清后，2015年，侯文理被追认为革命烈士。2019年1月23日，中国人民解放军军事博物馆收藏了侯文理写给长子侯希贤的家书。

附：

侯文理受派遣赴台前给长子侯希贤的信

希贤我儿：

在百忙中，我抽空回去，目的是：一，看看你大老太太和你爷爷奶奶，大祖父母、三祖父母、小祖母等等；二，是看你们读书的情形，我最愉快的是合家老幼均安康，我最失望的是你们竟玩忽了读书这个大问题。古人好学，能利用囊萤映雪来苦于读书。就是我，在读书时代也万般困难中去想办法读书。你们现在不同了，动辄是没这没那，不去想办法，一味去玩，好高骛远。现在我们的国家是要在新民主主义的号召下来建设新的人民共和国了，那是要人尽其才物尽其用了。你们现在不知努力读书，才在什么地方出！岳飞不是也说"休等闲，白了少年头，空悲切"的警语吗！！你和你的大年弟、绍文哥等，都是少（年）而不是童年了，你们应该痛悔你（们）过去的不努力，白白的把岁月混过去了，是多么可惜呢？我对你们的教育是顾不到的，我只有担心着你们的前途。寒假最好还是城里来跟你大哥读书比较可靠的。

你现在是十五岁的少年了，在乡下本可当个大人做事，然而你很幸福，竟过着等闲而傲气十足的生活，家事不管外事不知，十五了十六了，将永远读着小学，实在是愧煞！你

再看你的津浦表哥及良英表妹，他们已是立德立人的标准少年了。

今后你们应该如何来努力去赶上他们，去学一个好青年，来领导着你的这些妹妹、弟弟去向好路上走，否则你们将永远是落伍的，没有前途的。这里我要给你们规定几件事，并且要你们切实地做到：

一、每天记日记，按月给你母亲看，同时给你们改；

二、每天放学回来有一定的自修时间，你不懂的地方，可请问胡先生给你们解释；

三、大小楷每天要不间断的写，与日记同时交你母亲看，将来我西南回来，当知你们读书的情形了；

四、在农忙要帮助你二叔做事情，我们家道清贫，样样都要从俭朴上去做，我虽然做公事多年，但终于落得两袖清风，仍不失为清贫，值得你们学的就是"不贪不拍"，希望你们永远记着这四个字；

五、在学校里要尊敬教师友爱同学，虚心学习；

六、由家到桃山上学路太远，放学回家不能在路上玩，免得你祖父母及你二叔父母挂心。

以上六点，我随想随写，希望你们确实做到，明天我即赴西南工作，希望不要忽视我这封特殊函嘱。

特嘱并盼努力学习！

父谕

30/9（1949年）

刘光典

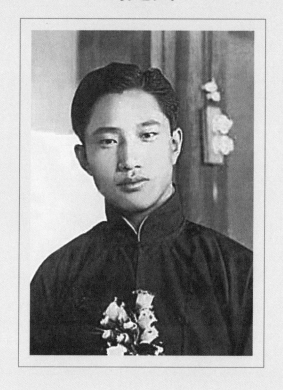

　　刘光典（1922—1959），又名刘鸿梁，出生于辽宁旅顺，祖籍山东莱阳。1947年初参加革命，1948年加入中国共产党。1949年6月后往返台湾、香港执行秘密任务。1954年2月在台湾被捕，1959年2月在台北新店安坑英勇就义。

投身隐蔽战线

刘光典 1922 年出生于辽宁旅顺一个贫苦农民家庭。父亲去世时，年仅 15 岁的刘光典不得不辍学，到一家药店当学徒，凭辛勤劳作维持自食其力的生活，同时还利用工余时间努力学习文化知识。经过自身刻苦努力，加上亲友帮助，刘光典很快掌握了经营医药生意的本领，还自学了英语、日语，并进入北京辅仁大学政治经济系学习。

1942 年，刘光典与河北通州（今北京通州）姑娘王素莲在北京结婚。婚后，他们来到山东滕县（今山东滕州）谋生。因会讲日语，刘光典在滕县日伪警察局谋得了一个职位。但作为热血青年，刘光典一直非常痛恨日寇侵略暴行，经常利用工作之便暗中保护老百姓和抗日志士。1943 年，刘光典决意辞职回东北经商，奔波于北平、山西、上海等地。刘光典很有经营头脑，生意做得风生水起，家里颇有积蓄，育有一女二子。

1946 年，刘光典在上海结识了东北同乡洪国式。洪国式是党的情报工作部门重要干部，此时正在上海从事情报工作。洪国式看中一身正气、机警沉稳的刘光典，经过考察，决定吸收他参加党的情报组织。

1947 年初，刘光典开始从事党的情报工作。洪国式和刘光典在上海设立华石公司作为交通站，刘光典担任交通员。由于交

通站资金短缺，刘光典毫不犹豫拿出自己家里的积蓄。参加革命工作后，刘光典满怀激情，思想觉悟不断提高。刘光典频繁往返上海、东北、山东、北平，秘密传送情报，完成了组织上交给他的任务。

1948年初，刘光典奉命回到东北，在沈阳太原街31号经营一家福生西药房，以医药生意为掩护，开展情报收集传递工作。在这一年，刘光典光荣加入了中国共产党。6月，刘光典全家从沈阳乘飞机到北平，在钱粮胡同安了家。他家里有手摇式留声机，有德国制造的小孔成像照相机，镶着穿衣镜的衣柜里有裘皮大衣、丝绸旗袍，食品柜里摆着东北人参、鹿茸，院子里桑杏成荫，从外表看可称得上是一户非常殷实的人家。

此时，北平还是国民党统治区。在平静安乐的家庭生活背后，刘光典从事着与艰难危险相随相伴、为理想信念出生入死的情报工作，联系着上海、北平和东北多个地方党的情报工作部门。1948年10月，刘光典冒着生命危险，穿过重重封锁，将获取的国民党军队的重要情报隐藏在烟盒里送到大连。在充满危险的环境中，刘光典和战友们出生入死，为党和人民军队收集传递情报，为人民解放军获得辽沈战役、平津战役的胜利作出了重要贡献。

此后一段时间，刘光典多次赴内蒙古、河北、天津、上海、香港、大连执行任务，为北平和平解放做了大量工作，并参与了接转居港爱国民主人士赴北平参加中国人民政治协商会议的重要工作任务。

刘光典的女儿刘玉芳回忆，新中国成立前夕是父亲最忙碌的日子。刘光典经常去外地，往往一两个月也不回家，而他的行踪去向从来不向家人提及。刘玉芳有一段终生难忘的记忆："一天，父亲终于有机会带着我到东四牌楼附近的红星电影院看电影了。电影开演之后，场内很暗，父亲并没有心绪欣赏电影，而是牵着我的手走到放映厅的后排角落，同一个人悄悄交谈"。这个人，就是刘光典的革命引路人、直接领导洪国式。

两入虎穴传送情报

抗日战争胜利后，中共中央积极稳慎布局党在台湾的工作。经过艰难困苦的开拓，台湾革命力量有了一定的发展。随着人民解放战争迅猛夺取胜利，中共中央周密谋划解放台湾。

中共隐蔽战线洪国式情报组在台湾的工作取得积极成效。洪国式1938年在重庆大学读书期间秘密加入了中国共产党，此后一直从事情报工作。随着人民解放战争的不断胜利，洪国式在国民党军政机构中的一些工作关系撤退到了台湾。1949年春，上级党组织安排台湾省籍中共党员王耀东潜回台湾开展工作。王耀东，1907年出生于台湾台南，精通日语，1938年来祖国大陆参加革命，曾就读延安安吴堡青训班和抗日军政大学，是一名熟悉台湾情况、有众多社会关系的情报干部。经过反复考虑，组织上指派刘光典为洪国式情报组交通员，负责传递情报。

根据上级党组织指示和洪国式安排，1949年6月，刘光典

347

从北京出发，经转香港，于 10 月 25 日首次进入台湾。到达台湾后，刘光典与王耀东接上关系，顺利拿到了王耀东获取的重要情报。据国民党"安全局"档案记载，这批情报主要包括：国民党军在台湾西海岸各军事要地驻守防卫情况、基隆及高雄两地军事要塞通讯密码、台湾地区气象及海象资料等。刘光典用笔蘸着米汤水，将王耀东提供的情报密写在茶叶包装纸上，待字迹干后再用这些纸重新包好茶叶，随身携带。为慎重起见，刘光典还制定了处理突发情况的预案："情势不利则停止工作，遇有危险立即设法偷渡离台，逃亡中力求身份掩蔽，以竹工编织谋取生活费用，一旦被捕假装痴聋，转移侦讯人员目标。"11 月 27 日，刘光典顺利将情报带到香港，经在港策应人员上报给党组织。首次潜台期间，刘光典还对一些重要工作关系进行了考察。

1949 年 12 月 12 日，洪国式进入台湾。不久，洪国式和王耀东联络工作关系，获取了很多高价值情报，其中包括：台湾省军事接收总报告书、台岛团以上驻军地点、高雄及基隆要塞炮兵阵地、驻台各军兵力武器及设备、装甲车数量、台湾省交通公路网、花莲港状况等。为取回这些情报，按照事先约定，1950 年 1 月 6 日，刘光典再次潜入台湾执行情报传递任务。

藏匿深山坚持斗争

隐蔽战线的敌我斗争非常尖锐残酷。面对在祖国大陆的溃败，蒋介石集团为固守台湾，在岛内对共产党员和革命志士展开了疯狂的追捕和屠杀。国民党特务还千方百计渗透中共台湾地下党组织，企图掌握地下党组织的活动情况。

狡诈的国民党情治机构在洪国式情报组里安插了多名奸细，他们表面配合洪国式进行情报搜集，力图骗取洪国式信任，掌控洪国式和他的情报组成员的行踪信息。据解密的国民党情治机构档案资料显示，国民党特务已掌握洪国式赴台时间、使用化名、接应人员等情况。蒋介石和蒋经国密令"台湾省保安司令部"司令彭孟缉侦办此案，妄图一举摧毁洪国式情报组，彻底破坏中共在台湾的情报机构和地下党组织。彭孟缉动用了国民党大批军警特务，对洪国式等进行不间断跟监。在基本掌握了洪国式在台湾的工作关系网后，1950 年 2 月 28 日，国民党特务在基隆、台北、台中、嘉义、高雄等地同时展开逮捕行动。洪国式在台北火车站被诱捕。

国民党特务没有抓到刘光典和王耀东，便在台湾所有机场、港口和交通要道警戒设伏。据国民党特务掌握，刘光典在台湾多数时间住在台中市新北里存信巷 6 号。国民党特务于是在 1950 年 2 月 28 日、3 月 1 日连续两天蹲守此处抓捕。但这两天，刘光典恰好到台北办理返回香港的手续，因而暂时躲过了一劫。已经被捕的洪国式知道刘光典在台北，也知道刘光典会住在中央旅社和天星旅社，但洪国式并未向国民党特务透露刘光典的下落，从而为刘光典争取了转移、隐蔽的时间。

1950 年 3 月 1 日，刘光典在基隆得知洪国式被捕后，判断

自己的身份也已暴露，于是紧急返回台北，当晚九时与王耀东紧急联系，先将洪国式提供的情报密写稿交给王耀东，然后赶回天星旅社，观察无人警戒后才将情报原稿和全部行李取出，随后借宿在一位三轮车夫家中。3月2日早晨，刘光典烧毁所有文件及洪国式照片，乘车南下至彰化，晚上七时与王耀东在站台碰面。当晚，刘光典借宿在王耀东友人家里，并将身份证姓名涂改为罗辅基。3月3日，刘光典再乘车继续南下至台南。此后，在王耀东的帮助下，刘光典陆续借宿各处，躲避突击检查，有时住在工人宿舍，有时住在农民的牲口棚，有时住在山里的破草寮。同时，刘光典还积极想办法联系走私船只，设法尽早离开台湾。

与此同时，国民党特务进行的各种搜查越来越严密。1950年4月30日晚上，国民党情治机构进行全岛突击大搜查，经王耀东介绍帮助安排刘光典食宿的老百姓倍感压力，一些人开始躲避和推脱，一些人甚至扬言要揭发，还有一些邻居、路人已经向警察举报有人藏匿不明身份人员。

为确保安全，从1950年5月起，刘光典白天大部分时间躲在树林里，偶尔有人送来餐食，多以野果、野菜果腹，夜晚才返回百姓家中借宿。遇到可能检查户口的日子，他就睡在山上的草寮中。1951年9月中旬，王耀东再次来到台南，与刘光典一起躲避抓捕。王耀东带来了一些财物，换得几个百姓帮助，在山里先后搭建了三个地寮和一个稻草堆。他们在每个地寮住一段时间，感觉不安全就另觅地方。就这样，刘光典和王耀东一直躲藏到1954年2月。

在如此艰苦的条件下，刘光典也没有放弃革命斗争。他向老百姓宣传中国共产党的革命主张，揭露国民党的反动本质，与普通百姓一起憧憬着台湾解放后的美好日子。对那些爱贪小便宜的人，刘光典也有灵活的说法，"共产党来了，我一定帮你们盖一座新房子"。每到逢年过节，他把仅有的一些钱物送给帮助过自己的人。他还与王耀东一起制作竹器，托人变卖后作为菜金补偿百姓。一些台湾百姓被刘光典的行为感动，不觉得他是"匪"，慢慢地就愿意收留他，也愿意帮助他躲避户口检查。

国民党特务在侦办刘光典案件的"匪东北局社会部潜台匪干王耀东等叛乱案"中写道："（刘光典）匪居山间，掘地为穴，过着长年类似原始生活，仍执迷不悟，继续从事反动宣传，由此可见其思想受毒至深。"同时，国民党"台湾省保安司令部"还将刘光典隐藏的过程，编辑、印刷成"一个匪谍逃亡的故事"，里面附有"刘匪光典逃匿地区要图"，作为大搞白色恐怖的材料在台湾各地散发。国民党特务的记述，从反面印证了刘光典坚定的政治信仰和崇高的革命理想。

坚守信仰英勇就义

1954年初，台湾大学法学院中共地下党支部暴露，王耀东亲戚、支部成员胡沧霖在审讯中交代了曾帮助王耀东在台南旗山山间藏匿一名外省人。国民党特务"研判似为逃亡之高级匪干"，

于 2 月 12 日开始了连续一昼夜的循线围山搜捕。2 月 13 日下午三时，刘光典、王耀东被捕。

被捕后，不论国民党特务用什么手段、耍什么花招，刘光典都没有半点屈服和丝毫动摇，表现出一名共产党员的忠贞气节。据一位张姓狱友回忆，由于长期关押在监狱，刘光典"头发、胡子都留得很长，像个野人……渐渐我发现他很能干，不但会说闽南话，还会说日本话。他待人很义气，我们分饭，如果哪天菜上飘着肥肉或者肉片，他会叫我吃。他说：'小张，你吃，你身体不好。'他绝口不提所涉的案子……我随嘴问出'那么你干嘛来台湾'，他说'我奉命'。听他这么说，我感到这个人有种。当然，我知道他是真正的共产党了，可是不跟任何人说"。

在狱中，国民党特务对刘光典毫无办法，就阴险卑鄙地在监狱外诬陷他。国民党情治机构派了一个与刘光典外形相似的特务到香港公开活动，还以刘光典的名义发表演讲，称自己已退出中国共产党，今后要效忠国民党。由于历史条件所限，祖国大陆有关部门一时间很难准确查证这个人的身份。而此时的香港又被称为"东方谍都"，各种势力鱼龙混杂。但由于有关部门处置得当，国民党情治机构的阴谋并未得逞。刘光典妻子王素莲患有先天性心脏病，但她了解党的组织纪律，承受了所有压力，加之她操持家务，抚养三个孩子，以致身心疲惫，心脏不适又疏于照顾，于1955 年 10 月不幸去世，年仅 32 岁。

刘光典被国民党关押五年，但始终保持着中国共产党人的坚定信仰。由于从刘光典身上得不到任何东西，国民党特务失去了耐心。1958 年 10 月，国民党"台湾省警备总司令部"组成军事法庭，经过连续三审，以"用非法手段，企图推翻政府并加以实施"的所谓"罪行"，认定刘光典"罪大恶极"，判处死刑。1959年 1 月 13 日，蒋介石在上报的判决书上签批："此案系四十三年（1954 年）所破获，为何延至现在始行判决，查报。刘犯死刑照准。"1959 年 2 月 4 日凌晨，刘光典在台北新店安坑英勇就义。

一位风华正茂的 37 岁青年，怀着解放全中国的理想，听从党组织的召唤，根据党组织的安排，毅然决然两入虎穴，被捕后始终坚贞不屈、大义凛然，刘光典表现出了一名党的情报战士坚定的革命信念和大无畏的牺牲精神。刘光典用鲜血和生命，书写了对党的忠诚，对人民的热爱。他的英勇事迹，我们应当永远铭记。

薛介民　姚明珠

　　薛介民（1916—1963），福建仙游人。1938 年考入国民党成都空军军士学校，参加对日空战。1948 年 11 月加入中国共产党。1948 年冬随国民党军到台湾。1958 年 9 月 13 日被捕，1963 年 1 月 31 日在台北新店安坑英勇就义。

　　姚明珠（1917—1963），福建莆田人。毕业于福建医学专科学校。1940 年 6 月加入中国共产党。1946 年 6 月与薛介民结为夫妻，1948 年冬随薛介民到台湾。1958 年 9 月 13 日被捕，1963 年 1 月 31 日在台北新店安坑英勇就义。

革命精神萌芽

1916 年 2 月 10 日，薛介民出生于福建莆田涵江，祖籍仙游枫亭。1917 年 11 月 12 日，姚明珠出生于福建莆田，她是薛介民的表妹。他们两人从小青梅竹马，感情深厚。

1928 年，薛介民与孪生哥哥薛仁民一同考入福建莆田涵江中学初中部就读。此时，中国共产党领导的工农运动和青年运动，特别是中国共产党组织的中国青年反帝大同盟对青年学生影响很大。薛介民兄弟俩初中二年级时就参加了中国青年反帝大同盟活动。他们还瞒着家人跑到厦门，想要参加"更大组织"。在厦门，他们住在工人家里，教工人学文化，深入了解社会，汲取革命知识，但年少的他们很快就被父母找了回去。

举家从涵江迁居莆田后，薛介民转学到教会学校哲理中学就读初中三年级，毕业后考入莆田涵江中学高中部就读。涵江中学革命氛围浓厚，黄苍麟、林嵩龄等老师都是中共地下党员。在他们的影响带动下，薛介民积极参加进步学生活动，宣传革命主张，结果被学校开除，从而引发学生抗议，导致学校被国民党莆田党部勒令停办。

由于家庭只能负担一个孩子外出求学，在薛仁民的谦让下，薛介民远赴上海，先后在华夏中学、育青中学求学。上海育青中学校长陈荩民是五四运动战将，是火烧赵家楼时翻墙进入曹汝霖

宅院的学生之一，他与妻子阎振玉创办的育青中学，在教学理念上非常强调爱国主义精神。在育青中学读书期间，薛介民的思想发生了很大变化。

1935年4月20日，薛介民在转学期间与表妹姚明珠情定终身，这是他们人生道路的一个重要节点。决定他们感情的，除青梅竹马的依恋外，共同的人生观是更重要的因素。薛介民在给姚明珠的第一封信中写道："我俩不该为了爱而忘了生活、大众和国家！……你爱我，不甘为钱势所欺诱，更不怕大人的强迫，这是我极端钦敬你的，也可以说我爱你的动机，就是我俩的志同道合吧。"

踏上革命道路

1937年9月，姚明珠考入刚刚创办的福建医学专科学校第一班。1938年初，一心报国、梦在蓝天的薛介民在第一次报考国民党空军官校失败后，也考入福建医学专科学校第二班。但不到一个学期，薛介民就离开了学校和姚明珠，从福建长途跋涉前往湖南长沙，参加国民党空军招收飞行员考试，成功考入成都空军军士学校第二期（空军官校第12期特班）驱逐飞行科，开始了他的蓝天追梦之旅。从福州到长沙，薛介民一路上看到日寇暴行和祖国山河破碎，更坚定了他报效国家的决心。他在日记中写道："自古以来国内外没有像现在中国这样惨乱的……只要中国人知道自私是危险的，那国家才有救。"文字中显示出他的豪迈报国气概。

在福建医学专科学校求学的姚明珠，很快融入革命队伍，展现出优秀的政治品质。入学不久，她就和同学李学骅、庄劲成立了学生自治会。大学二年级时，在同学孙坤榕（1944年与薛仁民结婚，为姚明珠嫂子）的介绍下，姚明珠与庄子长、庄劲、林建神等同学一起，参加了中共地下党外围组织中华民族解放先锋队。其中，林建神是后来与薛介民、姚明珠人生有重大关系的一位同学。姚明珠学业优秀，1939年底参与组建学校生理学会并担任第一届生理学会副常务干事。1940年春，在庄子长的介绍下，姚明珠参加了青年抗日读书会。不久，担任学校训导处文书的中共地下党员孟琇焘成立了学校第一个党支部。姚明珠在这年6月加入了中国共产党，成为学校党支部第一位妇女委员。

福建医学专科学校地下党组织的活动很快引起国民党注意，姚明珠经历了一次重大政治考验。1941年1月皖南事变后，为躲避国民党特务追捕，2月，姚明珠与同为中国共产党党员的同学林建神、庄劲、庄子长，奉命撤往中国共产党在崇安（今武夷山市）创建的抗日游击根据地，但途中被捕，被关押在国民党设在福建三元镇梅列的战时青年训导营长达一年，其间遭受刑讯。直到1942年2月，他们才由福建医学专科学校校长侯宗濂担保获释，返校继续完成学业。1944年7月毕业后，姚明珠在福建永安第二医院担任助理住院医师。

在国民党成都空军军士学校追逐飞行梦的薛介民，一方面展现出他的文学风采，以"薛海燕""林青云"等笔名为《中国的

空军》杂志投稿，其中"海燕"更是在杂志中频频出现。多年后，同学们还记得薛介民"风头很健，学业好，会写文章"，"老成持重，不苟言笑"，"自修很勤，笔下不错"。另一方面，更展现出他为人正直的品格与追求进步的思想。1940年秋，学校发生"殴打教官"事件，肇因于同学蔡汝鑫反对歧视性差别待遇和法西斯式教育管理，与教官发生冲突。学校要求全体学员写"感想"，逼迫大家与蔡汝鑫划清界线。薛介民由于被认为"与思想左倾的蔡同学过于接近"而遭禁闭两个星期，最终写了悔过书才被释放。此事直到20世纪50年代还被国民党追查，阴影挥之不去。

1942年1月毕业后，薛介民被分配到驻扎在成都双流机场的国民党空军第五大队。7月，他被调到驻扎在成都太平寺的国民党空军第十一大队，担任四分队队长。他转战梁平、西安和重庆，在空战中多次击落日本军机。

1944年6月，薛介民奉命随国民党空军第十一大队前往印度接收、学习操作美国援华新式战机。1945年2月初，他又随第十一大队从印度孟买乘美舰前往美国，4月辗转到达位于亚利桑那州的卢克空军基地，接受高级飞行训练。

历史记录了薛介民和他的同学们为国家和民族奋斗的轨迹。薛介民在成都空军军士学校的同学颇多传奇。前述与教官发生冲突的蔡汝鑫是台湾彰化人，为抗日赴祖国大陆报考军校，在被学校处分而肄业后奔赴延安，进入抗日军政大学学习，加入了中国共产党。抗战胜利后，蔡汝鑫回到台湾担任基隆要塞司令部中将顾问，开展地下工作。根据中共台湾省工委委员兼武装工作部部长张志忠的指示，蔡汝鑫与台湾共产党领导人谢雪红保持联系，利用特殊关系保护谢雪红的安全。在二二八起义时，蔡汝鑫利用职务之便，协助地下党组织从基隆要塞运送武器支持起义民众。同时，蔡汝鑫还联系在台中的弟弟蔡懋棠，帮助被国民党追捕的谢雪红等地下党员搭乘国民党军舰安全撤到厦门。蔡汝鑫也曾与薛介民在台湾有过接触，1953年因涉"北峰区工委会案"被国民党杀害。从成都空军军士学校毕业后前往延安参加革命的同学，还有杨培光、魏坚、欧阳翼、许景煌、胡景廉、邹耀坤等。赵良璋是薛介民的同学、好友，他们以"野雪""海燕"的笔名作词谱曲，合写了《游击队歌》《假如我为了真理而牺牲》等振奋人心的抗战歌曲，至今仍在传唱。赵良璋后来按照中共地下党组织指示，到国民党统治区从事情报工作。1947年10月，赵良璋因北平中共地下情报系统遭到国民党特务破坏而被捕，1948年10月在南京雨花台英勇就义，为"北平五烈士"之一。

在美期间，薛介民经常与一起接受飞行训练的朱铁华、毛履武等同学散步，讨论国家前途。虽然他们彼此没有说破，但都心照不宣。后来驾机起义的毛履武，就是由薛介民介绍加入中国共产党的。

人生旅途的关键期

1946年4月，薛介民完成在美国的培训，拒绝了美国教官　　*361*

要他留校执教的邀请而毅然回国。"祖国、家乡和明珠，这三位一体在他心中的分量，超过世间一切荣华富贵。"一个月后，30岁的薛介民在经历了八年多无法见面的异地苦恋后，与29岁的姚明珠在家乡结婚。在那个年代，不算年轻的他们终于踏上婚礼殿堂，他们之间留下的几十封记载着彼此心心相念的书信，至今读来仍令人动容，也让人们为这对具有博大胸怀的革命伴侣对爱情的坚贞而叹服。

结婚后，薛介民和姚明珠共同的革命道路开启了新阶段。他们离开家乡赶赴驻扎在西安的国民党空军第五大队，在南京中转时，遇到了昔日同学林建神（改名为林城），一位对薛介民夫妇未来生涯有着很大影响的中共地下党员。林城与姚明珠曾同为福建医学专科学校地下党支部党员，还曾同赴崇安抗日游击根据地而在途中被捕。1942年2月获释后，林城回到学校继续完成学业，其间与中共闽江工委恢复了组织联系，毕业后经地下党组织批准同意，加入国民党空军，先后在国民党永安空军部队医务所、南京空军医院从事医务工作。在这期间，林城按照中共地下党组织指示，在国民党海、空军秘密发展党员，建立组织，策动起义。

学成回国的薛介民，翱翔蓝天的梦想在西安折翼。虽然与同学赵良璋从事的中共地下工作并无关联，但因与赵良璋关系密切，薛介民仍被押送到南京受审，因证据不足，关押月余后被释放，但他的飞行资格被剥夺。不久，薛介民被调到南京国民党空军司令部担任参谋。姚明珠在林城的介绍下，进入南京国民党空军医院从事医务工作。随着与林城的交往日益密切，薛介民夫妇未来的人生道路也愈加清晰。

1948 年 11 月，经林城介绍，姚明珠恢复了党组织关系，薛介民光荣加入了中国共产党。这年冬，在人民解放军胜利脚步临近之际，薛介民随国民党部队撤往台湾。两个星期后，姚明珠也带着母亲和幼子搭机赴台。他们赴台后，肩负着中共党组织交付的重大任务。国民党解密档案记载："三十七年（1948 年）来台前，林匪（林城）授与薛（介民）策反陈绍凯等投匪任务，并约定以'京沪刘'为联络记号。"

白色恐怖中的奋斗与牺牲

到台湾后，薛介民历任国民党空军参谋大学少校参谋官、台南供应部少校参谋、屏东三大队作战参谋、空军参谋学校教官、空军总部督察室中校飞行安全官。姚明珠先后在台北国民党空军医院、参谋大学疗养所、基隆医院妇产科、台北军眷第二诊所、三重华南织布厂医务室、康德诊所从医。

国民党败退台湾后，加紧了对台湾社会的控制，尤其加大了对中共台湾地下党组织的破坏，台湾笼罩在一片白色恐怖中。虽然薛介民夫妇遇到了很大困难，但他们仍义无反顾地投身到党的地下组织工作之中。

1949 年 3 月，薛介民接到林城来信，要求他与"信使"李梦（公开身份是台北国民党空军医院事务员）共同为毛履武办理

入党手续。6月15日，在薛介民的策动下，毛履武驾驶P47战斗机从陕西汉中南郑机场起飞，降落在河南安阳机场，成功驾机起义。10月1日，毛履武驾机参加了新中国开国大典空中受阅式。而在台北，为了李梦安全撤离，姚明珠冒着危险在台北新公园与李梦见面。临分别时，姚明珠褪下手上的戒指，执意送给李梦以备不时之需。姚明珠深情地说，"你不能出问题，我们是手指，你是手腕"，话语中饱含着她对党组织的忠诚和对战友的深情。

1955年，薛介民、姚明珠夫妇将他们的三个子女改名为"人望""人星""人华"，取"希望红星照耀中华"之意，表达了他们坚定的革命信念和对党的事业的无限忠诚。

1958年是薛介民、姚明珠夫妇人生旅途遭遇最大变故的一年。这一年，在福建医学专科学校同学张元凯的帮助下，姚明珠在台北开设了育德诊所，以此纪念她第一份工作所在的福建涵江育德小学，期待开启新的人生。这一年，他们与三个孩子开怀大笑的合影最后定格，自此这个家庭再无笑容。9月14日，一位托名"张伟"的陌生人上门找薛介民，问他是否接到兄长薛仁民的来信，又问他是否认识"林建成"（林建神、林城），由于薛介民非常警觉，来人见问不出什么，就告辞而去。但就在薛介民送客出门时，从门外停着的两辆军车上跳下一群人，称政治部要找他谈话，立即带走了薛介民，随后又带走了姚明珠。

薛介民、姚明珠的被捕，源于"寇新亚、张为鼎案"，整个过程充分暴露了国民党特务的阴险狡诈。1956年2月，抗战期间曾任职重庆中央信托局的张为鼎，受派从香港赴台湾，在台北找到国民党空军载微波通信大队中校副大队长寇新亚，之后又与张绍桢、薛介民取得了联系。但并非源于理想信念认同的寇新亚，屈服于危险和压力，向国民党空军政治部告发了张为鼎。国民党特务机关为此严密部署，专门设了反间计，试图放线钓鱼，利用寇新亚向张为鼎反套情报，以求发现更多线索，"期能扩大侦破并混淆共匪"。1958 年 9 月 13 日，国民党特务逮捕了张为鼎夫妇，他们很快就交代并"充分合作"。国民党特务继续老戏码，循线追查到薛介民夫妇和张绍桢、李和玉，于是就有了 9 月 14 日薛介民家门口的那一幕。张绍桢、李和玉随后也相继被捕。

薛介民、姚明珠被捕后，国民党高层非常重视。1958 年 10 月 18 日，蒋介石下令彻查，"系何人介绍保证暨其在服务期间如何为匪工作，有关保防人员显系疏懈职责，并应彻究"。在狱中，薛介民夫妇受尽了各种非人折磨。在已公开的国民党档案中，从 1960 年 4 月到 1962 年 6 月，长达两年两个月的时间里，没有任何审讯记录，直到 1962 年 6 月 13 日，薛介民等才被移送国民党"国防部"军法局审理。

1962 年 7 月 15 日，国民党军事检察官以"唯一死刑罪"的"叛乱罪"起诉薛介民、姚明珠。11 月 8 日，国民党"国防部"军法局向薛介民夫妇宣读死刑判决，指控他们"涉嫌意图以非法之方法颠覆政府着手实行"，判处"死刑，褫夺公权终身，没收财产"。1963 年 1 月 19 日，蒋介石批写"照准"。1 月 31 日上午，薛介民、姚明珠夫妇在台北新店安坑刑场英勇就义。国民党特务记录了中弹数："介民五、明珠三。"

　　有关薛介民、姚明珠被捕后受到的非人折磨，狱友曾有点滴描述，读来令人发指。薛介民儿媳李黎在传记《白鸽木兰——烽火中的大爱》中描写的一个细节催人泪下：薛介民、姚明珠牺牲后，三个儿女跟随舅父舅妈和张元凯夫妇去殡仪馆送别，"焚化成灰之后，听见一名焚化炉员工说：'那男的（薛介民）身体坏透了，骨头全松了'"。从殡仪馆出来时，"三个孤儿，哥哥走在中间，两个妹妹各一只小手放在他外套两侧的口袋里。他多希望自己有能力给妹妹们更多的温暖"。这些是国民党档案不会记载的，却是人们无法忘记的。

　　薛介民、姚明珠是为祖国、为理想付出一切直至生命的革命者，也是牵挂子女的为人父母者。在他们最后的牵挂里，有对亲情故土的难以割舍，有壮志未酬的遗憾，更有对子女家人的思念。自1958年9月14日被捕后，直到1962年9月14日国民党"国防部"军法局开庭审讯，薛介民与姚明珠时隔四年才第一次见面，但在那种场合，他们除了回答审讯人员的问话，根本无法讲其他的话语。1962年冬，在薛介民、姚明珠的要求下，他们一家五口终于在监狱里见了面。这是三个孩子第一次也是最后一次同时见到父母。时隔月余，1963年1月31日，薛介民、姚明珠一同走上刑场。在薛介民留下的几封家书中，他详细记载了三个孩子的出生时间与地点，其中一封笔迹十分工整的家书再三叮嘱孩子们："一定每顿都要吃好"，"功课自己先分配好，休息一下再做"，"出门上学小心汽车"，"三个人要互相爱护照顾"，"要乖，做好孩子"。薛介民在生命的最后时刻对孩子们的牵挂和厚爱令人感动。

对志向远大的薛介民、姚明珠夫妇来说，为理想信念和党的事业奋斗牺牲，似乎早在他们的意料之中。薛介民在日记中写道："步着先烈同志的血迹前进！光荣的死，才是永远的生。"姚明珠在给大嫂孙坤榕的照片背后留言："我宁愿跟真理做个小鬼，而不愿跟虚伪携手做个安琪儿。"在最后的绝笔中，薛介民写下"木兰溪水长久在流，……白鸽岭高壮地站立，乡亲至爱之恩永不能忘"。他以故乡的山水遥寄相思、坦露心怀，壮志未酬的豪迈气概令人动容。20世纪40年代，擅长写作的薛介民曾写过自传体小说，书名就是《假如我为了真理而牺牲》，而在时隔20年后，他和妻子姚明珠为了坚持理想，为了坚持真理，毅然决然携手走向刑场！

2013年4月，薛介民、姚明珠被追认为革命烈士。2014年4月22日，他们的骨灰安放在北京八宝山革命公墓。三个子女在父母母校福建医科大学设立姚薛奖学金，在家乡仙游设立助学金，弘扬红色文化、赓续红色基因。福建医科大学以姚明珠、薛介民之名，把校园内的一条主干道命名为姚薛路，以此缅怀他们为祖国统一大业付出的牺牲和奉献。

后　记

为庆祝中国共产党成立 100 周年，中共中央台湾工作办公室组织编写《血沃宝岛——中共台湾英烈》一书。中央台办高度重视本书编写工作，多次组织研究讨论本书相关问题，刘结一主任审定本书编写计划并撰写引言，刘军川副主任担任本书编写组组长，主持编写工作。全国台湾研究会汪毅夫会长为本书提出宝贵意见。

本书编写得到中央组织部、中央统战部、中央党史和文献研究院、退役军人事务部、全国台联、中央军委联合参谋部、中央军委政治工作部、台盟中央等单位大力支持。本书由中央台办工作人员与长期从事中共台湾地下党史料研究收集工作的专家合作编写。王明鉴、彭庆恩、任勉担任编写组副组长，参与组织、修订、统稿工作。徐博东、季平、陈立谦、吴雅铭、席麟等专家参与书稿写作和修订工作，李树泉、于晓鹏、景春燕、高磊、赵晔为本书编写提供帮助，中央台办秘书局、研究局、宣传局、联络局给予协助支持，中央台办机关团委组织青年理论学习小组核读书稿，海峡两岸关系研究中心承担本书编写具体工作，吴二华、

彭雅馨、李昊、李园勇、王雪松、常超参与编写、修订、出版等
事务性工作。人民出版社、九州出版社承担编辑、出版工作。在
此一并表示衷心感谢！

　　本书以英烈牺牲时间为序。我们将根据史料收集情况，编辑
出版续卷。由于资料收集等局限，疏漏与不当之处，欢迎广大读
者提出宝贵意见。

本书编写组

二〇二二年一月